中東 危機の震源を読む

池内恵

新潮選書

中東 危機の震源を読む◆目次

ロ シ ア
カザフスタン
キルギス
タジキスタン
中華人民共和国
日本
パキスタン
インド
太平洋
フィリピン
マレーシア
インドネシア

イギリス
ドイツ
大西洋
フランス
スペイン
イタリア
ウズベキスタン
カスピ海
イスタンブル
トルコ
トルクメニスタン
テヘラン
地中海
シリア
バグダード
レバノン
アフガニスタン
エルサレム
イラク
カイロ
イラン
イスラエル(パレスチナ)
クウェート
ペルシア湾
ヨルダン
バーレーン
カタール
エジプト
紅海
サウジアラビア
UAE
メッカ
オマーン
エリトリア
スーダン
イエメン
アラビア海
ジブチ
エチオピア
ソマリア
インド洋
ケニア
N
0
1000
2000km

関連地図

中東　危機の震源を読む

凡例

（1）アラビア語の人名の表記は原語に近づけたが、ナセル、サダト、サダム・フセイン等、日本語での慣用が定まっているものについてはそれを踏襲した。

（2）「アル＝ジャジーラ」等のアラビア語の定冠詞「アル＝」は冒頭のものは基本的に省略し、「ジャジーラ」等と表記した。ただし「アル＝カーイダ」等、日本語の報道で「アルカイダ」「アル・カイーダ」等の慣用表記によって定冠詞と名詞が分かちがたい形で定着した語については、「アル＝」を記した。

（3）アラビア語の人名、機関名、概念などの転写は、学術的に標準的な転写法を原則としたが、Rāshid→Rashed や Jazīra→Jazeera 等、各地の実際の発音に即した転写や、欧米語でなじんだ表記を本人・当事者も利用している場合はそれを採用した。

（4）本文は原則として『フォーサイト』連載時のまま収録しており、状況認識や判断、見通しはそれぞれの分析を記した当時のものである。政治家の役職、憲法の条文、条項番号などもその時点のものを残してあるが、「昨年」「今年」等の時制に関する語は本書で通読する読者の便宜を図り一部年号に差し替えたものもある。若干の（補足）を本書の刊行に際して加えた。

序説

二〇〇四年の末から現在まで、新潮社の雑誌『フォーサイト』に、「中東・危機の震源を読む」と題した中東政治の情勢分析を書いてきた。本書には、その第一回（二〇〇五年一月号）から第五三回（二〇〇九年五月号）までを収録してある。月に一回、最新の事象を取り上げて、歴史的背景や経緯を掘り下げるとともに、それらの事象が中長期的に中東政治の構造変化に与える影響をどう見るべきか、考察してきた。

いわば月に一度の「定時観測」である。各回で最大限に情報を精査して見通しを立てるが、新たな事態の生起によって刻一刻と状況は変わっていく。無数の情報に目を凝らして有意義な事象を特定し、それがもたらす新たな状況を踏まえて将来見通しを修正していく。視点と枠組みそのものも改めていく。四年半にわたって分析の数を重ね、より多くの要素を取り込み、焦点を絞り込み直す作業を繰り返してきた。今でもこの「定時観測」は続けているが、米国のブッシュ大統領の二期目全体と、オバマ政権の成立後「一〇〇日」の時期に達するまでを一区切りとして、本書に纏めた。

二〇〇九年一月に発足したオバマ政権は中東政策に本腰を入れ、新機軸の施策に着手しかけている。本書ではオバマ政権が中東で取り組むことになる諸問題を、ほぼすべて網羅していると思う。これらの分析レポートで示しておいた、中東問題の構図と争点、経緯と歴史的背景を頭に入れることで、読者が今まさに動いている中東政治の展開を、より深く身近に感じ取ってくださることを望んでいる。

二〇〇四年一一月のブッシュ大統領再選から二期目の初頭にかけて、米国の中東への民主化圧力は最高潮に達した。しかし中東各国の政治社会と中東地域の国際政治は、米国の圧力に従って唯々諾々と民主化への道を辿るような生易しいものではない。レバノン、シリア、エジプトなどアラブ諸国で、一時は体制変革の機運が大いに刺激されたが、やがて中東諸国の政治力学は米国の中東政策を逆手に取って、米国の政策意図とは大きく異なる帰結をもたらした。イラク再建は長期化し、ブッシュ政権の権威失墜と米外交の足枷となるまでに停滞した。強硬な対イラン武力行使論が幾度も提起される中で、イランの威信と影響力は増大していった。パレスチナの和平への失望は深まり、イスラエル・パレスチナ双方で強硬派が支持を広めた。政権第一期で九・一一事件を契機に大統領権力を極大化させたブッシュ大統領は、第二期の末には空前の低支持率に沈み、レイムダック化を極めた。起伏の激しいブッシュ時代の終焉は、その中東政策から最も距離を置いていたオバマの当選をもたらした。オバマがその類稀な言語能力を駆使して、まんべんなく中東諸国に語りかけ、中東地域の課題への新たなアプローチを予感させたところまでを、本書での分析は扱っている。

本書は「定時観測」であるとともに、「定点観測」でもある。ただし定点は一つではなく、複数の地点を巡回するようにしながら、中東という一面では切り取りにくい対象に取り組んでいる。

カイロ、メッカ、ベイルート、バグダード、エルサレム、テヘラン、ドバイなど、中東には異なる次元の求心的地点や発信源がある。それらの複数の視野を合わせた複合的な分析が必要となる。また、中東政治は中東内部で完結していない。ワシントンやロンドンなど国際政治の中心で立案され実施される政策、報告、論説などが中東政治の進展を方向づける。そして中東から発信されるイスラーム教の政治理念と行動論理は、南アジアや東南アジア、中国にまで影響を及ぼし、西欧諸国の社会体制と対峙する。

本書の分析レポートでは、イラク、イラン、アラブ首長国連邦（ＵＡＥ）、パレスチナ、エジプト、シリア、レバノン、イスラエル（及びパレスチナ諸勢力）、アフガニスタンなどの情勢を対象とするとともに、米国の対中東政策の展開と、イギリスとフランスのムスリム移民問題と対テロ施策も継続的に押さえておいた。さらにフィリピンのミンダナオ和平問題、中国のムスリム民族問題にも視野を広げておいた。

そして、著者と読者が主に日本を足場としている以上、日本についての関心も水面下では常にあり、時には表面に出してみた。日本という場所は中東をめぐる国際政治の中心からはほど遠いところにある。しかしだからこそ政治的思惑から離れた、客観的な情勢判断が可能になる場合もある。日本の置かれた立場の実態は常に自覚しておく必要があるし、適切な関与の仕方も確認しておく必要がある。

いうまでもなく、この間の中東政治で最も関心を集めたのは、「イラク復興」である。すなわちイラク国家再建に向けた、軍事・政治・外交の複雑に交錯したプロセスである。本書での分析も多くこれを取り上げた。ただし、イラク情勢が中東情勢そのものであるかのような日本での報道や議論のあり方には疑問を抱いていた。中東政治の全体構図の中では、イラクは多分に独立した事象である。アラブ諸国はイラクへの関与よりもむしろ、再建プロセスをボイコットするという不作為によって影響を及ぼしたという面がある。イラクが中東地域から孤立する状況は、一九九〇年のクウェート侵攻と翌年の湾岸戦争以来顕著だったが、それ以前にも遡る。イラクはエジプトを中心にした穏健な民族主義と産業化の路線からも、ペルシア湾岸の富裕かつ脆弱な産油国からなる湾岸協力会議（GCC）諸国の路線からも一線を画したものであった。テロの嵐が吹き荒れ、「反ブッシュ」（あるいは「嫌ブッシュ」「侮ブッシュ」）の感情を引きつけるイラク問題は、中東の筆頭の「話題」であることは確かだったが、それが中東の他の国の情勢においてどの程度の決定要因となっているかはまた別問題である。

同様にパレスチナ問題も、しばしば「中東和平」と呼ばれ、中東問題そのものとみなされる。パレスチナとイスラエルをめぐる情勢も、本書の分析ではもちろん適宜取り上げてきたが、そこでは「パレスチナ難民問題」「パレスチナ人への人権侵害」をめぐる感情的な議論とは距離を置き、紛争の環境下で展開するイスラエルとパレスチナの双方の政治と相互連関を見るという、政治分析の基本に忠実であろうとした。それこそが日本のパレスチナ論や報道に欠けているものでもあるからだ。また、パレスチナとイスラエルの内政の展開がどのような意味で中東諸国の政治や中東地域の国際政治に波及するかに重点を置いた。中東やイスラーム世界のテロリズムは、パレスチナ問題に基因していると論じられ、中東というととかくパレスチナ問題に結びつけて語られることが多い。しかしパレスチナ問題が中東各国の政治に影響を及ぼす経路は込み入ったものであり、それほど影響しない場合も多い。各国の政府も一般市民も一応はパレスチナ問題の重要性を口にする。しかしそれは言説の上での「総論賛成」という意味であり、中東諸国の世論の「最大公約数」というに過ぎない。レバノン・シリア間の紛争にパレスチナ問題が関係する場合と、パレスチナ内政の動向がエジプト政治に影響を及ぼすという場合では、影響のあり方はかなり異なっている。パレスチナ問題が中東政治の重要な要素であることは間違いないが、それを含む地域政治の構造を理解し、シリアやレバノンやエジプトといった各国政治のメカニズムの中の一要因として見ることで初めて的確に把握できる。政治的主張を前面に出して分析を退けた情緒的なパレスチナ論は、中東認識を深めるどころか、かえって遠ざけてしまう。

近年は核開発問題を中心としたイラン問題に関心が集まるが、これにも適切に距離を置き、他の中東諸国との相対的な「遠近感」を保った視点が必要だろう。対イラン政策が米国の政治的争点として大きな意味を持つからと言って、中東政治の中でイランに他を圧した重要性があるとは限らない。核開発疑惑そのものは、核査察と外交のきわめて技術的な要素が絡んだ問題であって、専門的な情報評価を必要とする。イランの中東諸国への政治的影響力も、漠然とした「シーア派の影響力」といった印象に振り回されてはならないだろう。そのようなイラン警戒論が中東諸国の政治言説にも、米国などの中東政策論にも流行しているという事実は踏まえつつ、冷静に精査しておかなければならない。

中東政治とは、「問題」の束ではなく、「話題」の集まりでもない。イラクでの紛争やパレスチナの紛争、イランの核開発問題といった局地的な争点のみを対象にして中東政治を論じることは、その外に広がっている多様な政治現象を一切視野から外すことになる。それによって、イラクやパレスチナやイランそのものの展開を含めた、この地域の複雑な政治の展開の脈絡を見失ってしまいかねない。

レバノンの情勢を、イラクやパレスチナやイランと同様に継続してレポートしてきたのは、「話題」に振り回されることなく、中東政治を構造的な基盤から把握するための最適の事例だからである。レバノンは多数の宗教・宗派集団から構成され、独自の慣習と規則に則って政治が行われる。暗殺や武力による威嚇といった行為も、国家と社会の体制の完全な崩壊に至らない間は容認される場合がある。しかし完全な混乱に陥りそうなまでに事態が紛糾すると、外部からも介入され新たなルール設定が模索される。レバノンは中東の特有の政治風土を集約したような存在であり、中東政治を見る目を養うための「練習問題」にふさわしい。

またエジプトの政治動向も重点的に取り上げておいた。エジプトはかつてナセル大統領やサダト大統領の時代に、民族主義や開放政策で先鞭をつけ中東政治を牽引したが、現在は地域大国としての存在感でも、外交的指導力でも、地盤沈下が著しいとされる。アラブ首長国連邦のドバイのような、石油ブームに沸く新興国に中東政治の重心が移ったという見方も強い。しかし、今でもエジプトはアラブ諸国随一の人口規模で、分厚い中間層を擁し、闊達な人材と思想を多く輩出する。エジプト政治の底堅い動きは、中東政治の基層部分を見るための安定的な指標としての価値がある。憲法や議会といった名目上民主的な制度を受け入れつつ、巧みに換骨奪胎し、イスラーム教の規範も援用して、権威主義体制を持続・強化させているという点で、中東諸国の政治体制に共通した性質を、もっとも標準的な形で備えている例と言える。二〇〇九年六月四日にオバマ米大統領がムスリム諸国民に向けた印象深いスピーチをカイロで行ったのも、依然としてエジプトが中東とイスラーム世界の中で持つ求心力と発信源としての地位を再確認するものだった。

また、各国政府が主体となる政治だけでなく、イスラーム教の理念による大衆動員に支えられた政治現象が、中東政治の重要な要素である。そしてここでは中東政治が中東の外に波及していく。本書では、イスラーム教の政治的理念が中東の枠を超え、グローバルな政治に影響を及ぼしていった事例を逐一分析してある。二〇〇五年七月のロンドン同時多発テロ事件は西欧諸国のムスリム移民への政策を揺るがし、ムハンマド風刺画やローマ法王発言に対する世界規模での強圧的な抗議や威嚇は、イスラーム教の理念を現代社会の規範とどう調和させるか、各国社会の根底的な思想を問い直させた。

中東政治の展開を見るためには、中東と地理的にも理念的にも直接に向き合ってきた西欧諸国の動きを押さえておくことはきわめて重要である。西欧諸国は中東からのムスリム移民を多く抱え、イスラーム教の理念と、近代の政治社会を成り立たせる基本的な規範との間の摩擦を一身に引き受けている。これに対して、米国の中東との向き合い方は、西欧諸国とは歴史的な経験の長さと深さも異なり、質的相違があることが浮かび上がってくる。これは米国の中東政策の特質(あるいは得失)を考えるためにも有益な比較の視座である。西欧諸国のムスリム移民をめぐる紛争は、現代社会がイスラーム教と向き合う際に生じてくる問題をもっとも突き詰めた形で示しており、今後問題が広がっていく中で、指針とされざるをえないだろう。
もちろん米国の中東政策の展開を正確に押さえておくことは、中東政治の帰趨を見通すために避けて通れない。実際の政策だけでなく、政策が決定される過程での政策論や政治力学を押さえておく必要がある。イラク政策への米議会主導の政策提言や、イラン核開発をめぐる情報機関の評価文書、米国の外交政策決定に対するイスラエル・ロビーの影響力をめぐる論争など、主要な政策論と論争を取り上げておいた。また、米国発の金融危機が中東に到達する瞬間を、二〇〇八年一〇月のドバイ経済の考察で、記録にとどめておいた。

本書は「定時観測」を四年半にわたり刻んで積み重ねた中東像である。刻一刻の移り変わりを示すため、本書の各論のタイトルに執筆日を付しておいた。現在の時点から、ある一つの視点と切り口でもって、中東政治の過去と未来を描く方が、読みやすくすっきりとした記述となるかもしれない。しかしそのような記述は、わずかの時間を経るだけで古びてしまう。現在の時点では整合性のあるように見える議論が、「予期せざる」展開に直面して有効性を失ってしまうのである。

四年半にわたって、観測ポイントを分散させ、ひと月ごとにデータを取ることで、近年の中東政治の軌跡の、よりブレの少ない、いわば「近似値」を浮かび上がらせより安定した視点を示せたのではないだろうか。読者が中東政治の軌跡を、無数の曲折と岐路の時点に立ち返って、「追体験」することで、中東の新たな事象に脈絡を見出し、将来展望を思い描くことができるようになってくだされば、望外の幸せである。

2004・12・9

「アラビーヤ」がもたらすアラブ・メディアの対立軸

二〇〇四年四月の日本人人質事件の際、「アル＝ジャジーラ政局」と一部で呼ばれたほど、カタールの衛星テレビ「ジャジーラ（al-Jazeera）」の名は日本でも定着した。アラブ世界のメディアと政治的言説に大きな変化を迫った点でジャジーラの功績は大きい。しかし、その可能性とともに限界をすでに露呈し、変質を始めている。ジャジーラの登場に触発され、各国で衛星テレビ局が続々と誕生した。構造変動の中で、ジャジーラも相対化されつつあるということだろう。

ニュース専門局としてのジャジーラの限界は、結局のところアラブ諸国の内政報道に関して、従来の統制の壁を越えられなかったところにある。支局閉鎖や特派員追放といった措置を繰り出す各国政府との折衝の中で、次第に矛先が鈍り各国の政治に関する報道では差異を示せなくなっている。結果的に、自由に取材できるのは欧米、比較的自由なのがイラクとイスラエルとなり、コンテンツ不足を武装勢力の扇動・脅迫声明の放映で補うことになってしまっている。

また、国際的な注目を集め、その報道姿勢や意義に関する検討がなされるうちに、ジャジーラの「客観性」の主張自体に多大な制約があることも認識されるようになった。中立性や客観性の欠如についての批判に対するジャジーラ側の反論は、「欧米も偏っている以上、こちらも偏ってよい」「欧米が偏っているにもかかわらず客観性を主張する以上、こちらも客観性を主張できる」といったものだ。欧米中心の国際ニュース報道体制の限界を超える普遍性は期待できず、アンチテーゼとしての立場に終始している。

アラビーヤの対立軸

ジャジーラによる武装勢力の扇動的映像の放映は一種の営業戦略だが、扇動そのものが目的のアラブ・メディアもある。レバノンのシーア派政治勢力ヒズブッラー（ヒズボラ）が二〇〇〇年から衛星配信を始めた「マナール（al-Manār）」で、反米・反イスラエルの最右翼である。

ニュースやドキュメンタリー、エンタテインメントを含む大部分の番組で、反イスラエル・反米武装闘争を称揚する。毎週放送する番組「インティファーダの収穫」は、殉教作戦の成功を称え、殺したイスラエル人の数を数え上げる。ニュースでも「イスラエル」という単語を用いず、「シオニスト」あるいは「敵」と置き換えている。「敵の機関が本日会合を行なった」なら、「イスラエル政府が本日閣議を開いた」を意味する。ニュース数分間で数十回も「敵」という単語が繰り返される。

これらの徹底した敵意と憎悪の喚起、暴力の扇動は、武装闘争への支持獲得と動員をめざしているだけではない。執拗に威嚇的な宣伝放送を流すことでイスラエル国民を萎縮させ、イスラエルへのユダヤ移民の流入を減少させることを意図する。恐怖が与える政治的効果を計算し尽くしたものである点で、マナールの存在は根が深い。

しかし、国際衛星テレビが扇動的内容で埋め尽くされることはアラブ諸国も歓迎しない。そこで顕著になってきているのが、サウジアラビアの巻き返しである。代表的なのは〇三年三月に開局した「アラビーヤ（al-Arabīya）」。サウジ資本の衛星放送MBCが母体である。アラビーヤはアブー・グレイブの囚人虐待や、ファッルージャ掃討戦でのイラク民兵の射殺といった事件ではアメリカ非難を繰り返し、決して親米ではない。〇三年一一月にはフセイン元大統領による扇動テープを放送して、イラクの統治評議会から支局の一時閉鎖を命じられてもいる。

その一方で、現行のイラク国家再建のプロセスを否定せず、その歩みを報じていく立場もとる。〇四年八月の国民大会議招集と国民評議会の選出過程を長時間にわたり実況中継し、イラク暫定政権による治安向上策の策定や治安部隊の編成、選挙に向けた準備過程といった政治プロセスの進展を是々非々で伝えてきた。アッラーウィー首相をはじめとする暫定政権高官、国民大会議の代議員や国民評議会員を登場させ、直にイラク国民やアラブ諸国に語りかける機会を与えた。

この間、もっぱらイラク暫定政権の正統性や個々の政策に疑いを差し挟み、サドル派のデモンストレーションに焦点を当て、武装勢力の声明を大々的に報じていたジャジーラの報道とは好対照といえよう。

アラビーヤの姿勢には、総局長アブドッラフマーン・ラーシド（Abdul Rahman al-Rashed）の影響が大きいだろう。ラーシドはリベラル派を代表する論客で、ロンドンに拠点を置くサウジ資本の汎アラブ紙『シャルクル・アウサト（al-Sharq al-Awsaṭ）』の編集長を〇三年末まで務めた。

現在も同紙や系列の英字紙に寄稿し、民族主義やイスラーム主義の主張で論調が右に振れ、排外主義が支配的になると、議論を中道に引き戻す役割を果たしている。

〇四年一一月二三日にエジプトで開かれた主要先進八カ国（G8）とイラク周辺国による閣僚級会議に際しては、アラブ諸国から発せられるイラク暫定政権には正統性がないとする主張を批判した。

「現在のバグダードの政権は国連安保理の全会一致の決議に基づいており、国際法に則して正統である。中東地域の次元でも、イラク政権の正統性はアラブ連盟での全会一致の決議によって支持されている。現地イラクでも、さまざまな勢力を代表し、反対勢力すら包摂した国民評議会を設置したことで、暫定政権は大きな一歩を踏み出した。来たる選挙によって暫定政権はその目的を達成することになる」と論じ、クーデタや密室の策謀によって生まれたアラブの諸政権と比べればイラクの現政権の方がずっと正統性がある、とも皮肉っている（『シャルクル・アウサト』一一月二四日付）。

こうした報道姿勢をみると、一〇月三〇日にアラビーヤのバグダード支局が自動車爆弾による攻撃を受けたことも納得がいく。犯行声明を出した「ジハードの殉教者旅団」には「アッラーウィーの政権を絶えず賞賛してきた」と非難された。これはジャジーラに対抗するリベラル側の軸としての地位を、アラビーヤが確立したことを示していよう。

イラク人のための衛星局も出現

興味深いのは、現在アラブの衛星テレビが最もイラク報道に力を入れているにもかかわらず、報道の対象とされるイラク人側からその報道姿勢に疑問の声があがっていることだ。「なぜフセイン政権を支持してきたのか」「なぜ普通の生活には関心を抱かず、暴力や混乱といったイラクの悪い側面のみを報じるのか」「なぜ単なるテロを抵抗運動として賞賛するのか」といった批判は、イラクの新聞からインターネット・サイト、デモのプラカードにまで見られる。

イラクでも衛星テレビへの関心と期待は高い。フセイン政権下で個人の衛星放送受信が禁じられ、長く厳しい情報統制下にあったことから、政権崩壊直後に真っ先に近隣諸国から買い付けられたのは衛星放送のアンテナとチューナーだった。プロパガンダで埋め尽くされていたフセイン政権下の国内放送に辟易していたイラク人の多くが、テレビの受信によって自由を実感したのである。

ところが、アラブの衛星テレビによるイラクの報じ方が、イラク人の希求や認識とは食い違う場面が多く出てきた。アメリカの支援で設置されたイラク公共放送局「イラーキーヤ(al-Irāqīya)」も不人気で、イラク人による衛星テレビ開局が〇四年半ばから相次いでいる。六月に中道の高級紙『ザマーン(al-Zamān)』を発行するイラク・メディア界の実力者サアド・バッザーズ(Saad al-Bazzaz)が「シャルキーヤ(al-Sharqīya)」を立ち上げた。バッザーズはかつてフセイン政権の新聞『ジュムフーリーヤ』の編集長を務めていたが、湾岸戦争をきっかけに決別し、亡命してロンドンから反フセイン論陣を張ってきた。

他にも「ディヤール(al-Diyār)」、「ファイハーウ(al-Fayhā)」、「スーマーリーヤ(al-

Sūmārīya)」といった新局が、「暴力だけでないイラクの真の姿を世界に伝える」と標榜して開局。汎アラブ衛星局への対抗意識を燃やしている。

このように、ジャジーラやマナールが扇動的色彩を強める一方で、アラビーヤという対抗軸が現れ、イラクの民意の表出も徐々に始まっている。二〇〇五年一月に予定される国民議会選挙は、これらのメディアの姿勢を改めて問う機会となる。

2005・1・7

国民議会選挙に向かうイラク 「恐怖」との戦い

年末年始をエジプトのカイロで過ごした。中東への渡航は三カ月ぶりだが、アラブ・メディアの論調は移り変わっていた。二〇〇五年一月三〇日に予定されるイラク国民議会選挙が近づくにつれて、現行の政治プロセスそのものを拒絶してみせる論調は影を潜め、武装勢力によるテロリズムを「レジスタンス」として称揚する傾向のあった周辺アラブ諸国の報道も沈静化している。

イラクの武装勢力が自らは姿を現さず攻撃の矛先をもっぱら無防備なイラク人に向けていることは、支持や共感の余地を狭めている。また、二〇〇四年一一月二三日に主要先進八カ国と周辺国の閣僚を集めて開かれたエジプトのシャルム・エル・シェイク会議で、イラク統治基本法とそれに基づく国連安保理決議一五四六に示された政治プロセスを追認したことは、周辺諸国が非協力を貫くことを難しくしている。

そして、近隣のアラブ諸国は政権と人口の大半がスンナ（スンニー）派であり、イラクにシーア派の理念を前面に出した政体が成立することを危惧している。アラブの民族意識からは、イラクがシーア派国家としてイランの影響下に入る事態は耐え難い。

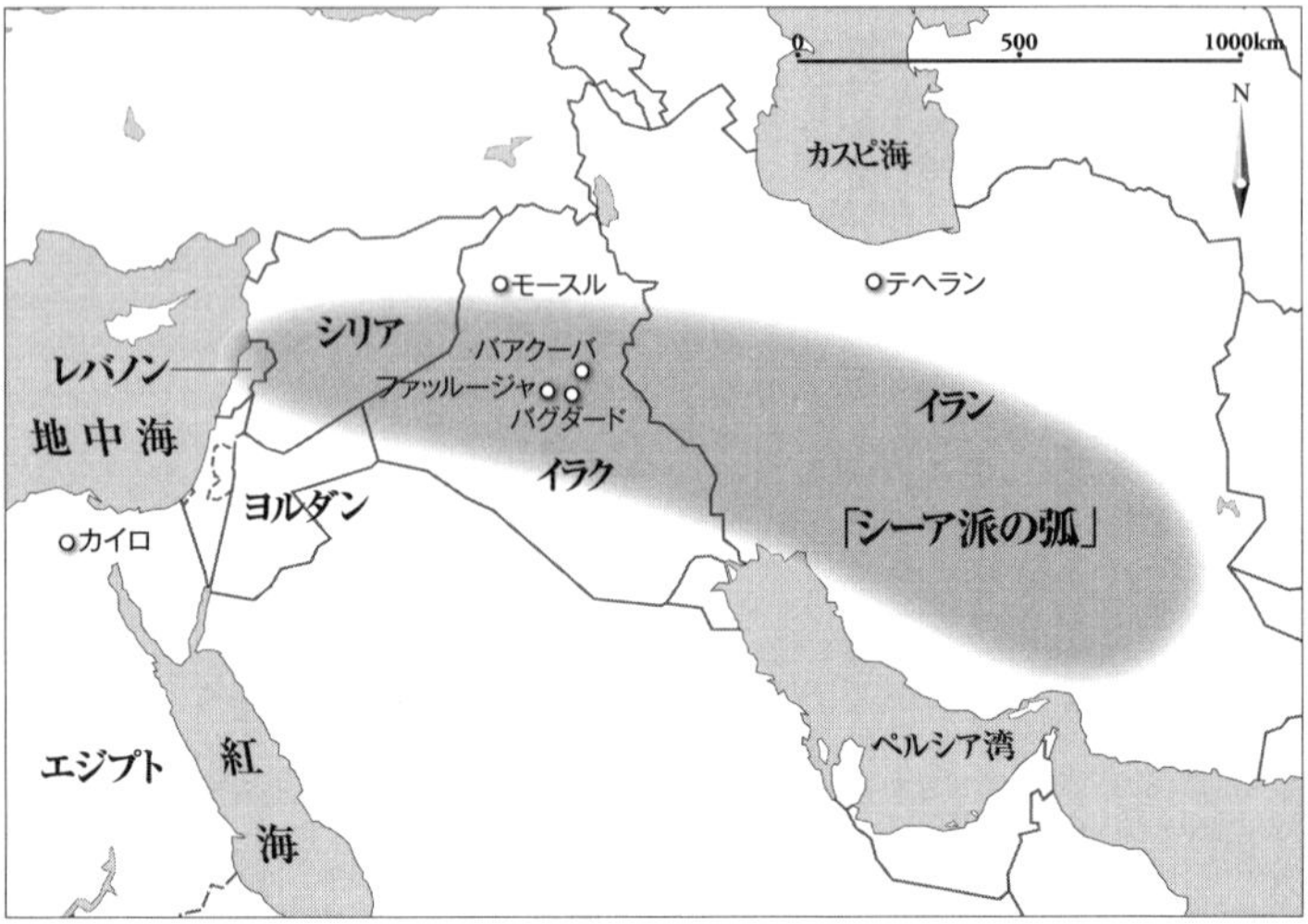

イラクと周辺諸国（「シーア派の弧」）

現状では、比較的治安の安定したシーア派地域で円滑に選挙が実施されることによって、ただでさえ人口で多数を占めるシーア派が、一方的に多数の議席を占有することになりかねない。もはや「アメリカの軍事力による民主化の強制など不可能」と揶揄《やゆ》していられる段階ではなく、より多くのスンナ派勢力の選挙参加を可能にするための仲介に本腰を入れざるを得なくなっている。

ここから、周辺諸国間の摩擦と牽制も過熱した。ヨルダンのアブドッラー国王は、イランが選挙に介入し「レバノンからシリアとイラクを横断してイランに至る〝シーア派の弧〟を築こうとしている」という疑義を表明し、イランはこれに対して「ヨルダンはイラクにハーシム家王政の復活を狙っている」と応酬した。

新たなテロ手法の「試験場」に

アッラーウィー首相らイラク暫定政権首脳にも、各政党の指導者の議論にも共通して頻出するのが、「恐怖（マハーウィフ）」という語である。イラクの主要政治勢力が現在取り組む最大の課題は、まさにテロリズムの喚起する恐怖心との戦いである。

フセイン政権崩壊後のイラクは、テロリズムの新たな手法が案出され、あらゆる可能性が試される、あたかも「試験場」のような場になってしまっている。特に、〇四年四月から頻発した人質殺害・映像公開事件の意味は深甚である。

一連の人質事件の発端は、四月の米軍のファッルージャ包囲攻撃の際の混乱の中でイラクの土着勢力が行なった突発的な行動と見られるが、この時点では五人の日本人を含む人質の多くが解放されている。

しかし、おそらくここで喚起された国際的な反響の大きさに着目し、ザルカーウィーの組織に代表される外来のイスラーム原理主義勢力が、五月に米国人ニック・バーグ氏を誘拐し斬首殺害映像を公開したのをはじめとして、次々に外国人を誘拐・殺害しインターネット上に映像を流した。それをさらにイラクの土着の勢力が模倣したと見られる事例も出てきており、イラク内外の勢力が相互に触発し競合して新たなテロリズムの手法が確立されていった。

これらの人質殺害事件は、無差別な自爆テロとも、要人や特定の対象の誘拐・暗殺とも、さまざまな側面で異なっている。例えば、無作為に人質を略取し身元を特定した後で政治的要求を出す点で、実行は格段に容易である。要人を誘拐する場合は厳重な警備を掻《か》い潜る作戦が必要であり、自爆テロであれば目標の選定、実行犯の教化・訓練、爆発物の入手や運搬といった準備が必要となる。

また、映像で生きている状態の人質を一度見せることで、殺害の責任を被害者側の政府に転嫁し、世論の分断や実質的な呼応まで誘うことができる。自爆テロであれば、作戦が遂行され報道された時点で被害者はすでに死亡しており、非難は犯人側に集中する。そして、自爆テロで一般人が犠牲になる場合は対象が「不特定多数」だが、人質略取の場合は無作為に被害に遭うとはいえ、社会の「一人ひとり」が対象となっていることが意識され不安は亢進《こうしん》する。

自爆テロに対する警戒には経済的効率性の低下や政治的自由の制限といった社会システムの疲弊をもたらす効果があるのに対し、人質惨殺・映像公開による影響は個々人の内側に直接作用して屈服させる効果がある。「自分だけは助かろう」という動機づけを各人に与え、暗黙の内に行動を制限・方向づける。フセイン政権崩壊後のイラクの混乱の中で、人質略取と惨殺映像の公開という、テロリズムの新たな類型が生み出されたといえよう。

スンナ派政党の動きが焦点

このように、人質斬首事件の続発が国際テロリズムの今後の動向に及ぼしうる影響は深刻だが、イラク情勢そのものの展開に及ぼした影響はまた別の問題である。〇四年一一月前半に行なわれた米軍によるファッルージャの掃討作戦は大規模かつ徹底的なものであったにもかかわらず、国際社会の批判がそれほど盛り上がらなかった背景には、同時期にアラファト・パレスチナ自治政府議長が死去し関心がそちらに移ったこともあるが、相次ぐ斬首映像の公開がファッルージャ市民全体への同情を薄れさせたこともあるだろう。一連の人質事件は、各国にイラクへの関与に再考を促すと同時に、米軍の一定期間の駐留を止むなしとする機運をも醸成する結果をもたらした。

ファッルージャ陥落以降は一時的に人質事件は減少し、代わって暫定政権の要人に狙いを定めた攻撃が増えた。〇五年一月四日にはバグダードのハイダリー知事が暗殺され、ザルカーウィーの組織が犯行声明を出した。

被害が大きいのは末端の要員で、イラク国家の自立の前提となる警察と形成途上のイラク新国軍の訓練要員は集中的に標的となっている。一月五日にも、バグダードの南方約一〇〇キロのヒッラの警察学校に対する自動車爆弾による自爆テロで二〇人以上が死亡した。イラク内務省によれば、〇四年九月から一二月の四カ月で、テロによる警察官の殺害は一三〇〇人に上っている。

国民議会選挙が近づくにつれて、選挙関係者に標的が移る傾向が出てきた。一一月一八日には、イラクで活発にテロ活動を行なっている「アンサール・スンナ（預言者の先蹤《せんしょう》の支援者）」を名乗る組織がウェブサイト上で国民議会選挙への参加者を背教者として攻撃の対象とすると警告し、ウサーマ・ビン・ラーディンも一二月二七日に国際衛星放送局ジャジーラで放送された声明で同様の警告を行なった。

一二月三〇日には北部の要衝モースルで、武装集団の襲撃と脅迫により、選挙管理委員会と支援スタッフの全員が辞表を出した。一月四日から五日にかけてはバグダードとその北方のバアクーバなどで、選挙管理委員会関係者へのテロが相次いだ。

スンナ派の多くの政党が主に治安上の理由から国民議会選挙への不参加を表明し実施延期を要

求しているが、多数派を占めるシーア派の選挙実施への期待は高く、主要紙も延期には否定的だ。イラク・イスラーム党をはじめスンナ派主体の主要政党も参加の条件となる政党登録と名簿提出はすでに済ませており、障害はスンナ派地域での候補者と選挙管理従事者の安全を確保できるかどうかだ。武装勢力の規模について、米軍は公式には二万五〇〇〇人程度と見積もってきたが、イラク情報機関の幹部は最近、中核メンバー四万人を二〇万人程度が支援しているという推計も示しており、選挙を実施した場合一定の犠牲は避けられない。

〇五年一月三日に、エジプト訪問中のイラクのシャアラーン国防相は、スンナ派政党が選挙参加を確約するならば期日の延期も可能と発言し、翌四日にヤーワル大統領もテレビ・インタビューで、期日どおりの選挙実施を望ましいとしつつ、それが物理的に可能であるかどうかを国連の判断に委ねる可能性を示唆した。

アッラーウィー首相の一月五日の記者会見では延期はかえって混乱を招くと論じたが、現在の日程が安保理決議に支えられている以上、安保理の判断によっては日程延期も可能という点で含みを持たせた。

シーア派のシスターニー師の一派も使者をカイロに送り、エジプト政府にイラクのスンナ派各政党の説得を要請している。エジプトやサウジアラビアによる仲介を経て、スンナ派諸政党の選挙参加の確約の表明が得られれば、一月三〇日の直前まで、国連安保理または国連事務総長が関与した形での日程再調整が行なわれる余地は残されている。

2005・2・11

イランとシーア派の影響力を精査する

二〇〇五年一月三〇日のイラク国民議会選挙では、シーア派とクルド人を中心に投票への広範な参加がみられた。選挙の敢行によって、イラク国家再建プロセスの成功が約束されたわけではなく、テロ攻撃が止むわけでもない。しかし、イラクの政府機関職員の上層から末端の労働者・求職者までを対象にした攻撃が、イラクの大多数の意思を体現したものではないことは示された。

いうまでもなく、今回の選挙で地歩を固めたのはシーア派諸勢力であり、選挙は彼らがイラク政治の主体としての存在を内外に鮮明にした瞬間であった。シーア派諸政党は選挙への動員力を示すことで、イラク国家再建プロセスの主導権を握った。

日本では、イラクのシーア派は誤解と曲解のヴェールに包まれており、そのことがイラク政治の展開を理解する妨げになっている。ここでイラクのシーア派が分析される際の主要な論点を検討しておきたい。

シーア派の伸張は内戦を導く？

シーア派勢力の伸張に対しては「内戦の危機」が語られることが多い。しかし少なくとも、「シーア派勢力が選挙での勝利を背景にスンナ派勢力への宗教的・政治的圧迫を始め、スンナ派がそれに対抗して内戦が勃発する」などというシナリオは、現在のところ想定できない。

シーア派の有力宗教指導者も政治指導者も一様に、国民統合と宗派間の協調を説いており、スンナ派勢力の取り込み策をそれぞれに模索している。各政党・政治勢力傘下の民兵同士による衝突も起きていない。ヨルダン人のザルカーウィーなどアル＝カーイダ系テロ組織や、サウジアラビアのワッハーブ派唱導者といった反シーア派思想を掲げる勢力によって、スンナ派住民にシーア派との敵対を扇動する声明が盛んに出され、何者かがシーア派のモスク（イスラーム教の集会所）と指導者や巡礼者を攻撃しているにもかかわらず、イラクのスンナ派の大多数は呼応せず、シーア派の諸勢力・指導者も冷静に対応している。

そもそもイラクのシーア派とスンナ派が宗教解釈をめぐって軍事衝突に至るという状況はまず考えられない。スンナ派にシーア派への改宗を迫る、シーア派の宗教儀礼やイスラーム法体系を強制するといった状況もイスラーム教の発想からは考えにくい。イラクの歴史では、シーア派とスンナ派が混在して居住し、支配従属の権力関係と複雑な対抗関係を当然のものとして、紛争の種を孕《はら》みつつ長期間にわたって共存してきた。二〇世紀前半のイラク国民国家形成期や中世史に遡っても、そのような「宗教紛争」は稀だ。

さらに、イラク国家成立後の国民意識の醸成により、シーア派地域の分離独立といった主張を掲げる政治勢力は皆無に等しい。

「内戦」の危険性を過大に論じる傾向は、周辺のアラブ諸国の指導者やメディアに強い。イラクとレバノン以外のアラブ諸国では圧倒的にスンナ派が多数派であり、イラクにシーア派主体の政権ができることを厭《いと》い、「内戦の危機」を主張して牽制する動きが出てくる。

もし「内戦」と形容しうる事態が生じるのであれば、宗派・宗教・民族間の紛争よりも、新体制への移行を妨げようとする武装集団による攻撃の激化、暴力の水準の上昇によってもたらされるほうがまだ現実的だろう。だが選挙で示された通り、シーア派とクルド人による多数派は、現行の政治プロセスを通じた国家再建を志向している。犠牲を伴いつつ前進する流れは定着してきている。

イランの影響力が拡大する?

イラクのシーア派の政治的伸張がイランの影響力拡大に結びつくと論じられることも多い。この種の議論の含意はイラクの反米国家化にあるが、これも過大視しないほうがよい。イランの一部に影響力を行使しようとする勢力があっても不思議ではない。しかし現在のところ、それらが有効に影響力を発揮している兆候はみられない。「イスラエル諜報機関の潜入」説と同様に、意図や欲求はあるが能力はないのが実情だろう。

「イランによるイラク・シーア派への影響」を論じる際、①イランとイラクを横断した聖職者の宗教教育・研究上のつながり、②シーア派アラブ人住民のイラン・イラク国境地帯でのつながり、

③シーア派アラブ人とシーア派イラン人のつながり——の三つを混同した曖昧な根拠に基づいて議論されることが多い。

②については国境地帯で経済生活上のつながりがあることは確かだが、それをイラン政府による政治的影響や介入と結びつけるのは早計だろう。③についても、政治社会学的な専門研究ではイラクのシーア派（アラブ人）とイランのシーア派（イラン人）が異なる歴史とアイデンティティを保持していることが定説となっている。イラン・イラク戦争の際も、シーア派住民がそれぞれの国家に忠誠を尽くし、宗派より国家への帰属を優先する実例となった。

①についていえば、イラクのナジャフとカルバラー、イランのコムといった具合にシーア派の主要な聖地と聖職者の教育・研究の拠点が両国にまたがって点在しており、国境を越えた聖職者ネットワークが存在する。フセイン政権下のシーア派信仰の抑圧と聖職者の弾圧を避け、イラクのシーア派聖職者がイランに多数亡命した。

ただし、彼らのホメイニ思想の積極的な唱導は、多分に亡命先で庇護者に同調してみせていたという事情が関係している。例えばロンドンに亡命すると、「民主主義」「自由」といった概念と調和的なものとしてイスラーム体制論を展開し、欧米諸政府などにアプローチする場合が多い。実際、フセイン政権崩壊後に帰国した聖職者の「イラク化」は著しい。

イラン型聖職者支配になる？

また、シーア派の選挙での勝利はイラン型・ホメイニ思想的な聖職者支配体制へと導くという観測も流れているが、因果関係が脆弱である。イラクのシーア派最高権威、シスターニー師の仲介者としての役割が脚光を浴びるにつれてこの種の議論が増えることはいっそう奇妙である。シスターニー師の影響力の上昇は、聖職者支配体制の到来どころか、全く逆の思想が優勢に立っていることを意味するからである。

シーア派聖職者の政治思想には中世から二系統があり、政治権力へ順応し、政治への介入を避け、信仰の純化に専念する立場と、政治支配者に対して優位に立ち、政治に積極的に介入して方向づけようとする立場に分かれる。シスターニー師は明確に前者の系譜に属す。その系譜にしても、全く政治を宗教と無縁のものと考えるのではなく、政治支配者からの要請や諮問には応じ、政治支配者が弱体化した場合は世論の動向を見計らって判断を下す。いずれの場合も秩序の安定と維持を優先することが大原則となる。フセイン政権時代から現在までのシスターニー師の動きは、一貫している。

例えばイラク戦争直前には対米徹底抗戦のファトワー（法判断）を出したが、米軍の圧倒的優位を見ると一転して住民に戦闘への関わりを避けるよう説き、世論の動向を見極めて一貫して選挙の早期実施を求め続け、今回の選挙ではアメリカ占領下であっても投票へ参加することを求めた。むしろシスターニー師の影響力が低下した場合に、政治権力に対して優位に立ち、積極的であるときに戦闘的な政治指導に乗り出す聖職者が台頭する可能性がある。

二月一三日、国民議会選挙の開票結果が公表され、イラク・イスラーム革命最高評議会（ＳＣ

IRI）のアブドルアズィーズ・ハキームを筆頭とする統一イラク連合が議席の半数を獲得し、クルド同盟とアッラーウィー暫定政府首相率いるイラーキーヤ・リストが続いた。イラク統治基本法によれば、国民議会が三分の二の賛成によって大統領と二名の副大統領を選出し、大統領と副大統領が首相を任命する。第一党も二、三位連合も三分の二に届かず、ポスト配分をめぐり駆け引きが続く。

移行政権と暫定国民議会の主要任務は憲法起草である。ここで注目を集めるのが啓示法《シャリーア》の地位である。これについても基本的な誤解に基づいて危機感をいたずらに煽る論説が多い。

イラク憲法に何らかの形で「イスラーム教を国教とし、啓示法を法の源泉とする」という趣旨の文言が織り込まれることは確実だが、このことはイラクにイスラーム原理主義や聖職者支配の体制が到来することを意味しない。多くのアラブ諸国ではこの規定が憲法に存在し、イラク統治基本法第七条にもすでに取り入れられている。啓示法を「唯一の」法源とするか、他と並ぶ「一つの」法源とするかが、次の争点となる。

混迷のレバノン史に新たなページは開くのか

2005・3・13

二〇〇五年二月一四日にラフィーク・ハリーリー前首相が爆殺され、レバノン社会に走る亀裂が急速に表面化した。反シリア感情が高まり異例の自発的な反政府・反シリアデモが湧き起こるなか、二月二八日にカラーミ首相は内閣総辞職を発表した。

直接の発端は二〇〇四年九月に親シリアのラフード大統領の続投を可能にする憲法改正が、シリアの意向を受けてレバノン国会で強行されたことにある。これに対してレバノン駐留シリア軍の撤退と民兵組織──事実上はイスラーム教シーア派組織ヒズブッラー──の解体を要求する国連安保理決議一五五九が、米仏主導で採択され、呼応した閣僚の辞任に続き、一〇月にハリーリー自身が首相を辞していた。

レバノン情勢の流動化は国家の特異な成り立ちに基づく根本的な対立に由来する。イスラエルが世界のユダヤ人の「ナショナル・ホーム」であれば、レバノン共和国は地中海東部沿岸のアラブ人キリスト教徒にとっての「ナショナル・ホーム」として画定されたと言ってもいい。イスラーム教を支配宗教とするアラブ世界において、キリスト教徒は中世に宗教的価値において劣位とされ、政治的な制約下で生活してきた。アラブのキリスト教徒が宗教・政治的権利を十全に行使できる唯一の国として、レバノン共和国は設計された。

侵食される親欧米政体

レバノンの複雑な歴史的成り立ちを振り返ってみたい。近代国家としての成立は、一八六一年にレバノン山脈地域がフランスの影響下でオスマン帝国から事実上の自治権を得たところに始まる。この地域ではマロン派やギリシア正教などのキリスト教諸宗派が人口の八割を占め、ドルーズ派のようなイスラーム教の異端的小宗派も命脈を保っていた。オスマン帝国解体に伴い、この地域は一九二〇年にフランスの委任統治下におかれ、ベイルートなど沿岸都市や、ベカー高原から南部レバノンにかけて「アーミルの山（Jabal Amel）」と呼ばれるシーア派の多い地域などを含む「大レバノン」に再編された。これによってイスラーム教徒の人口が増し、キリスト教徒が人口の五割超を確保するにとどまったことが、

レバノン地勢図

現在のレバノンの政体の不安定性の根源にある。

一九四三年の国民協約による取り決めでは、国会の議席はキリスト教諸宗派とイスラーム教諸宗派に六対五の比率で配分される。議会が選出する大統領はマロン派、大統領が任命する首相はイスラーム教スンナ派、国会議長はシーア派に配分され、ドルーズ派やギリシア正教にも閣僚を割り振る。マロン派勢力の優位の下で、各宗派に政治参加を保障する「宗派主義体制（アラビア語でターイフィーヤ）」に基づく民主政体が成立した。

キリスト教徒優位の権力配分を固定化した政治体制は、欧米諸国との強い結びつきを生み、急速な近代化と繁栄をもたらした。だが、諸宗派からの権力再配分の要求は潜在的な力を増し、政体の正統性を疑う勢力は内外に常にあった。最大の問題は議席・ポスト配分が一九三二年の人口センサスに基づいていることである。現在、イスラーム教徒（特にシーア派地域）の高い出生率とキリスト教徒の活発な海外移民により、人口比率は逆転しているとみられる。

隣国シリアは、レバノン、ヨルダン、パレスチナを含む歴史的シリアは不可分とする「大シリア主義」を主張してレバノンの併合を目指し、アラブ全土の統一を目標とするアラブ民族主義や、イスラーム教に基づく統治を求めるイスラーム主義もレバノン国家とキリスト教徒優位の政治体制に敵対的である。

シリアのレバノン支配は、一九七五年から九〇年のレバノン内戦の過程で進んだ。内戦の発火点は七〇年にヨルダンから放逐されたパレスチナ解放機構（ＰＬＯ）が西ベイルートと南レバノンに拠点を築いたことにある。これによってレバノンの微妙な宗派間のバランスと国際環境は決定的に乱された。シリアは内戦に乗じて七六年に軍を侵攻させた。イスラエルも八二年に侵攻してPLOを包囲攻撃し南レバノンを占領し続けた。レバノン内戦終結後も、レバノンで行なわれるイスラエル・シリア間の代理戦争は引き続いた。

国連安保理決議一五五九に基づく国際的な強い圧力に屈して、二〇〇五年三月、シリアは駐留軍撤退を表明したが、シリア側はあくまでもこれを八九年の「ターイフ合意」に従う撤退と主張する。ターイフ合意とはシリア軍と親シリア勢力が優勢に立ったのを受け、サウジアラビアのターイフにレバノン国会の議員が集って締結した国民和解憲章のことである。翌年に合意受け入れを拒むアウン将軍率いるレバノン国軍部隊をシリア軍とレバノン各派の民兵が制圧してもたらされた事実上の安定が、イラクのクウェート侵攻から湾岸戦争に至る間の国際協調取り付けの過程でアメリカから黙認され、内戦は終結した。

ターイフ合意はレバノン国家の独立と主権を認め、シリア軍のレバノン東部ベカー高原への退去を規定した。そのため、キリスト教徒を中心としたレバノン一国ナショナリズムを志向する勢力にとっては、将来のシリア軍撤退の第一歩と解釈できた。一方シリアは、合意によって一定の不安定要素がレバノンに存在する限り軍を駐留させ続ける根拠を得た。また、ターイフ合意はキリスト教徒とイスラーム教徒への国会議席の配分比率を五対五に改めた。これはレバノンのキリスト教徒優位・親欧米の政体がアラブ化とイスラーム化に侵食される過程といえる。

新たな勢力均衡を求めて

とはいえ、シリア支配下の安定は結局レバノンの各勢力を満足させなかった。経済は停滞し内戦前の繁栄には程遠いうえ、二〇〇〇年にはイスラエルが南部レバノンから撤退し、シリア軍駐留の意義は薄れた。むしろシリアに支援されたヒズブッラーが、イスラエル攻撃を繰り返し紛争を永続化させることを問題視する勢力も出てきた。レバノンの支配階層は、イスラエルを絶対的に敵視してはおらず、シリアの干渉がなくなればレバノン・イスラエル間の単独和平を求める可能性は高い。

同じく二〇〇〇年にはシリアのハーフィズ・アサド前大統領が死去し、次男バッシャールに大統領職が世襲された。だが、レバノン支配の主要な手段である諜報機関を通じた締め付けは緩んでいる。タブーを破って諜報機関への批判が表面化したのは、その現われだろう。マロン派のスフェイル総大司教（バチカン枢機卿も兼ねる）がシリアの内政干渉に反対の声を上げたことも後押しした。二〇〇一年の九・一一事件はアメリカの中東政策を変え、シリアのレバノン支配への黙認が撤回され、フランスも同調した。レバノンでは、ブッシュ再選が決定打となり反シリア感情とレバノン一国ナショナリズムが噴出した。

二〇〇五年三月一〇日、ラフード大統領は辞職したカラーミ首相を再指名した。反シリア陣営も有力な指導者がおらず、打つ手を欠く。いち早くハリーリー内閣から離脱しシリア諜報機関への批判を繰り広げ反シリア陣営の中心となったドルーズ派の指導者ジュンブラートは、内戦期から常に脚光を浴びてきたが、言動が軽く信頼されていない。そもそもシリアの軍事支援を背景にして台頭した人物であり、状況次第で再び寝返るという疑念も残る。事態は膠着している。

歴史的に見てもレバノン情勢に決定的解決は望めず、国際環境の変化によってシリアの干渉を抑えたいま、新たな勢力均衡が五月の選挙を経て模索されることになる。

シリアとしては国際社会の監視下にある現在、武力制圧や暗殺・誘拐・脅迫といったかつての手法は取れない。言を左右して時間を稼ぎながら親シリア陣営への梃子入れを図り、反シリアデモの雲散霧消や国際社会の関心の低下を待つしかない。だが、過去の米政権とは異なりブッシュ政権は理念先行でブレが小さい。シリアはフランスに亡命したアウン将軍の懐柔を通じてフランスとの関係回復を試みるかもしれない。

また、サウジアラビアやロシアからも撤退勧告を突きつけられ、アラブ連盟の裁定に従うといった面子を立てる方策すら拒否されたのは、国内統治上は痛手である。ここにヒズブッラーが助け舟を出し、○五年三月八日には三〇万人ともいわれる大規模な親シリア・デモでアサド大統領に感謝の念を表明してみせた。ただし高まるレバノン一国ナショナリズムには同調し、通常と打って変わってレバノン国旗を掲げ、演説やスローガンもシリアの撤退を前提としている。シリアに依存しない独自の政治組織・軍事組織としてレバノン内政における力と存在感の誇示を狙っているとみられる。

（補足）その後、二〇〇五年三月一四日に反シリア派による一〇〇万人規模のデモが行なわれ、四月二六日までに駐留していたシリア軍は撤退した。「三月一四日連合」はその後の反シリア派の結集の枠組みを指す呼び名となった。

2005・4・10

「アラブの発展モデル」エジプトが試される時

二〇〇四年は中東政治に変化の兆候が出揃った年として記憶されるだろう。二〇〇五年はそれらの兆候が現実となり始める年となった。

中東の長期的な趨勢を見極める上で見逃せないのが、エジプトの動向である。〇四年一一月から大統領批判が公然化し、「キファーヤ（もう充分だ）」というプラカードを掲げて大統領退陣を要求するデモが相次ぐという前代未聞の現象が生じている。

各勢力の要求は、第一にムバーラク大統領から次男ガマール氏への世襲に対する反対であり、第二に、大統領選挙に複数立候補制を導入し、大統領再選を二期に制限する憲法改正の要求である。当初は要求を撥ねつける構えを見せていたムバーラク大統領は〇五年二月二六日に、九月の大統領選挙に先立って複数の立候補を認め国民の直接選挙を可能にする憲法改正を行なうと突如表明した。

エジプトは近代のアラブ諸国に政治発展のモデルを提供し続けてきた。新たな選挙制度と運用、選挙戦の展開と結果は、周辺諸国に長期的に多大な影響を与えるだろう。

エジプトの現行制度では、大統領選挙はまず人民議会（国会）の三分の二以上の賛成によって単一の候補者が推挙され、「賛成／反対」二択の国民投票によって信任されるという手順を踏む。複数の候補者が政策論を戦わせて国民の支持を競う機会は実質的に存在しない。議会の多数は与党の国民民主党（NDP）が占め、大統領への翼賛的な姿勢に終始しているため、現職が自動的に選出される。実質上終身任期が約束され、対抗者の伸張を許す環境が閉ざされていく中で、世襲がほぼ唯一の権力継承・体制持続の選択肢となる。（その後二〇〇五年の憲法部分改正で複数立候補が可能になったが、厳しい制約を課されている）

巧みに正当化された権威主義

「議会での単一候補者擁立と国民の信任投票」と「終身任期と世襲化」は、アラブ世界の大統領制を採用する国に共通する。フセイン政権期のイラクにしても、ハーフィズ・アサドからバッシャール・アサドへの大統領位継承が行なわれたシリアにしても同様であり、信任投票で一〇〇パーセントに限りなく近い得票率を誇示してきた。大統領選挙が最高権力者に対する国民の忠誠・服従の意を確認する場と化したのである。この方式は、伝統的なアラブ部族の権力者推戴方式にも似通い、固有の政治文化・価値意識に根ざしたものであるだけに、ムバーラク大統領の表明は、実現すれば大きな意味を持つ。

大統領選挙の方式に限らず、エジプトの政治体制は、公式的な民主主義の唱導と実態・運用での制約が、正反対の方向性をもつほど懸け離れている。政党や職能団体、メディアやNGO（非政府組織）の活動が、民主化の原動力として奨励されているにもかかわらず、それらを規制する法律とその運用が、実質的に活動を困難にする。そもそも政党やＮＧＯへの法的規制を文字通り解釈すれば、通常の活動の多くが非合法の状態と認定されてしまうため、参加者が常に「合法的」に逮捕・勾留される危険性がある。

さらに、一九八一年のサダト大統領暗殺以来、あらゆる超法規的措置を可能にする非常事態法が存続しており、政治的対抗者の排除に用いられてきた。また、入り組んだ法的・行政的措置によって野党勢力の生殺与奪の権を握った上で、一部を選別的に取り込み「公認の反対勢力」として活動を許し、政権を外縁から支える装置として活用する。このように権威主義体制を「民主主義」や「法の支配」の装いで正当化し、恣意的な裁量による支配に法的な裏打ちを与え制度化していく動きは、一九八一年以来のムバーラク政権期を通じて推し進められてきた。それによって政権側から見た現状維持のためには最適のシステム構築がなされてきた。

しかしただ一つ永久に維持できないものがある。肝心要の大統領本人の生命である。法的・公式的な制度としても、また非公式的なパトロン・クライアント関係によって織り成される人的ネットワークの要としても、大統領個人の存在は統治のあらゆる側面で重要性を持つ。そのことが統治システムに安定性の礎を提供していると同時に、大統領の交代が引き起こす混乱のリスクも極度に増大させる。政体の世代を超えた持続と再生産に関して見通しはきわめて不透明である。現政権に対する内外のあらゆる挑戦・対抗を効果的に退けた結果、ムバーラク大統領の寿命が最後にして最大の懸案事項として残り、解決策を見出せないまま改選期を迎えてしまったのである。

この問題が深刻に認識されたのは、二〇〇三年一一月にムバーラクがテレビ中継中の人民議会本会議で演説の最中に体調を崩した時だ。

不測の事態に備えて副大統領を任命するという対策もムバーラクはとっていない。大統領側は「国民が民主的に選ぶべき次期大統領を現職大統領が指名してしまうことは避けるべき」という「民主的」説明を試みているが、後継指名をめぐって政権内に権力闘争が勃発するリスクを避けることを優先しているのだろう。

唯一の選択肢として、四二歳の次男ガマール氏への継承が模索され、官製メディアでは連日ガマール氏の動向を報じてカリスマ性を高めようとしているが、本音ではガマール氏の世襲に納得がいく者は少ないようだ。

米軍のイラク駐留の長期化と中東地域への持続的な影響力行使が確実となると、国家安全保障と国内社会における治安の観点から軍と治安部隊の掌握に長《た》けたムバーラク大統領の続投を望む機運は政権内外に高まった。これはムバーラク本人への支持・不支持とは別の問題であり、エジプトの国民・国家意識に由来する危機意識や不安感に基づく。

また、ムバーラク大統領の健康状態が劇的に改善したという偶然も大きい。ムバーラクは二〇〇四年六月にドイツで椎間板ヘルニアの手術を受け、夏に長い静養期間を取ったが、それによって驚くほどの回復を見せ、再び執務に励み始めた。こうして一時は不安視されていた二〇〇五年選挙への出馬に見込みが立ち、世襲への動きは一旦棚上げとなった。

米国の支持を見越す政権批判

しかしムバーラクの続投が中・長期的にエジプトの政体が抱える問題を解決しないことは明らかである。たとえ五選されても、再び任期の切れる六年後に問題はより深刻になって再現される。そもそも新たな任期を完遂できるとは限らない。将来への不確実性はいよいよ高まった。

これに拍車をかけたのが二〇〇四年一一月のブッシュ大統領再選である。ブッシュ大統領は一般教書演説でも「中東における平和への道を指し示したエジプトの偉大な国民は、今や中東における民主主義への道を示す時に来た」と告げた。表向きは政権側も反対勢力もアメリカによる介入の拒否を唱えているが、政権批判の公然化がブッシュ政権による支持を見越したものであることは明白であり、政権側も同じ認識から弾圧の手を緩めざるを得ない。

事態がさらに展開するきっかけとなったのが二〇〇五年一月二九日の「ガド（明日）党」党首アイマン・ヌールの逮捕である。一九九五年に人民議会に初当選したヌールは有力家族出身の四一歳で、政権中枢とのコネクションを持ちながらもNDP入党を避け、独立政治勢力の道を探ってきた。長年拒否されてきた政党設立許可を〇四年一〇月に勝ち取り、大統領権限を大幅に縮小する憲法改正案を示し、二〇〇五年選挙への立候補の意思も表明していた。これが政権にとって「レッド・ラインを超えた」と判断され逮捕につながったと見られる。これに対して米国務省から即座に非難声明が出され、二月一五日のアブルゲイト外相の訪米に際してライス米国務長官はこの問題について強く警告した。二月二五日には三月初頭に予定されていたライスのエジプト訪問の延期も発表された。ムバーラクによる憲法改正の表明はその翌日である。もはや力で押さえ込むことは逆効果と判断し、先手を取った形で「民主化を指導する」指導者として正面から選挙を勝ち抜き国際圧力もかわそうとする作戦に出たようである。

エジプト人民議会内の立法・憲法問題委員会が五月九日までに改正案を提案、本会議可決後に国民投票にかけて成立させた上で、新制度の下で大統領選挙が執り行なわれる予定である。改正は、立候補に際して人民議会での承認や政党の推薦、一般国民の署名数などの要件を課すか否かが焦点となる。憲法の条文次第で、あるいは関連する選挙法・制度の規定と運用によっては、複数立候補制度が有名無実化する可能性もある。アメリカと国際世論の動向を窺いつつ、政府側と反政府側のせめぎ合いが当分の間続く。

2005・5・14

アメリカ憎悪を肥大させたムスリム思想家の原体験

「中東でなぜアメリカは憎まれるのか」。九・一一事件から現在に至るまでしばしば提起されてきた問いである。「イスラエルに肩入れした偏った中東政策が原因である」といった答え方が一般的であるが、それだけなのだろうか。

中東の反米感情には、政治的経緯や経済状況に還元し尽せない部分がある。自らの全人生を賭けて「アメリカ」という存在に打撃を与えて地上から消し去りたいと感じ、実際の行動に移すには、大きな飛躍を必要とする。この飛躍をもたらす衝動はどこに由来するのだろうか。

クトゥブの見たアメリカ

アラブ世界のアメリカ憎悪の感情を表出した典型例として、エジプトの政治思想家サイイド・クトゥブ（一九〇六―一九六六）の事例は注目を集めている。

クトゥブはイスラーム主義勢力を暴力革命路線に向わせるインスピレーションを与えた人物として知られる。クトゥブの資質は元来は文学的感性に秀でていた。情動に訴えかける独特の文体により、作家・文芸評論家として脚光を浴びた。一九五〇年代からイスラーム主義の政治思想に傾斜し、ムスリム同胞団のイデオローグとなる。ナセル政権の弾圧によって刑死する直前に著された『道標』では、イスラーム世界を含む現代世界全体を神の定めた規範を喪失した「無明社会」として断罪した。

絶対悪としての「無明社会」を武力で打倒し消滅させることで純化された「イスラーム社会」が出現するというクトゥブの思想は、危険視され批判も受けたが、現存秩序を根底的に否定する根拠として今も根強く支持者を持つ。

クトゥブの思想が過激化するきっかけにアメリカ体験があった。クトゥブは一九四八年一一月から五〇年八月にかけて官費でアメリカに留学した。この時クトゥブはすでに四二歳である。高等師範学校を卒業し、国語教師をへて視学官（学校教育現場を視察する職）として教育省に勤務しながら文筆活動を行なっていた。民族主義・反帝国主義の筆鋒を鋭くするクトゥブを留学させることによって西洋社会に親しませ、穏健化させようとしたものとみられる。しかしこれは裏目に出た。

クトゥブはアメリカ滞在の多くの時間を、中西部コロラド州のグリーリーという、当時の人口二万人ほどの小さな町で過ごした。ここでの見聞がクトゥブのアメリカ観を決定づけた。帰国直後の手記『私が見たアメリカ』では、アメリカを道徳と精神性を失った野蛮な社会として口を極めて非難する。〈アメリカ人は科学と生産性の進展と向上において極限に達している〉にもかかわらず〈感覚と感情と行動において、絶望的な原始状態におかれている〉という。

そしてアメリカ人の「原始状態」を示す事象として執拗に言及されるのが性規範の弛緩である。クトゥブはアメリカ女性が彼に語ったとする、あけすけな性的欲求の表現を幾度も記す。そしてアメリカ女性の媚態のありさまを憎々しげに、しかし魅入られたように描く。〈アメリカの少女は自分の体の誘惑する力を良く心得ている。誘惑は顔に、挑発的な視線に、乾いた唇にあると知っている。豊かな胸と、突き出した尻、形のいい太腿とすっきり伸びた脚にあることを熟知している〉。クトゥブはキリスト教そのものが性的逸脱に侵され、教会がこの逸脱の場になっていると主張する。アメリカの教会では〈礼拝以外ならあらゆることが行なわれる。楽しみと享楽の場にしか見えない〉。アメリカ人にとって教会とは〈出会いと友好関係と気晴らしのための場所である〉。牧師も教会を男女の出会いの場とすることで信者を礼拝に引きつけようとして、あたかも女衒《ぜげん》のように振舞う、というのである。

極めつきは、クトゥブがグリーリーの教会で目撃したとするダンスパーティーの詳細な記述である。礼拝が終わると参会者たちは隣室に移り、そこはダンスホールとなっている。〈赤や黄や青のまばゆい光で照らされ、白い明かりはわずかしかない。蓄音機から流れる音楽に合わせ、ダンスは激しさを増す。踊り手の足が入り乱れ、互いに手を取り、腰に手を回し、唇が合わされる。空気は肉欲に満ちてくる〉

〈牧師はあたりを見まわし、まだ座っていて踊りに加わらない男女をけしかける。牧師は白い電灯が明るすぎて雰囲気を台無しにしていると気づき、アメリカ人に典型的な優雅さで一つ一つ消していく。そして座っている男や女たちをまた踊りにけしかけ、もっといい雰囲気になる別のレコードを取り出してくる。なんと牧師はアメリカの流行歌「だって外は寒いよ（*But Baby, It's Cold Outside*）」を選ぶのだ。この歌は夕暮れに逢引きから戻った男女の会話からなる。男は女を家に連れ込み、帰らせない。彼女はもう遅いから、母親が待っているから帰らせてと懇願するが、そのたびに男は「だって外は寒いよ」と繰り返すのだ！〉

禁欲と労働の町

興味深いことに、クトゥブが過ごしたグリーリーはロッキー山麓の牧歌的な町で、アメリカの基準ではきわめて保守的な町として認識されている。アメリカ公共放送（NPR）は、看板ドキュメンタリー番組*All Things Considered*でグリーリーを取材している（"Sayyid Qutb's America" 二〇〇三年五月六日放送）。そこで見えてくるのは、農業労働を通じた共同体建設を目指し、一八六九年までは禁酒法が施行されていたほどの、西部開拓時代のユートピア精神を体現した禁欲的な町である。

クトゥブが憤激した青少年のダンスパーティーにしても、実際にはきわめて健全なものであったようだ。当時を知る者の証言では、少女のスカートは脛の下まで達し、白のソックスを折り返して履かなければならなかった。ダンスで肌が（ましてや唇が）触れ合うなど到底許されなかったという。

クトゥブがこのような禁欲的な町にさえ性的放縦を感じ取ってしまった原因には、多分に彼個人の感受性や経験もあるだろう。クトゥブは生涯独身を通し、女性関係に乏しかったとされている。プラトニックな失恋の経験を綴った独白的小説『棘』では、極端な女性崇拝とその裏返しの失望と嫌悪の感情が激白され、極めてナイーブで内向的なムスリム男性の姿が浮かび上がってくる。

それと同時に、アメリカを強烈な性的魅惑とみなして惹きつけられつつ、疎外感や欲求不満と反発を感じ取るのは、イスラーム教の規範に従って育った男性にとって稀なことではない。イスラーム教は性的禁欲を要求する宗教ではない。しかし性的に自由でもない。イスラーム教は、人間の（基本的に男性の視点からの）性的欲求の存在を肯定し、それを「妻は四人まで」という規定に見られる明確な私的範囲内に囲い込み、その中では解放する。定められた私的範囲からはみ出す性交渉は全て重罪とみなし、石打ちによる死刑といった極刑をもって処断する。ハーレムへの女性隔離やヒジャーブ（スカーフ）による男性の視線の遮断も、公的な領域で男女間の接触を極力減らすための仕組みである。

「自由恋愛に基づいて形成される一夫一婦制」という近代キリスト教世界の性規範からは、婚前の男女に一定の接触の機会を与えることは当然に必要である。その場を教会が提供し、聖職者とコミュニティの監視の下に男女の出会いが行なわれるのは健全なこととみなされる。ところがクトゥブの目には、若い男女が誘惑を繰り返す逸脱の饗宴と映り、こともあろうにそれを教会が手引きしている、と見えてしまう。

魅惑的でありつつ汚れた憎悪すべき女性としての「アメリカ」像は、西洋近代がイスラーム世界にもたらす害悪の象徴となった。クトゥブが後に提示する「純化されたイスラーム社会」と

「汚れた打倒すべき現存の社会」とを対比させる善悪二元論の世界認識を裏打ちするイメージとして「堕落した女」は強烈な力を持った。アメリカ憎悪の感情の奥底には、近代西洋と直面したムスリム男性の抱え込んだ鬱積が見え隠れする。

（参考）『私が見たアメリカ』の英訳は、Kamal Abdel-Malek, *America in an Arab Mirror*, St. Martins Press, 2000に掲載されている。

Ahmad S. Moussalli, *Radical Islamic Fundamentalism: The Ideological and Political Discourse of Sayyid Qutb*, American University of Beirut, 1992; John Calvert, "'The World is an Undutiful Boy!' Sayyid Qutb's American Experience," *Islam and Christian-Muslim Relations*, Vol. 11, No. 1, 2000

池内恵「約束の地と堕落した女──アラブ知識人の見たアメリカ」『イスラーム世界の論じ方』（中央公論新社、二〇〇八年）ではここで取り上げたクトゥブのテキストをより詳細に分析している。

National Commission on Terrorist Attacks Upon the United States, *The 9/11 Commission Report* でもクトゥブのアメリカ体験に言及されている。

2005・6・11

イラク史に塗り込められたテロと略奪の政治文化

イラクでテロが慢性化している。標的は無防備な一般イラク人に定められ、軍や警察への求職者の列に爆弾を満載した自動車が突っ込む。警官や政府職員をその場で、あるいは連れ去った後に「処刑」する。

酸鼻の極みというべき現在の状況も、しかし、イラク近代史を繙《ひもと》いてみればそれほど異常に感じられなくなってくる。イラク政治の変動局面において、陰惨な暴力で社会を恐慌状態に陥れ人心を制圧しようとする「テロの政治」は、周期的に生じてきた。

イラクに特有の政治文化について、サダム・フセインの侍医を務めたアラ・バシールの回想録『裸の独裁者　サダム』（NHK出版）は、類書のない貴重なものである。一九三九年生まれのバシールは、有力者たちが示すふるまいを医師として逐一傍見してきた。バシールは著名な芸術家でもある。政変に際して動揺する社会の反応を鋭敏に感知して記している。イラクで政治が展開するリズムを体感するために恰好の素材である。

覆いがたく目につくのは、政権が代るたびに繰り返されてきた苛烈な報復である。一九五八年七月一四日、アブドルカリーム・カースィム准将（当時四三歳）とアブドッサラーム・アーリフ大佐（当時三六歳）の率いる「自由将校団」は、クーデタでイラク王制を打倒した。バシールは当時一九歳。群衆の中で、国王ファイサル二世と摂政アブドルイラーフ、首相ヌーリー・アッ＝サイードの末路を目の当たりにする。

残忍極まる光景

国王は銃撃され、かろうじて病院に運ばれたうえで絶命した。悲惨なのは側近である。〈宮殿の外で、殺されたアブドルイラーフは裸で仰向けに横たわっていた。暴徒は、ロープと小型トラックを手に入れた。彼の死体はロープでトラックにくくりつけられ、そのまま屈辱的な姿をさらしながら町の中心の殉教広場まで街路を引きずられて行った〉。〈殉教広場で、アブドルイラーフは街灯の柱に吊された。それから、ナイフを手にしたひとりの若い女性が抱え上げられた。彼女は死体の手を切りつけ、切り裂いたその手にナイフを突き刺してから勝ち誇ったように群衆に手を振った。次に男が街灯の柱に登り、前摂政のペニスを切り取った。数人がこれに続いた。ひと切れひと切れと、アブドルイラーフは識別がつかなくなっていった〉（引用は山下丈訳にもとづき、アラビア語表記を一部修正した＝以下同）。

国政を取り仕切り、清貧に甘んじて新国家の運営に邁進していたサイード首相も悲惨な最期を遂げる。先に捕らえられた息子は、殺害され路上を引きずり回された挙句に火を点《つ》けられ、見守る暴徒が歓喜する。サイードは女性が体全体にすっぽり被る黒い衣装「アバヤ」で変装して通りを抜けようとするが、群衆に目ざとく発見され殺害される。駆けつけた自由将校団のターヘル大佐は、遺体の頭部に向けて〈機関銃の弾倉が空になるまで撃ち続けた〉。

クーデタの指揮官カースィム准将は国家建設に功のあったサイードを栄誉をもって埋葬するよう命じた。〈けれども、死体は掘り起こされ、やはり車で引きずり回された。暴徒が車やバスを乗っ取り、バグダードの通りを引きずり回されているサイードの死体を轢《ひ》いた。私がその狂気の光景をちらりと目にしたときには、七〇歳の首相の血まみれで汚れた脊椎骨だけが残っていた〉

カースィムは首相・国防相に就任し国政を率いていったが、クーデタや暗殺の未遂が相次ぎ、政情は安定しない。カースィムと若き自由将校団たちとの認識のズレは早期に表面化し、バアス党やエジプトのナセルによる汎アラブ主義の呼びかけに呼応する者、共産主義革命を唱導する者の双方が武装し血塗られた抗争が繰り返されていく。

最たるものはカースィムと腹心アーリフの決裂である。クーデタと暗殺を相次いで試みたアーリフに、カースィムは温情をかけ処刑せずに済ませた。だが、それがアーリフの野心を冷ますことにはならなかった。一九六三年、アーリフはバアス党と結んだクーデタでカースィム政権を打倒する。カースィムはテレビスタジオで処刑された。〈死体があるスタジオは、照明がつけられ、カメラがまわった。その日の午後から夜のあいだじゅう、ひとりの兵士がカースィムの遺体に近づいて彼の髪をつかんで持ち上げ、顔に唾を吐くシーンが繰り返しテレビで流された〉

かつてサイード首相の遺体に機関銃の弾丸を撃ち込んだターヘルはカースィムの護衛官となっていた。ターヘルは追っ手を待たず自ら命を絶つ。〈ターヘルの遺体は国防省からラジオ・テレ

ビ放送局へと運ばれ、外の芝生に同じように並べられた。ひとりの兵士が駆け寄って、機関銃を彼の頭部に据え、引き金を引いた〉

七九年にフセインが全権を掌握するまでの入り乱れた抗争を記す紙幅はないが、フセインが仕上げとして行なった粛清については言及しておいてもよいだろう。フセインは大統領に就任して程なくバアス党指導部を一堂に集めた。書記長が促されて立ち上がり、「シリアのアサド政権と結んでイラクに対する陰謀を試みていた」と「告白」し六〇名以上の「共謀者」の名前を挙げた。彼らはその場から即座に連行され、多くが処刑された。「告白」の役を演じれば助命されるはずだった書記長も、もちろん処刑された。

この背筋の凍る粛清劇はテレビで収録され、国民に教訓として示された。イラク戦争時には、アメリカによってフセインの残虐さの証拠として世界に示されることになる。

尊崇の対象ですら略奪

悪夢のような記述を延々と紹介していくと、あたかもこの本が猟奇趣味や暴露ものであるかのような印象を与えてしまうかもしれない。しかしバシールの筆致はあくまで冷静であり、センセーショナリズムとは無縁である。これらの事象はイラク人にとっては驚くべきことではない。イラク人の思い描く政治とは、まさにこのような陰惨な光景の連なりである。むしろ、これほど苛酷な現実をここまで淡々と記せてしまう人物が現れる社会状況にこそ、本当の意味で衝撃を受けるべきだろう。

注目すべきなのは、秩序の動揺に伴って澎湃《ほうはい》と湧き出てくる暴徒の姿だ。自発的に、しかし相互に連動して動く大小の武装集団と、それにつられて数倍の規模で膨れ上がる群衆からなる暴徒による略奪と暴行の光景は、一人一人のイラク人にとって悪夢である。しかも時に自らもその一員とならざるを得ない悪夢である。

バシールはアーリフによる六三年のクーデタの際に父が遭遇した状況を記す。バアス党が主体となったクーデタに便乗し、思想を異にする共産党も蜂起した。父の勤める警察署は共産党勢力に包囲され、武器庫を開けるよう迫られる。拒否した父は銃弾を撃ち込まれ暴行を受ける。その際に父がもっともショックを受けたのは、ある一人の元同僚の仕打ちだったという。退職し幼い子たちをかかえて生活に困窮していた元同僚が署内で働けるように、父は便宜を図ってやっていた。しかし〈「私が撃たれて、暴徒たちに手錠をかけられると、彼がいちばんにやって来て私の顔を殴った。友だちではないということを共産主義者らに示さなくては、と思ったんだろう」と父は語った〉。

フセイン政権崩壊直後の広範な略奪の現象は、新国家建設を出だしから躓《つまず》かせた。バシールはイラク史で繰り返される略奪の心性を、イラク人の多数が信奉するイスラーム教シーア派に特有な象徴体系に遡って解釈する。シーア派成立の起源となるのは、六八〇年にイマーム・フサイン(ムハンマドの従弟で女婿であるアリーの次男)が、ウマイヤ朝カリフの軍勢とカルバラーの地で戦い惨殺された事件である。これをシーア派では「フサインの殉教」と呼び、毎年のアーシューラー祭で悼む。

興味深いことに、尊崇するイマーム・フサインの家族に対してさえも人々は略奪を行なったという伝説が語り継がれているというのである。バシールによると、その伝説はこう告げる。〈カルバラー郊外の戦いに生き残った家族は、捕虜としてクーファからシリアまで連行された。イマーム・フサインの近親らがそのようにして辱められているのを目にして、涙を流す人々で通りはいっぱいになった。それでもなお、人々は、嘆き悲しみながら捕虜たちから身ぐるみ略奪するのをやめなかった。「あなたがたは私たちの運命を思って泣きながら、なぜ、こんなことをするのですか?」と、イマーム・フサインの妹であるザイナブは尋ねた。「私たちがこうしなければ、ほかの者がすることになるからです」というのが、その答えだった〉

この矛盾したような光景が切迫感を込めて語り継がれるところにこそ、イラクの社会意識に長期間かけて形成されてきた、複雑にねじれた政治権力への姿勢が現れている。風土と人々の記憶に固着した政治文化を払拭する困難を思えば、イラクが「悪夢」から醒める日がそう近くにやってくるとは楽観できない。

2005・7・11

エジプトとシリア　立憲主義を骨抜きにする「緊急事態法」

二〇〇五年六月九日に閉幕したシリアのバアス党大会で注目を集めたのは、一九六三年に発令されて以来続いている緊急事態についてどのように議論されるかだった。国内外に民主化をアピールする手段として緊急事態の解除へ道筋が示されるのでは、という観測が一部にあった。しかし結局は緊急事態諸法制の適用を部分的に緩和するにとどまった。

緊急事態の長期化はエジプトにも共通している現象である。二〇〇四年末から相次いだデモと政府批判では、緊急事態の解除が要求項目の筆頭に挙げられた。緊急事態諸法制は強権支配に形式的な合法性を与え、政治的異議申し立ての公然化を阻止することで、中東諸国の政権を維持する鍵となっている。政権と野党勢力の間の具体的な争点は、この緊急事態をめぐるものとならざるをえない。

永続化する「緊急事態」

緊急事態（あるいは「非常事態」state of emergency）において、立憲主義が政府に課している制限やチェック機能を一時的に緩め行政権限を拡張することを可能にする規定は、程度の差はあれ、立憲主義と民主主義が確立した諸国の憲法にも組み込まれている。しかしそれはあくまでも一時的に立憲政体を維持するための例外規定であり、明白に差し迫った内外の危機を克服するための、いわば「劇薬」である。

ところがシリアやエジプトの場合、緊急事態が長期化・常態化している。それによって立憲主義は形骸化し、基本的人権の制限や民主化の阻害をもたらす。

シリアでは一九六三年三月八日に緊急事態が宣言されて以来、現在まで法的には戒厳状態が続いている。緊急事態法（一九六二年）では、緊急事態下での広汎な権利の制限を許している。「集会、居住、移動、通行の自由」の制限を可能にし「疑わしい人物、あるいは治安と秩序を危機に晒《さら》す人物を予防的に拘禁する」ことを認め、さらに「いかなる場所と時においても、いかなる人物をも取り調べること」を許可し「いかなる人物にいかなる行動をとる許可を与えることもできる」とまで規定されている。そして「全ての種類の手紙や通話を検閲し、新聞、通信、パンフレット、印刷物、絵画、放送、その他のあらゆる種類のマスメディアと広告を発行前に検閲し、差し止め、差し押さえ、許可を取り消し、印刷所を閉鎖する」ことができる。

緊急事態宣言下の例外的司法で多用されるのが、国家治安裁判所への政治犯の送致である。一九六八年の政令に基づく国家治安裁判所は、大統領の任命する戒厳司令官の下に置かれ、通常の司法制度の体系とは別系統である。判事は大統領により任命され、超法規的な拘束や秘密裁判が許される。「国家治安裁判所は、捜索から尋問、審理の過程を通じて、現行の法規によって定められている通常の手続きに拘束されない」。控訴はできず、大統領の裁可を経て刑が執行される。

シリアの場合は、そもそも憲法（一九七三年）の条文の中にさえ頻繁に国民の権利の制約をもたらす文言が盛り込まれている。第三八条で言論の自由を保障しながら、政治的な主張や批判は「国内の安定や民族的集合体を防衛し、社会主義体制を強化するためであれば」認められるものとされる。そのため、この条文は言論の自由を保障するよりも、むしろ特定の勢力を「民族的集合体の防衛」や「社会主義体制の強化」に反するとして弾圧する根拠になってしまう。

集会の自由についても、わざわざ「憲法の枠内で」と限定してある。その「憲法の枠」とは、長大な憲法前文に示される、アラブ民族主義と反帝国主義、反シオニズムであり、そこにおけるバアス党の排他的な指導性である。そして「包括的なアラブ革命」という使命への限りない貢献こそが憲法の「主要な原則」であると明記する。第八条には「バアス党は国家、社会の指導的党である。党は人民大衆の富を一つにし、アラブ共同体が目指す目的地へ人民大衆を導くように努める愛国的、進歩的戦線を指導する」とあり、許される政治活動の範囲は極度に狭い。わずかに残された政治的自由の余地に、緊急事態法はとどめを刺す。

「民主主義」を熟知した上で

エジプトの場合は、憲法では一貫した形で基本的人権の保障や自由の尊重が謳《うた》われている。ところが下位の法体系と制度が十全に構築され、巧みに運用されることで、憲法上の規定は骨抜きになる。現行憲法（一九七一年制定、八〇年部分改正）では、「言論」「出版、印刷、発行、その他の情報伝達」の自由が保障され、「私生活」「郵便、電信電話、その他の通信手段」は不可侵とされ、検閲も禁じられている。「集会」「結社」の自由もそれぞれ保障されている。法の支配が謳われ、「司法の独立とその特権は、権利と自由を守るために基本的に保障されている」。

これらの規定を軒並み覆していく糸口が「共和国大統領は、法律で定める方法により、緊急事態を宣言する」という第一四八条である。一九五八年に制定され現在も効力をもつ緊急事態法によれば、緊急事態において大統領は検閲を指示でき、集会・移動・居住・通行の制限を行ない、刑事訴訟法の規定する制限に拘らず「疑わしい者又は治安上危険な者を逮捕、拘禁すること。人と場所についての捜索をすること」ができるとされる。

こういった規定がいかに政治的自由や人権の制約につながるかは、選挙時に明らかになる。野党候補のメディアでの発信は慎重に監視され、支持を広げそうになった瞬間に差し止められる。差し止めに従わない（とみなされた）場合は、「治安上危険な者」として国家治安裁判所に送られ、合法的に選挙戦から排除される危険を覚悟しなければならない。

たいていの場合はいきなり逮捕するようなことはない。多用されるのはもっと細やかな法の運用である。

緊急事態法にのっとって、野党候補の集会申請は却下される。「集会を許可しない」ことが政治的権利の侵害として国際的に非難される場合、「公共施設の開業と就業の時間を制限すること、それらの施設の一部または全部を閉鎖する」ことができるという規定に基づいて、集会を許可しないのではなく「集会のための建物・場所の使用を許可しない」という秘策が考案される。さらには「当日朝になって不便な場所に許可する」「当日になって突如施設が閉鎖される」といった、実に「創造的な」法と制度の運用によって、野党候補の選挙活動は極度に困難となる。それでも大量得票の可能性のある候補が出現して来た時には、緊急事態法による逮捕拘禁で、投獄あるいは果てしなく長期化する裁判に引きずりこみ、虚実取り混ぜた罪状をメディアに流布させることで、政治的生命を奪っていく。

関連法制が網の目のように設置されているところもエジプトの特徴だろう。政党法やNGO法は、政党やNGOの活動を「保障する」と銘打っているが、同時にその活動範囲をきわめて限定的なものにする。それによって、潜在的にほとんどすべての政党・NGOは許容範囲から逸脱した何らかの「違法活動」を行なっているものとみなされ、生殺与奪の権を政権に握られる。政治的対抗者の勢力が許容範囲を超える規模に膨れ上がったと政権側が判断した場合、その「違反」をもって公共の安全に対する脅威をもたらすものと認定し、国家治安裁判所に送致する(あるいはそう威嚇する)。

さらにこれでも足りないとでもいうかのように、もう一つの安全装置が用意されている。軍事裁判法(一九六六年)によれば、緊急事態が宣言されている期間には大統領の裁量でいかなる犯罪も軍事裁判所に送致できる。こちらも上訴は認められないうえに、裁判官はすべて軍人であるため国家治安裁判所以上に統制がきく。もはや緊急事態法の適用や国家治安裁判所の手続きすら回避して、司法府を介し世論へのアピールを行なうこともなく、政治的対抗者を排除することを可能にする制度である。イスラーム主義組織の弾圧などではこちらが頻繁に利用されている。

中東諸国に民主化や自由を「伝道」することが是か非か、あるいは可能か不可能かという議論は多いが、そこには、民主主義も立憲主義も、概念としてはとっくの昔に「伝道」されているという大前提への認識が欠けている。それらは法制度や国家機構において、形式上は取り入れられている。その上で、あくまでも形式的な合法性を保った形で、国民の権利や自由を制限し立憲主義を有名無実とする法や制度が積み重ねられ、巧みに運用されてきた。

中東諸国の政権が民主主義や立憲主義を知らないのではない。むしろそれらを十分に知り過ぎているがゆえにその脆弱さをも熟知し、骨抜きにする方法を絶え間なく考案し利用し続けていることが、中東の民主化の実態を乏しいものとしている。この重層的な構造への注目は、中東で民主化を争点とする政治闘争を見る際に欠かせない。

（補足）白井正博「エジプトの緊急事態法」（『イスラム世界』第四二号、一九九三年）を参考にした。なお、本稿での分析は二〇〇五年時点でのエジプト憲法条文に基づいている。二〇〇七年三月二六日の国民投票で成立したエジプト憲法改正では、三四条の修正・追加が行われたが、非常事態法による統治を継続しさらに強化した。第六章「テロとの戦い」が加えられ、第一七九条では、テロとの戦いのための方策は「個人の自由」「住居の不可侵」「私信、電報、電話の秘密の不可侵」に優先すると明記されている。

2005・8・15

イギリスの多文化主義を揺るがす「寛容のジレンマ」

二〇〇五年七月七日のロンドンでの同時爆破テロ事件を受けて、ブレア政権はテロ対策強化の諸施策を打ち出している。七月一八日には労働党政権と野党の保守・自民両党との間に新たなテロ対策法案の内容で合意が成立し、八月五日にブレア首相はイギリスを政治亡命の場としてきた外国人説教師とその団体に対する厳格な措置を発表した。ブレア首相は記者会見で「ゲームのルールは変わった」と告げ、憎悪を煽る外国人説教師の本国送還を行なっていくと宣言した。

会見では、イスラーム主義組織「イスラーム解放党」やその分派「ムハージルーン」が名指しされた。ムハージルーンの指導者オマル・バクリーは直後にレバノンに出国し、内務省は再入国を認めない方針を明らかにしている。八月一一日にはアブー・カターダをはじめとする主要な過激派指導者一〇人の拘束が行なわれた。

打ち出された個別の対策は、イギリスの対移民政策の基本的な理念の次元における大きな変化を示唆している。変化の根底には、イギリスのホスト社会とムスリム移民コミュニティの間の長期間にわたる緊張と、それを解決しようとする試行錯誤の結果としてホスト社会の側に広範に共有されるに至った、ムスリム移民コミュニティに対するきわめて「冷めた」認識が窺《うかが》われる。それゆえに、今まさに生じている政策の変化は長期的な意味を持つ。

マイノリティ側の優越意識

イギリスが直面しているのは、これまで移民政策の基本理念としてきた「多文化主義」に伴う負の側面である。イギリスの移民統合政策を貫く「多文化主義」の理念では、異民族・他宗教の移民はホスト社会の支配的文化や価値観に全面的に「同化」する必要はない。多文化主義の下で移民は個人としてイギリス社会に加わるだけでなく、コミュニティ単位でイギリス社会に統合されていくことになる。個人単位での「平等への権利」を前提とした上で、さらに集団単位での「差異への権利」を確保しようとするものといえる。

各コミュニティは宗教的教導や教育によって独自の価値観や慣習を維持し、その成員はコミュニティへの帰属意識をイギリス国家・社会への帰属意識と並行して維持していくことが許容され、奨励されもする。イギリスの多文化主義政策は、政教分離といった「普遍的」理念の受容を求めるフランスや、血統や支配的文化への同化を重視するドイツとも異なり、より先進的なものと評価されてきた。

しかし多文化主義には負の側面がある。民族・宗教のコミュニティに文化や価値観の独自性を守り再生産していくことを保障すれば、逆に差異を固定化することになる。差異が残ることこそが各コミュニティ側の要求である以上これは必然的なのだが、結果的にホスト社会との溝を深め、経済的な階層上昇や社会的威信の向上を妨げてしまう効果ももたらす。

また、コミュニティ単位での統合が、移民コミュニティの成員にとって望ましいものであるとは限らない。マイノリティの固有の価値観に従い帰属意識を求められることは、イギリスに生まれホスト社会の価値観に惹かれる者にとってはかえって桎梏《しっこく》となる。移民コミュニティの支配構造が、故地・出身地での身分・階層の格差や従属関係、家父長的な規範を持ち込み、イギリス社会で認められる個人の自由や権利を制限する場合もある。

ホスト社会と移民コミュニティに対する距離は各個人によって異なるだろう。この問題を取り上げた優れた映画がある。パキスタン系二世イギリス人のアユーブ・カーン＝ディンによる原作脚本の『ぼくの国、パパの国』（一九九九年、ダミアン・オドネル監督、原題は *East is East*）は、パキスタン系移民の子供たちと父親の間の葛藤を描いて高く評価され、英アカデミー賞最優秀英国映画賞を獲得している。

ロンドンのテロは、こういった多文化主義が一般的に抱えた問題に加え、ムスリム・コミュニティの中に浸透したイスラーム主義が多文化主義の根幹を掘り崩す可能性への直面を迫った。多文化主義は元来、ホスト社会によるマイノリティの劣等視や敵対・憎悪を抑制する手法である。ところが多文化主義を進める中で、逆にムスリム移民コミュニティの中にホスト社会に対する優越意識が強まり、敵対や憎悪を煽る傾向が強まってきたのである。他者に対する非寛容の主張も寛容に認め、他者の自由を否定する自由をも認めるのか、というジレンマをイギリスは抱えている。

現在国外追放の対象として名前が挙がっている説教師たちは、「イスラーム教徒＝支配者、キリスト教徒およびその他の異教徒＝被支配者」といった本国では当然とされる支配・従属関係をイギリスにおいても説き続ける。そして、イギリスの制度や価値観を劣ったものと決めつけ、イギリス社会への統合を「逸脱」として禁じてしまう。こういった現象はヒンドゥー教やシーク教の場合は生じておらず、現世における政治権力や、宗教集団間の支配・従属関係にも、神の啓示による規範が存在していると信じるイスラーム教に特有の摩擦と言えるだろう。

さらに扱いが困難なのは、主流派・多数派を占めるはずの「穏健派」の言説にも、同様の要素が多分に共有される点である。例えばちょうどテロ事件の翌朝（七月八日）に、イギリスのムスリム・メディアの最大手『ムスリム・ウィークリー』には「イスラーム・信仰・権力」と題した長大な論説が掲載された。そこでは、ムスリムは非ムスリムを支配する政治・軍事的権力を獲得するために闘争するべきである、すべてのムスリムにとって戦争は義務である、イスラーム国家を創設し、イスラーム教とイスラーム法を全世界で確立しなければならない、といった主張がなされていた（Patrick Sookhdeo, "The Myth of Moderate Islam"『スペクテーター』誌七月三〇日付）。従来は「宗教差別」との批判を受けることを怖れて、主流派・穏健派と目される指導者の言説には批判が及びにくかった。ロンドン・テロ以降は『タイムズ』や『ガーディアン』、『オブザーバー』といった高級紙でも有力な説教師やコミュニティ指導者の言動を問う動きが進む（例えば"Radical Links of UK's 'Moderate' Muslim Group"『オブザーバー』紙八月一四日付）。

イギリスに対する優越感情や敵対意識を鼓舞する思想もまたイギリスが提供する政治的自由の

範囲内であり、そういった勢力すら存在できるのがイギリス社会の寛容性の発露である、というのがこれまでの認識だった。しかし、ブレア首相は八月五日の記者会見ではっきりとこれまでの認識を改めることを宣言している。ブレア首相は、テロ事件に際しても発揮されたイギリス社会の寛容性は「狂信的な少数派によって悪用されてはならない」と述べる。そして「イギリスに来ることは〝当然の〟権利ではない。ひとたびイギリスに来れば、滞在には義務が伴う」とし、この義務とは「イギリスの生活様式を支える価値を共有し支持する」ことであると明確に示している。その上で「この義務を捨て、我々の国と国民に対する憎悪を煽り、暴力に手を染める者には、この国に居場所はない」とまで言い切っている。多文化主義の理念の下で曖昧にされてきた、マイノリティの側がホスト社会に対して最低限の顧慮を示す義務を強く確認したものといえる。

「敵意」を追い込み、炙り出す

イギリスの転換によって、短期的にはむしろテロが増加する可能性がある。既にイギリス社会に対する敵対意識を固めている勢力にとっては、イギリスの施策そのものが、まさにイスラーム教に対する敵対行動として受け止められるためだ。それらの勢力にとっては「イギリス政府や社会に対してジハード（聖戦）を行なうことが義務である」という思想の真実味がいっそう増すだろう。取締りの対象となった説教師の信奉者たちが地下に潜り、それぞれの自発的意思で臨機応変に連携し、武力闘争に踏み切る例が出てくることは予想しておく必要がある。

ムスリム・コミュニティの分極化と対立の先鋭化も危惧される。コミュニティ全体には、過度な優越意識を払拭し、イギリス社会への敵意を鼓吹する勢力から距離をおくことが求められていくことになる。イギリスで築いてきた生活を守るために多数派はこれに同意すると思われるが、それによって武装闘争論者による「正統教義からの逸脱」「裏切り者」とする攻撃を招く危険も生じる。

ただし何も対策を取らなければ問題が解決するわけではない。「テロ対策がテロを生む」といった単純な批判は、ムスリム・コミュニティの内側に育っているイスラーム主義の圧力から目を背けたものだろう。ブレア政権にしてみれば、副作用は承知の上の止むを得ない選択だろう。現状を放置したまま次のテロを招くよりも、イギリス社会への敵対意識を潜在的に持つ者を行動に「追い込み」、いわば「炙《あぶ》り出していく」方向に舵を切ったといっていい。

2005・9・11

イラク憲法草案の文言に込められた政治的配慮

イラク憲法起草委員会は、二〇〇五年八月一五日の起草期限を何度も延長して修正を繰り返した末に、八月二八日に最終草案を発表した。草案は国民議会の本会議で読み上げられたが採決は見送られ、一〇月一五日に行なわれる予定の国民投票に委ねられた。

イラク新憲法の起草作業では、①クルド地域《クルディスターン》の地位、②連邦制の導入、③イスラーム教の位置づけ、が注目されてきた。このうちクルド地域の地位に関しては、湾岸戦争以来、アメリカの庇護の下で達成してきた広汎な自治という既成事実を全面的に承認した形である。しかし、連邦制の全面的な導入に関してはスンナ派の反対が強い。国民投票で、一八ある県のうち三つの県で三分の二以上の反対があれば草案は否決され、国民議会は解散されて起草作業は振り出しに戻ってしまう。

「啓示法」をめぐる政治闘争

イスラーム教の位置づけについては、草案で当面の着地点が明確になってきた。今回はアラビア語で書かれた草案全文（全一三九条）を検討しつつ、この問題を詳述してみたい（英訳「"Text of the Draft Iraqi Constitution," *New York Times*, August 28」は冒頭宣誓文と最終の一三九条が欠けている。修正前の全一五三条の英訳も出回っている）。

まず、第一条で国名は「イラク共和国」と定められた。これは、シーア派の一部のウラマー（イスラーム教の学者）やイスラーム政党が要求した「イラク・イスラーム共和国」といった宗教色の濃い国名の採用を退けたものである。

問題の核心は、①イスラーム教を国教とするか否か、②イスラーム教と法との関係、である。草案の第二条は次のように規定する。

第二条第一項　イスラーム教は国家の公式宗教であり、立法の一つの基本的な根源である。

(a)イスラーム教の諸規定（aḥkām）の確定された諸要素（thawābit）に反するいかなる法も制定してはならない。

(b)民主主義の諸原則に反するいかなる法も制定してはならない。

(c)諸権利と基礎的な自由に反するいかなる法も制定してはならない。

第二項　この憲法はイラク国民の多数派にイスラーム的アイデンティティを保証し、全ての個人に十全な宗教的権利及び信仰と宗教儀礼の自由を保障する。

第一項でイスラーム教に国教としての地位を与えていることは、政教分離を近代国家の原則とする欧米や日本の通念からは問題視されるだろうが、これは近年のアラブ諸国の憲法に共通して採用されている要素である。イスラーム教を国教とする規定がないのはシリアやレバノンなどだが、シリアはバアス党政権が世俗主義の立場をとる上に異端ともみなされるアラウィー派が支配しており、ムスリム同胞団などのイスラーム主義と対峙してきた。そのシリア憲法にしても、大統領はイスラーム教徒でなければならないと規定する。レバノンはキリスト教徒に主導的地位を与える特殊な成り立ちの国家である。もし、今回の草案に国教規定がなければ、「反イスラーム」「米国の傀儡」といった批判に根拠を与えただろう。

イスラーム教を立法の「一つの基本的な根源」とするのも、アラブ諸国の前例を踏まえて注意深く選び取られた用語法である。アラビア語の原文では「maṣdar asās li-al-tashrī' (a basic source of legislation)」となっており、イスラーム教を「法源」とする規定である。ここでもし「maṣdar (根源)」に定冠詞「al-」を付していれば「根源そのもの＝排他的な根源」と解釈されるが、定冠詞を付さないことで「(複数のうちの) 一つの」根源であるとの解釈を可能にし、西洋諸国から受け継いだ法体系や、固有の慣習法をとりこむ余地を残す。

また、重要なのはここで「イスラーム教」とのみ曖昧に記し、「啓示法《シャリーア》」という用語を避けていることだ。

「啓示法」を用いた場合は、神の啓示の書であり全ての法の根源とされる『コーラン』の記述の文字通りの施行という問題に直面する。「ハッド刑」と呼ばれる窃盗犯の手首切断刑や、姦通に対する石打による死刑といった『コーラン』に明記されている刑罰の実施を迫られ、国際的な批判と国内的な啓示法施行要求との間の板ばさみになりかねない。また女性の権利についても、「啓示法」に従うのであれば『コーラン』に明記される「あるべき姿」に依拠することが求められることになるが、これは「基本的人権を侵害している」という国際的な批判を招くことになる。また「啓示法」に反する特定の個人、政治指導者、政治体制全体に対する武力攻撃を行なうことが義務である、というイスラーム主義の政治思想に力を与えることになる。

さらにイスラーム教の「諸規定」のうち「確定された諸要素」に反する立法を禁じるという文言を用いることで、イスラーム教の多様な解釈のうち議論の余地のない部分のみを採用する、と論じることができる。

また、(b)と(c)で民主主義、人権、自由という価値の遵守をイスラーム教の遵守と並列させ、第二項ではイスラーム教徒に多数派としての地位を与えた上で、その他の宗教信仰に対しても権利を認めている。非イスラーム教徒や女性の権利などに関しては、イスラーム教の価値基準と西洋近代の価値基準の間に矛盾や対立が生じかねないが、それを厭《いと》わず並列するという姿勢である。

こういった文言の選定方法は、一九七〇年代から八〇年代にかけてアラブ諸国の多くで進んだ「啓示法の施行」をめぐる政治闘争の経験を踏まえている。例えばエジプトでは、一九七〇年にナセルが死去して後継となったサダト大統領が翌年に新憲法を制定したが、ナセルが有したカリスマの代わりとしてイスラーム教を護持する姿勢を打ち出した。一九七一年憲法の第二条では「イスラーム教を国教とする」と共に、「イスラーム教の啓示法の諸原則」は、立法の「一つの主要な根源」と規定する。エジプトの場合は「イスラーム教」ではなくより明確に「啓示法」とされたのだ。「主要な」という形容詞は啓示法の高い地位を示すと同時に「主要ではない他の根源」

もあるという余地を残す。また「根源」に定冠詞（al-）が付されていない。

七一年憲法の起草過程の議論では、採用されたものとは別に二つの案が提起されていた。啓示法を立法の、①「主要な根源そのもの」とするものと、②「唯一の根源」とするものである。①では定冠詞を付し、②では定冠詞を付した上で、「主要な」の代わりに「唯一の」として、啓示法の法源としての排他的な地位を重ねて規定する。また、どちらにも「諸原則」という限定がなく、立法府の裁量の余地をいっそう狭める。

サダト政権としては、「一つの主要な」という文言を採用することで、イスラーム教を護持する姿勢を誇示しつつ、裁量の余地を残そうとした。しかし、神が『コーラン』を通じて下した絶対的な規範と信じられる「啓示法」という用語をいったん採用した以上、それが「一つの主要な」法源に過ぎないとする解釈には無理がある。その結果、西洋法から多くを継受した現行法体系を憲法第二条の規定を盾にして違憲と主張し、現政権の正統性そのものの否定を叫ぶ勢力が伸張した。それに対してサダト政権は弾圧を行なうと共に、いっそう積極的にイスラーム教の護持を誇示するしかなくなった。八〇年の憲法修正で、第二条の「根源」に定冠詞（al-）を加え、イスラーム教の啓示法の諸原則を立法の「主要な根源そのもの」とするように書き変えた。政権側と反政権側が「啓示法の施行」を競い合い、エスカレートしていったのである。

複数の権威による混乱も

イラク憲法草案におけるイスラーム教の位置づけは、こういったアラブ諸国の経験を踏まえて、より問題の起こりにくい文言を採用しているものとみられる。それと同時に、九・一一テロ以後に中東諸国・イスラーム諸国への関与・介入を深めた米政権・政策コミュニティの中に、この問題に関して一定のコンセンサスが形成されていることも注目すべきである。二〇〇四年一月に採択・公布されたアフガニスタン憲法は、第一条で政体を「イスラーム共和国」とし、第二条第一項でイスラーム教を国教と明記し、第三条では「神聖なるイスラーム教の諸信条と諸規定に反する法は制定されない」と明記する。それと同時に、前文では「国連憲章と世界人権宣言を遵守する」と謳《うた》い、第二条の第二項は「他の宗教の信仰者は、法の規定の範囲内において、信仰を実践し、宗教祭事を執り行なう自由をもつ」と規定する。

イスラーム諸国の紛争後の国家再建プロセスにおいて、民主化や基本的人権、宗教や政治活動の自由といった西洋近代的な価値をある程度「強制」すると共に、イスラーム教を国教や法源とする条項も採用するという定式が固まりつつあるようだ。しかし、イラクのようにシーア派とスンナ派が拮抗して並存している国において、イスラーム教を法源と規定する事例は先例が少ない。拠るべき権威が複数存在し、混乱する状況も生じかねない。

2005・10・7

イラク安定の鍵を握るシーア派の粘り強さ

イラクの新憲法案への国民投票が一〇月一五日に迫った。この原稿を執筆している時点で結果は知るべくもないが、連邦制への道を開く憲法案に、スンナ派が多数を占める中・西部で強い反対が表明されればイラク再建は停滞する。一〇月二日に国民議会は、国民投票で憲法案を廃案にするための基準を「(全一八県中)三県で投票総数の三分の二の反対」から「(全一八県中)三県で登録有権者数の三分の二の反対」に改めると決議し、スンナ派の拒否権を封じようとした。しかし国連の強い圧力を受け、三日後にこの決議を撤回した。武装集団がスンナ派各県でテロを起こして極端に投票率を低め、投じられた票の大多数が反対票となって憲法案が葬られる、あるいは否決はされなくとも、ボイコットしたことを理由にスンナ派勢力が新憲法と新体制の正統性を拒否し続ける危険性もある。

目の当たりにしたイラクの縮図

六月にイラクの憲法起草委員会が来日した時に、日本側との会合に参加したことがある。もとより日本で実質的なことが話し合われるはずもない。議論の内容よりも、席の取り方、グループの固まり方、それぞれの委員の行動を観察してみた。上座に当然のように陣取るのがシーア派の委員たちである。人口比と積極的な政治参加により、コの字型に配置されたイラク側席の両側に場所を確保している。序列や出身地によって自然に座る位置も決まっているようだ。有力政治家の懐刀と思しき人物がとりわけ目立つ。仕立てのいいスーツを着こんで肩で風を切り、我が世の春を謳歌している。

クルド人の委員は空いたスペースにいつの間にか目立たないように座っていた。すでに得られるものはすべて得ている。うっかり「アメリカの支援を笠に着て大きな顔をしている」などという反感を買ってはたまらない。しかし、既得権を一つでも奪われまいと目を光らせている。

腰低く会場を歩き回り、如才なくイラクの諸派と日本側を取り持っている委員の名刺をみると、一見して分る少数派キリスト教徒の名前である。聞いてみるとやはりアッシリア人(ネストリウス派教徒)だった。西暦四三一年のエフェソス公会議で異端と宣告され失脚したコンスタンティノープル主教ネストリウスの教えに従う一派で、ほとんどイラクとイランにしか残存しない。アッバース朝時代には学者・官僚としてカリフに重用されたが、一四世紀のティムールの征服・支配下では虐殺の憂き目に遭い、クルディスターンの山岳地帯に逃れた。一九三〇年代にも虐殺があった。

この委員はもっと正確に言えば「カルデア教会派」だという。一六世紀にローマ教皇の権威に帰順した、さらなる分派である。中世の祖先たちと同じく、法律の専門知識や達者な語学能力を駆使して甲斐甲斐しく立ち働いてみせる。シーア派の委員たちは、詳細はこの少数派キリスト教徒に説明させる。議題が懸案のイスラーム教とイスラーム法の位置づけにさしかかるとこの説明役はさりげなく「イスラーム教の啓示法《シャリーア》は立法の一つの根源ということで合意ができております、そうですよね？」とシーア派のボスから言質を取ろうとする。シーア派の上席の委員が曖昧にうなずくが、別のところから「いや、それはまだ議論中だ」と声が挙がった。

そしてスンナ派の委員は、いっこうに姿を現さない。誰もが気にしないようにしているが、このことが議論自体をどこか皮相な、落ち着かないものにしていた。

東京のとあるホテルの一室で見られた憲法起草委員たちの光景は、イラクという国の縮図である。宗教と宗派、出身部族や出身地、そして所属する階層が、名前のつけ方やものの食べ方に始まって人格そのものを形作り、交際範囲や政治的党派を決定づけていく。これは中東という地域全体に通じるものでもある。

イラクにおけるシーア派の各種党派の間でも、まとまりは必ずしもよくない。社会の各層、地域を隅々まで把握・動員できているわけでもない。しかし全体としてみると、シーア派社会では大まかな方向性が共有され、秩序が維持されている。このシーア派社会の強靭さ、粘り強さは、幾層にも重なり、思考と行動様式に血肉化した「非抑圧者」としての記憶と切り離せない。

「非抑圧者」の強さこそ

イラク南部はペルシア帝国とオスマン帝国の間の係争地帯で、支配者が頻繁に移り変わった。一応はオスマン帝国の支配が固まっても、シーア派が多数を占める地域住民は潜在的にペルシアへの内通者とみなされ、スンナ派の行政官・司令官が送り込まれた。この構図はオスマン帝国の崩壊、イギリスの委任統治をへて独立した後も維持された。フセイン政権時代には宗教行事の実施すら制限された。

フセイン政権崩壊後、シーア派の祭事が盛大に復活した。金曜の集団礼拝も信者で溢れている。シーア派の礼拝の映像には一つ、いたく関心をそそられる点がある。イスラーム教徒はシーア派もスンナ派も、礼拝の一続きの動作の中で二度額を地面につける。その額をつける場所に、シーア派は小さな石片を置くのである。額《ぬか》ずく信者のクローズアップや、礼拝の波を上から望見する映像でよく確認できる（石がずれると並べ直したりしている）。

この石（あるいはコイン状の粘土板）は「トゥルバ」と呼ばれる。聖人の埋葬地を指す言葉である。イラクのカルバラーにあるシーア派第三代イマーム・フサインの聖廟付近の石や土が良いといわれる。ちなみに、日本語のイスラーム教解説書を読んでも、礼拝の際に石を置いて額で触れるなどということは書いていない。日本のイスラーム論がスンナ派の教科書的記述をもっぱら引き写しているからである。礼拝の際に石を、それも特定の人間にゆかりの石を置くなどという行為は、スンナ派にとっては「偶像崇拝」に等しく、かなり奇異な風習に見える。

シーア派は元来はスンナ派と宗教的に異なるところはないはずだった。相違は権力の継承をめぐる政治闘争に端を発する。端的に言えば、預言者ムハンマド亡き後、「正統四代カリフ」「ウマイヤ朝」「アッバース朝」と政治権力が引き継がれていった歴史の現実を承認する勢力がスンナ派である。それに対してシーア派は、現実の権力の継承とそれによってもたらされた政治秩序を承認しなかった。ムハンマドの従弟であり、ムハンマドの娘ファーティマを娶《めと》ったアリーこそが初代の権力継承者（イマーム）となるべきだったと考える。そしてアリーの子孫の特定の系譜が、神の指名によってイマーム位を継承してきたのだと信じる。シーア派ではアリーを含む一二代のイマームをほとんど神格化する。

特に高い地位を与えられているのが、アリーの次男で第三代イマームのフサインである。フサインはウマイヤ朝第二代カリフのヤズィード一世と対立し、西暦六八〇年、ヒジュラ暦（イスラーム暦）のムハッラム月一〇日に、イラクのカルバラーで一族とともに包囲され殺害された。この「フサインの殉教」が、シーア派独自の教義と世界観の核になった。毎年この日には「アーシューラー祭」（「アーシューラー」とは一〇を意味する言葉から派生している）が催され、手で自らの体を叩きながら練り歩く。鎖や尖った材木、刃物まで持ち出して体を傷つけ、イマーム・フサインの被った苦痛を追体験する。

礼拝の石も、日々にフサインを感じ取る手立てである。さすがに、個人崇拝や偶像崇拝を徹底的に禁じるイスラーム教の根本に反しないか、という疑問がシーア派の中にもあるのだろう。シーア派の法解釈では、礼拝は「清浄な場所」で行なうべきであるが、つねに清浄な土地を見つけられるとは限らない。礼拝の際に額を付ける部分だけでも、カルバラーの石を置くことで清浄さが確保できる、といった理屈付けがなされている。政治的にスンナ派の支配下に置かれることが常態のシーア派にとって、石によって辛うじて「清浄な場所」を確保する、というのはそれなりに深みのある議論だ。

しかし、シーア派の世界観からはあえて言うまでもない（あるいは隠された）意義が大前提にある。石に額を擦《す》り付ける行為は、まさに自らの体を痛めつけるアーシューラー祭を日々の礼拝の場で再現するものだ。スンナ派でも、人生の中で数多く祈ってきた人は額に「祈りだこ」が残っている。これがシーア派の場合、ごつごつした石に日々の礼拝で額を打ち付け、イマーム・フサインの痛みを血肉化していくのである。

額の下に置かれた小さな石には、イマーム・フサインの苦しみと自らの苦境を重ね合わせて生きるシーア派に特有の心性が集約されている。「非抑圧者」としての自己規定から、被虐的にまで見える教義や象徴体系を発展させてきたイラクのシーア派にとって、たび重なる攻撃を受けて立つ現状はそれほど異例ではないかもしれない。シーア派社会のこの粘り強さこそが、長期的にイラクに安定をもたらす望みの綱である。

2005・11・10

イラク新国家成立を左右するクルド民族主義の出方

イラク新憲法案が一〇月一五日の国民投票で承認されたことで、新国家はいよいよ一二月一五日までに行なわれる新たな国民議会選挙と、一二月末までに目指される本格政権の設立という最大のヤマ場に向かう。憲法の制定によってテロが止むわけでもなく、懸案事項への対処は先送りにされたが、国家再建プロセスの一つの重要な通過点を過ぎたことは確かである。

国民投票の結果を県（muḥāfaẓa; province）ごとに見ていけば、宗派・民族間で明確な立場の相違が浮かび上がる。イラクを構成する一八県のうち、シーア派が住民の大半を占める南部・中部の九県や、クルド人主体の北部三県では、九八―九九％という圧倒的多数が賛成票を投じた。宗派・民族が混在する首都バグダードでは七七％、キルクーク（タアミーム）県では六二％が賛成している。

これに対して、スンナ派が多数を占める中・西部四県のうち米軍・イラク政府部隊と武装組織との戦闘が激しいアンバール県とサラーフッディーン県で反対票が三分の二を超えた。新憲法案は「三県で三分の二以上の反対票」があれば成立しないという条件だった。ニネヴェ県とディヤ

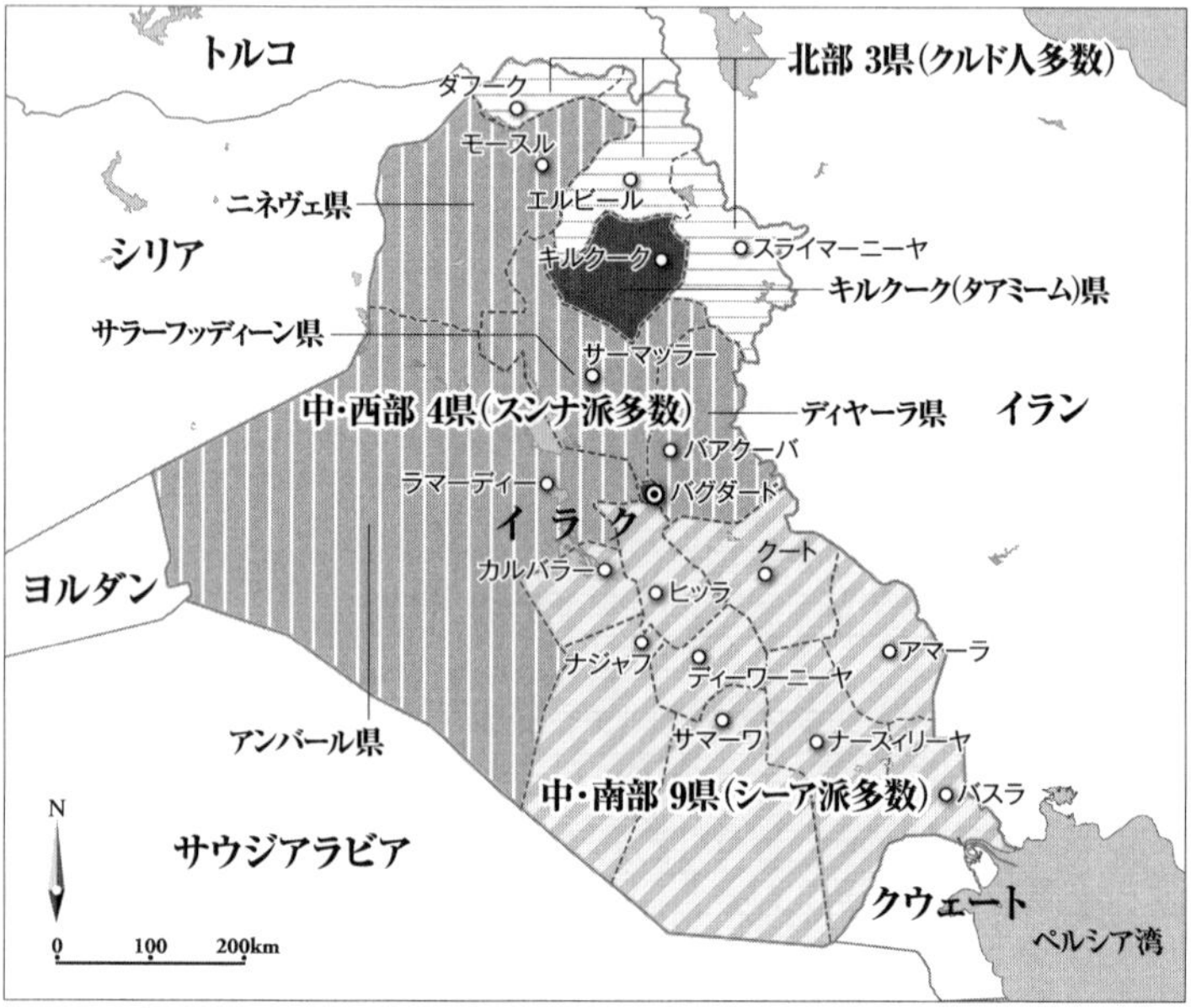

イラクの宗派・民族構成

ーラ県で反対票が三分の二に届かず、否決は辛うじて回避された。

スンナ派の強い反対姿勢が明確になったものの、一月末の国民議会選挙でスンナ派の大多数がボイコットしたことに比べれば大きな前進だろう。現行の政治プロセス全体を否定するのではなく、参加して反対票を投じることで意思表示をし、今後の発言権を確保しようとする動きとして希望を抱かせる。もちろん、スンナ派の多数の反対にもかかわらず制定された憲法とそれに基づく体制に対する疎外感や敵対意識が醸成されていく危険性も否定はできない。

連邦制に対応できないスンナ派

新憲法の争点はいうまでもなく連邦

制の導入である。二〇〇四年三月に成立したイラク基本法においてすでに、イラクを連邦制に転換する準備は整っていたが、これを恒久的な制度として定めることが新憲法の眼目である。新憲法では単一あるいは複数の県が「地域」(iqlīm; region) を構成し、それぞれの地域に憲法が制定され、大統領と議会と司法府が備わる。外交と安全保障を除けば、各地域がほとんど主権国家に等しい制度を備えることになる。

連邦制は元来がクルド人勢力の要求だった。一九九一年の湾岸戦争以来、アメリカの庇護の下、北部三県で実質上の政府を設立して領域支配を行なってきたクルド地域の既成事実を追認し制度化するためのものであった。しかし八月の憲法草案策定に向かう期間に、シーア派のイラク・イスラーム革命最高評議会（SCIRI）を率いるアブドルアズィーズ・ハキームも南部に広大な「地域」を画定する構想を表明した。これに対して、バグダード近辺のシーア派住民の貧困層を支持基盤とするムクタダー・サドルが反対し、スンナ派諸勢力とともに憲法案への反対で足並みを揃えるとの観測すら一時流れた。

スンナ派はクルド人の「地域」形成にこそ強く反対しなくなっているが、シーア派が事実上の独立国家を作ることへの抵抗は大きい。連邦制の導入はアラブ近代史において、特にそこで主導権を握ってきたスンナ派にとって、「驚天動地」といってもいい事態である。「植民地主義」「西洋」「アメリカ」といった外部の敵が想定され、それらに対抗するために国内の「統一」「団結」「連帯」が求められるというアラブ諸国の政治の基本構造は、中央政府、そして最高権力者の一手に権力が集中することを常態化した。中央の最高権力者の不可侵性、最高権力者から社会の底辺までつながるパトロン・クライアント関係の網の目が、政治・社会関係を規定してきた。

アラブ政治における集権化は専制政治と腐敗の根本原因と目されても来たのだが、内側からは克服されないままだった。アメリカによる政権転覆とシーア派・クルド人主導の政権掌握をへて急激に導入されたイラクの連邦制・分権化に、イラクのスンナ派も周辺のスンナ派主体の諸国も対応できていないのが現状である。

最終案に二度の「最終」修正

新憲法は文面の確定という基本的な部分においてさえ混乱を続けた。イラク基本法では八月一五日までに国民議会で憲法草案を承認しなければならないと規定されていたが、延期を繰り返した末の八月二八日にようやく「最終案」がまとまり、国民議会で読み上げられ投票なしで承認が宣言された。審議延長の手続きがイラク基本法に規定された手続きを踏んでいないとして、新憲法の正統性を否定する議論すらある（ただしこれはあくまで外部からの純理論的な議論で、現地の現実政治の文脈では支持はほとんどない）。

さらに、この「最終案」に対する「最終の」修正が二度にわたり国民議会で承認されたことで、「最終の最終版」はどこにあるのかをめぐって、イラク内外での報道や論評は混乱に陥った。アラブ諸国の立憲政治研究で定評のあるネイサン・ブラウン（米カーネギー国際平和財団上級研究員）はイラク憲法制定の過程で相次いでレポートを発表し注目されてきたが、このブラウンすら、国民投票結果発表後の一一月のレポートの時点でも最終的な憲法条文テキストの所在を正確に特定できていない。

九月一八日に国会で承認された修正（一回目）は、アラブ連盟諸国からの強い反発を考慮したものである。国民に配布された八月二八日の「最終版」では、三条でイラクを「多民族国家」と規定し、「アラブ民衆はアラブ民族に属す」と記されていた。端的に言えば「イラク全体がアラブ世界に属しているのではない」「クルド人はアラブ世界に属さない」と宣言したに等しい。

これに対して、エジプトなど二一カ国とPLOからなるアラブ連盟がイラクの参加を停止すると牽制したため、九月一八日の修正では問題の規定を「イラクはアラブ連盟の加盟国でありその憲章に拘束される」と差し替えた。イラク国民の民族的帰属に触れることを回避し、国家としてアラブ連盟に加盟しているという事実を記すという「肩透かし」の妥協策である。しかし、これによって面目を保ったアラブ連盟は「国民和解」への仲介を申し出た。

国民投票寸前の一〇月一二日に行なわれた駆け込み的な修正（二回目）は、スンナ派住民を投票に参加させる後押しをしたとみられる。主要な修正点は次の四つである（①〜③は各条への追加）。
①イラク国家の一体性の確認（一条）
②クルド地域でもアラビア語をクルド語と共に公用語とする（四条）
③バアス党関係者というだけで迫害を受けないことの確認（一三一条）
④新しい国民議会の招集後に各勢力を代表する憲法修正委員会を設置し、四カ月以内に修正勧告を提出し、国民議会の承認を経て国民投票にかける（一三七条と一三八条の間に挿入）

これらは多分にスンナ派の感情に配慮したリップサービスの性質があるが、④で恒久政権発足後の憲法修正に望みをつなぎ政治プロセスへの参加に大義名分を与える意味を持った。(註)

「勝ちすぎた」クルド人勢力

一〇月一五日の国民投票という期限はイラク国内の事情に関係なく設定された。諸勢力の結集と協調が十分でないままに日程の消化を優先したことが将来に禍根を残したという見方もある。ただし、期限を延長することが事態を改善させるという保証はない。むしろ政治プロセス全体の破綻という印象を与え、いっそうの混乱を招いた可能性も高かった。

新憲法は多くの問題への取り組みを先延ばしにしているが、少なくともそれらの問題を議論し、協調をもたらすためのさまざまな場は設定されたといえよう。①国民議会選挙に向けた連合形成、②選挙後の政権設立、③議会政治・立法活動、④憲法修正委員会、⑤連邦制の具体化、といった場において各勢力が交渉と歩み寄りの余地を模索することが望まれる。ただしこれらは対立が表面化・激化する場ともなりうる。

焦点となるのが石油とガスの資源配分である。極論すれば、イラク国家を存立させ、イラク国民の共通項となっているのは「産油国であるイラクの市民権」である。その観点からは連邦制の実質上の争点は、この「イラク市民権」の内実がどのように改変されるかである。この点においても憲法の文面は多くを先送りしている。

石油とガスは「イラク人民全ての財産」(一〇八条)とされる。一〇九条には「連邦政府は産出県・地域の政府と共に、既存の油田からの石油とガスの産出を管理する」とあり、その配分に際しては「国全体の人口分布に比した公平なやり方で」行なうことになるが、同時に「前政権によって不正義に剥奪されてきた地域」に関しては特別の考慮を払うことも記された。

今後の資源開発に関しては、連邦政府と県・地域政府が「共に」行なうとされる。また、一一七条第三項では地域は連邦全体の歳入から「正当な取り分」を要求できることになっており、その際には「資源と必要と人口分布」が考慮されるとある。これによって資源を持たない地域に連邦から収入が移転されるとも取れるが、資源産出地域の権利を主張できるとも取れる文言となっている。これらの玉虫色の文面をもとに、実際の配分の比率や制度を決める法制定の際に、多数を占めるシーア派とクルド人勢力の意向が強く反映されることが予想されよう。

新憲法成立で当面の「勝者」はクルド人勢力といえる。憲法の成立と同時に既存のクルド地域が自立的な「地域」としての法的地位を認められ（一一三条）、「一九九二年以後にクルド地域で制定された法とクルド地域の政府によってなされた決定は、契約と法廷の決定を含めて、効力を保つ」（一三七条）。いわば「満額回答」といってよい。

しかし今後の紛争の火種は、むしろ「勝ちすぎた」クルド人勢力の周辺にあるのかもしれない。特に危惧されるのは北部の都市キルクークをめぐる問題の激化である。イラク基本法の五八条ではサダム・フセイン政権時代に強制的に行なわれた人口移動や県境界の恣意的画定に是正措置を施すことを移行政府に義務づけているが、これは特にキルクーク問題を念頭においている。フセイン政権はクルド地域の中心都市であり埋蔵・産出量の多い油田を擁するキルクークを周囲から切り離すことで、クルド地域の一体性と経済的自立性を損なわせ、クルド人の県外移住とアラブ人住民の導入を強制して人口構成を変化させた。キルクークの原状回復、すなわちキルクークのクルド化はクルド民族主義の主要な課題となっており、容易な妥協は許されない。

この問題に移行政府は公式には手をつけることができないまま現在に至ったが、イラク基本法五八条の効力の継続が新憲法の一三六条で具体的に明記された。「古証文」の履行が認められた形である。クルド人勢力からすれば、イラク基本法の段階でキルクークのクルド性の回復は実施されていなければならないはずであり、新憲法下への施行先送りを容認するだけでも「妥協」といえる。しかしアラブ人やトゥルクメン人に対する「民族浄化」に等しい実態も現地から報告され、トゥルクメン人の保護を主張するトルコも介入をちらつかせている。

キルクーク問題には、民族問題と資源の争奪戦、そして連邦制の具体的な実施のあり方から、そもそものイラク国家の成り立ちにまで遡るさまざまな問題が絡まっている。新憲法でも根拠を与えられたキルクークの「原状回復」をクルド人勢力が強く求めれば、あるいはいち早く連邦制国家の「地域」としての地位を獲得した強みから独自の「解決策」を推し進めれば、新しい国民議会と本格政権が直面する困難な課題として立ち上がる可能性がある。

（註）ＡＰ通信による英訳改訂版が一〇月一二日の修正を反映していると見られるため、本稿ではこれに依拠する。"Full Text of Iraqi Constitution," *Washington Post*, October 12. http://www.washingtonpost.com/wp-dyn/content/article/2005/10/12/AR2005101201450.html

2005・12・12

「取り残された若者たち」をフランスはどう扱うのか

フランス各都市の郊外で二〇〇五年一〇月二七日から三週間にわたって破壊活動が続き、約九〇〇〇台の車が焼かれ三〇〇〇人近くが逮捕された。

フランスが抱える移民統合の問題に解決の見通しは立っていない。そもそも車が破壊される現象自体は、以前から一晩に「数十台」という規模で発生しており、今回のように集中的・連鎖的に行なわれてはじめて「騒乱」として認識され報道された。一一月一七日にフランス警察当局が行なった「正常化」宣言にしても、前夜に焼き討ちにあった車が全国で「九八台」に留まったことをもって「フランス各地が正常な状況に戻った」と判定しているほどである。

この騒乱の中核をなしたのはムスリム移民の二世・三世だった。フランスの人口統計は宗教別になされていないため、フランスに何人ムスリムがいるか厳密な数字を挙げることは難しい。移民とその子孫（多くはフランス国籍を持つ）を合わせて「五〇〇万人」という数字が用いられることが多い。フランス全人口の一割に近い数である。ムスリム人口の七割は旧植民地の北アフリカ・マグリブ諸国（アルジェリア、モロッコ、チュニジア）からの移民とその子孫とされ、かなり雑駁《ざっぱく》な推計では、約三五％がアルジェリア、約二五％がモロッコ、約一〇％がチュニジアを出自とする。

サルコジ内相発言が代弁する実態

人種や宗教による分け隔てなしにすべて「普遍的」なフランスの価値観や制度に同化させるという統合の方法は、制度としてはある意味でもっとも平等を徹底している。そしてマグリブ系の同化は進んでいる。同化の成功例のみを取りあげてみれば、イギリスのように多文化主義の理念のもとでコミュニティ単位での統合を図るがゆえにホスト社会と移民コミュニティの間に共属意識が育ちにくい国よりも、高次の統合を果たしているといえよう。

しかし問題は、かなりの数が結果として〝取り残される〟という事実であり、経済水準に応じて住み分けられていくうちに図らずも郊外住宅地が移民のゲットーと化している現状である。

そもそもフランス社会には階級社会の側面が残り、フランス土着の庶民にとっても階層上昇は容易ではない。労働者には手厚く権利が保障されるが、これは現職の既得権益が守られているにすぎない。フランス経済の活力はとうに失われており、移民は長い求職の列の最後尾につくことになる。ホスト社会の側から言えば、自分たちも忍耐づよく順番を待っているにもかかわらず移民たちは割り込もうとする、ということになる。

騒乱の激化は、暴れる若者たちを「くず」と呼んだサルコジ内相の発言が一つのきっかけとなっていた。また、サルコジが閣内で孤立し大統領の支持を失って罷免されうるという印象を暴徒側が受けたことにより、勢いづいたという経緯がある。

サルコジの発言は政治指導者としての熟慮に欠け資質を疑われるという意味では問題だろうが、少なくとも「偏見」や「差別」を示したものではないことは理解しておくべきだろう。「不法行為を行ないそれを誇る」という暴徒の行動を、人種や宗教とは無関係の「普遍的」な基準から非難しているのであり、人種や宗教には言及していない。それどころか、人種や宗教の相違が問題の根源にあるという解釈を拒否することが、対決姿勢につながっているのである。

サルコジの歯に衣着せぬ発言は、ホスト社会のフランス人の多くが「言うと差別として非難されるために口にできないでいることを代弁してくれた」と感じるものだろう。現に移民の子弟による窃盗・強盗や暴行・脅迫に脅えながら過ごす実態がある。

そしてサルコジは、騒乱が続く中でメディアに対して次のように発言している。「移民と統合に関する困難な問いに取り組む必要がある。フランスの統合モデルは機能しておらず、大幅に改める必要がある」。これは失言を挽回するための言い逃れではない。それどころかサルコジが常々主張してきたことである。普遍主義に基づく同化という原則を一部において踏み越えてアファーマティブ・アクション（実質的な移民優遇政策）の導入も視野に入れるというのがサルコジの路線だが、要するに移民家族の出身者であれ、フランスの「普遍的」な価値観によりよく適応し競争に勝ち抜いた者には「順番を飛ばす」ことを可能にする、ということである。逆に同化への努力をせず不法行為に走る者は厳罰に処す、というように一貫性はある。サルコジはハンガリー系移民の子孫であり、母方の祖父はユダヤ系である。マイノリティ出身者の同化と階層上昇の典型として、フランス型統合の成功例ともいえるサルコジだからこそ「売り」にできる政策である。

より多くの者に成功の機会を与えるためには経済の活性化が欠かせない。イギリス・アメリカに近い競争的な社会に変えていくために現在あまりにも手厚い労働条件も切り下げていく、というのが、サルコジが二〇〇七年の大統領選挙に向けて明らかにしつつある政策の概要である。

サルコジの失言が繰り返し報じられたにもかかわらず、支持率はむしろ上昇している。一一月一六日に発表された調査機関IPSOSの世論調査では、支持率は六八％に及び、騒乱発生前の前月を一一ポイントも上回った。フランス人の多数の良識からいえば、「くず」といった言葉を指導者が口にして大々的に取り上げられるのには抵抗がある。また左派・リベラル層には、そういった発言で大衆受けを狙うサルコジ個人への抜きがたい嫌悪感がある。しかし社会党への信頼は失われており、その凋落にはまさにムスリム移民の宗教・政治的主張の高まりへの対応を誤ったことが深く関係している。サルコジが移民統合の行き詰まりに対して検討する硬軟取り混ぜた新しい姿勢、そしてフランスのさまざまな困難な課題に対して従来にはない新たな対策を打ち出すという主張は、与党支持層の枠を超えた広範な層からの支持を受け、さらに左派・リベラル層からの黙認さえ得ている。

サルコジ自身が現在の難局を切り抜けられるかどうかは、政局の偶発的な要素が絡んでくるがゆえに予想しにくい。軽はずみな発言が内外のメディアに拾われて命取りになる可能性もあれば、歯に衣着せぬ発言を続けることで決意や一貫性、率直さを評価され、さらに支持率を上げる可能性もある。また、サルコジが経済・社会政策の改革をどの程度の具体性や実現可能性を伴ったものとして提示できるかは未知数であり、別の人物が同様の政策を打ち出して台頭する可能性もある。

ムスリム団体には「能力の限界」

今回の騒乱に関しては、仏イスラーム組織連合(UOIF)などのムスリム団体やジハードの唱導といった過激な主張を行なうイスラーム主義組織の関与はほとんどなく、むしろフランス社会の価値観や文化にかなり染まり、なおかつ機会や結果を得られないことに対して不満を募らせている層が主体になったとみられる。

今後の動向を見ていく上での一つのポイントは、こういった郊外住宅地の若年層の問題とムスリム団体やイスラーム主義組織が何らかの形で結びついていくかどうかである。ムスリム団体やイスラーム主義組織が若年層の不満に乗じて勢力や権限拡大を狙うとすれば、潜在的には次のような形が考えられる。①各地で起こる騒乱の「組織化」や「指導権確立」を狙う、②「仲介者」として名乗りを上げ、フランス在住ムスリムを代表する地位を認知させようとする、③政府側が交渉相手としてムスリム団体やイスラーム主義組織・指導者を認知する、④肯定的な結果をもたらさない暴力行為の代わりにムスリム団体やイスラーム主義組織での活動に勧誘する。

しかし、これらの動きはイギリスのように民族や宗教の集団単位で移民を統合するという原則があれば自然に浮上するが、フランスの場合にはそう簡単ではない。政府にかろうじて存在意義を認知され、限定的ながら役割や発言権を得ようとしてきたムスリム団体にとって、破壊行為によってフランス社会の多数派から白眼視されている若者たちの「代表者」「代弁者」として名乗りを上げることは得策ではない。そもそもフランスのムスリム団体はかなりの伸張を示しつつも、同化を志向し世俗化が進む層を掌握できていない。無秩序な破壊行為に走る若年層が出現するのは、むしろムスリム団体の能力の限界を示す。

そうであれば、政府としても当面はあくまでも「個人」としての郊外若年無業者に対する施策を充実させ、「移民一般」への統合促進政策を打ち出し、それが「結果として」ムスリム人口に届くのを待つという従来の手法を大きく変更することはないだろう。それによって状況が改善せず、再三再四危機的状況が繰り返されるに及んではじめて、政教分離にもとづく政治体制がムスリムの移民を多数抱え込むという新しい状況と向き合うことになるのだろう。

2006・1・16
シャロンの退場とパレスチナ和平の行末

イスラエルのシャロン首相が一月四日の夜に脳卒中の発作を起こしてエルサレムの病院に搬送された。この時の各国メディアの扱いや各国首脳の反応は、シャロンがその政治生活の最終段階でついに絶頂期に達していたことを印象づけた。BBCやCNNはシャロンの入院するエルサレムのハダーサ病院前に常駐して細かな動きを実況中継し、各国首脳が和平への貢献を最大級に称える見舞いの声明を次々に出した。

シャロンはイスラエルとパレスチナの紛争のもっとも苛烈な部分を体現してきた人物である。それゆえに政治家としての経歴には傷も多い。最先端のエリートというよりは、「冷や飯を喰っていた」時期も長い。一九八二年のイスラエルによるレバノン侵攻が、それまでの四次の中東戦争とは異なる「不必要の戦争」との批判を受けて国論を二分した時には、国防相として非難の矢面に立った。その時、レバノンのキリスト教徒民兵「ファランジスト」が行なったサブラ、シャティーラ両難民キャンプでのパレスチナ人大量殺害への間接的な責任を問われて国防相を辞任し、政治家としての将来を失ったと一時は思われていた。だが、ネタニヤフやバラクなど先を越していった〝切れ者〟たちが次々に和平交渉とイスラエル内の政争で泥沼に足を取られていくのを待ち続け、二〇〇一年、ついに首相の座についた。

イスラエルでの渾名《あだな》が「ブルドーザー」であることからもわかるように強引な手法で知られるが、ただしそれはイスラエル人にとって必ずしも否定的な意味合いを持つものではない。常に国家の存立と国民の生存そのものの危機が意識され、最重要の政治課題としてあり続けるというかなり特殊な国であるがゆえに、多くの国民から必要とされ、頼られてもきたのだ。

シャロンという政治家もその政策も、イスラエル以外の国では支持されるどころか、存在することも考えにくい。その意味できわめて興味深い人物ではある。

シャロン政権成立時にはもっぱら「右派・最強硬派」といった形容がなされ、その選挙スローガンが「シャロンだけが平和をもたらす」だったことはイスラエルの外ではあまり真剣に受け止められてこなかった。

確かに、シャロンがもたらすとされる「平和」がパレスチナ側にとって受け入れられるものであるかは疑問だ。二〇〇五年の九月に完了したガザ撤退も、パレスチナ側からは「ヨルダン川西岸地域からの撤退を先延ばしするための策略」としか受け止められていない。

シャロン流の和平交渉とは、いってみれば「もし和平が進展すればイスラエル側に可能な限り最適な形で推移する」「もし和平が頓挫すればパレスチナ側にとってのみ不利になる形での混乱が訪れる」という二つの可能性を常に確保しながら進んでいく。端的に言えば、「イスラエルにとって有利な和平か、パレスチナにとって不利な紛争か」を選べとパレスチナ側に突きつけるわけだ。この方法が残された唯一の手段であるとイスラエル世論の中道派が確信を深めることによってシャロンへの支持が膨れ上がり、異例の長期政権も視野に入っていた。

徹底して植えつけられたイメージ

世界各国の反応の中で、著しいコントラストを示したのがパレスチナやアラブ諸国の世論である。「天罰だ」「シャロンが倒れて嬉しい」「早く死ぬべきだ」「まだ死んで欲しくない。もっと苦しんでから死ぬべきだ」といった、欧米や日本の報道コードではあまりふさわしいとされないような発言が、街頭インタビューを受ける市民の口から一様に出てくる。

これらは極端な意見のみを取り上げているのではない。アラブ諸国の官製メディアやジャジーラ、アラビーヤといった汎アラブ・メディアが一致して作り上げてきたシャロンのイメージからすれば常識とされる発想が、自然に表現されて伝わってきているだけである。

アラブ・メディアではシャロンに「殺人者」「戦争犯罪人」といった形容が繰り返し被《かぶ》せられ、シャロンの政策の背景となる政治的経緯が検討されることはない。「血に飢えた異常者」のレッテルを貼り、シャロンの人格に原因を帰する類の論法ばかりが定着していた。テレビではシャロンの映像にはおどろおどろしい音響や戦場の血なまぐさい画像が重ねられ、無意識のうちにも敵意と憎悪が掻き立てられる作りになっていた。カリカチュア（戯画）では、シャロンに角や牙を生やし悪魔化するのがありふれた手法だった。

アラブ側の立場に立ってみれば、イスラエルに対する敵意がシャロンに集中する根拠はある。

シャロンは幾度もアラブ側のプライドに深刻な打撃を与えてきた。たとえば、七三年の第四次中東戦争では、エジプトは緒戦でスエズ運河の渡河作戦を成功させ、それをもって今も「勝利」を主張している。しかしシャロンはスエズ運河を逆に渡河し、シナイ半島にいるエジプト部隊の退路を絶つ作戦を立案し、エジプトの前線部隊を孤立させ殲滅した。

二〇〇〇年九月末にはエルサレムのイスラーム教聖域（ハラム・シャリーフ）を強行訪問し、エルサレム全域へのイスラエルの主権を主張した。この挑発に乗ってパレスチナ側が第二次インティファーダ（民衆蜂起）を起すとこれに徹底的に対峙し、指導者の大量検挙や殺害、分離壁の構築といった強硬措置を次々と取って押さえ込んだ。オスロ合意の下で自治が進められていたヨルダン川西岸各都市に再侵攻し、アラファトをその死の直前までラーマッラーの議長府に軟禁したのも記憶に新しい。

やがて民衆蜂起自体は下火になる一方で、自暴自棄な自爆テロや外国人誘拐が続き、パレスチナ側の最大の資源であった国際世論のモラル・サポート（精神的支援）を失わせる結果になった。興味深いのは、こういった波及効果そのものをシャロンが見越していた節があることだ。シャロンは道徳的見地から非難されたり、敵対的な立場から悪魔化されるだけでなく、イスラエルという特殊な環境に生まれた特異な政治家として、その信条と行動を改めて検証する価値があるだろう。

「共通の敵」を失い混乱も

シャロンの政治の表舞台からの退場は、パレスチナやアラブ諸国の状況をどう変えるのだろうか。パレスチナの指導部やアラブ諸国の政権にとって、「絶対悪」としてのシャロンの存在は、世論を一方向にまとめ、不満を外部に転嫁するために不可欠であり、ある意味で便利な存在でもあった。しかし、逆にそのことによって、イスラエルとの和平交渉と関係正常化に本気で取り組む機運が薄れたことも間違いない。

シャロンに対する絶対的な拒絶姿勢でパレスチナやアラブ諸国をまとめることができたということは、パレスチナの民族運動にとって、あるいはアラブ諸国の対イスラエル戦略にとって、大局的に見れば有利に働いたとは決していえないだろう。

それに対してシャロンからすれば、パレスチナ・アラブ側が明確に敵意や憎悪を剝《む》き出しにしてくれることは、イスラエル国内における自らの立場を強化することに他ならなかった。だからこそシャロンはパレスチナ側を適当な時期にたびたび挑発し、パレスチナ側はシャロンの挑発に繰り返し乗せられた。

つまり、パレスチナやアラブ諸国が反シャロンで一丸となっていたことによってシャロンの対パレスチナ・対アラブ政策に対峙し得ていたのかといえば、全くそんなことはない。むしろシャロンの術中に完全に嵌《はま》っていたと見るべきなのである。

シャロンが政治舞台から退場してしまえば、パレスチナとアラブ諸国は彼に代わる共通の敵の存在を見出せない。おそらくパレスチナ・アラブ側は、シャロンの本当の「死」を見るまでは、共通の敵として使い続け、ある意味での思考停止を続けることだろう。だが、その敵を本当に失ってしまった時には、結束の軸を失っていっそう混乱の度を深める可能性がある。

2006・2・10

風刺画問題が炙《あぶ》り出した西欧とイスラームの「対立軸」

いわゆる「ムハンマド風刺画問題」によって高まった摩擦は、きわめて危険な水準に達している。ＥＵ（欧州連合）諸国は沈静化の道を探っているが、イスラーム諸国の平均的な市民が満足できるような決着法は、超法規的措置でもとらない限り実現不可能である。もし風刺画家や新聞社の関係者らに危害が加えられることがあれば、将来にわたる決定的亀裂を残しかねない。外交辞令をふりまいてしのぎ、時間がたって他のことに関心が移るのを待つしかない。

発端はデンマークの有力紙『ユランズ・ポステン』が二〇〇五年九月三〇日に、イスラーム諸国の社会や政治情勢を風刺する一二枚の戯画を掲載したことである。特に、この中の一枚で、ムハンマドと見られる男の頭にあしらった爆弾の導火線に火がついているのが問題となった。

事はきわめて深刻で、根本的な相違に基づく対立が表面化したものである。この問題に関する言及には細心の注意を要する。不用意な表現が日本では予想もつかないような帰結に結びつきかねないからだ。一つ一つの事実の認識に関しても、西欧の近代社会の規範に基づく見方と、イスラーム教の規範に基づく見方では全く異なっている。それゆえ双方にとって妥協はきわめて困難である。
どちらか一つの観点からではなく、西欧近代の観点とイスラーム教の観点を対照させながら、問題の所在と対立点を見ていきたい。

憎悪を煽るようなものだったか

まず検討すべきなのは、そもそも世界各地のイスラーム教徒が排撃を求めているカリカチュア(風刺画)はどのようなものだったのか、という点である。本当にイスラーム教への中傷なのか、あるいはムスリムへの憎悪を煽るものといえるのか。

この出発点から、評価は正反対となる。日本では風刺画が転載されていないため、議論は雲をつかむような具合になりがちである。

純粋に風刺画としての完成度や水準のみを評価するのであれば、さほど出来の良くない、単純に聖性の破壊を意図したものに過ぎない。イスラーム教徒への問いかけとして巧みなものともいえない。西欧諸国のメディアの基準から見て、掲載を禁じられるほどの攻撃性があるかという観点からは許容範囲とはいえる。もし同じ構図でキリストを描いたとすれば、抗議の声は上がっても、関係者の処罰や首相への謝罪要求、あるいは殺害の脅迫といった行動が、世界で一斉に現れるとは考えにくい。

しかしイスラーム教の観点からいえば、ムハンマドは最後の預言者であり、その口を通じて地上に使わされた「啓典」すなわち『コーラン』は一字一句神の言葉である。それ以前の預言者が神から授かった啓典は、それぞれの信仰者が歪めてしまったのに対して、『コーラン』は神の最後の啓示として、人類全体に真理を示したものと信じられている。イスラーム教を他の宗教と同様、批判や揶揄《やゆ》の対象とすることは神の示した秩序に反し、絶対に許されない。

アッラーを絶対の唯一神とする教義から、まず「神の似姿」は描いてはならない。ムハンマドは理論的に「神格化」されているわけではないが、絶対的な崇敬の対象となっており、いかなる形でも否定的な言及は許されない存在である。ムハンマドの像を描くことは、神の像を描くことと同様に、不遜な行為、神に対する挑戦として忌避されており、イスラーム諸国のメディアにこのような風刺画が掲載されることは想像もしがたい。もしそのような行為が行なわれれば、地球上のいかなる場所であっても全力で阻止し、懲戒しなければならないとされる。

一方、西欧では世俗化と教会離れが進み、宗教への強い情熱は失われており、しかもそのことを肯定的に評価する価値基準さえ成立している。むしろ、どこか「宗教的」と(日本的な観点からは)見えるほどの情熱をもって、あらゆる宗教的タブーに挑戦し打破しようとする動きが目立つ。それに眉をひそめる層も存在するが、だからこそいっそうタブーに挑戦することの意義が評価される、という構図である。

今回の場合、「世界中で誰一人勇気を出してムハンマドを描いてみる者が現れない」という事実こそが、風刺画を描き掲載する側からは、人間の思想と表現の自由を証明するために挑戦する価値のある対象と見られたのだろう。しかしイスラーム教徒の大多数からは、イスラーム教徒への攻撃とみなされた。

西欧社会のルールからすれば、不快な表現があったとしても、「読まない」「反論する」という選択肢が確保されていれば、イスラーム教徒の生命・身体・財産への侵害を教唆・正当化する内容でない限りは、攻撃とは見なされない。イスラーム諸国に出向いて風刺画を配布したならともかく、デンマーク国内向けの新聞に国外のイスラーム教徒から謝罪を要求されることは、認めがたい。

しかしイスラーム教徒の観点からは、全く違う様相が見えてくる。イスラーム教の真理は普遍的なものであり、神が全人類に対して示したものである。イスラーム教徒が宗教への敵対とみなす行為が行なわれていれば、国家の領域を越え、各国の国内法の規制を超えて、阻止し、関係者を罰しなければならない。

西欧諸国が許容する批判とは、言論の手段を通じた反論である。ところが今回イスラーム教徒側が、言論ではなく政治を通じて謝罪や処罰を要求したことにより、西欧諸国にとって譲歩はいっそう困難となった。

そもそも西欧諸国では、明確な憎悪や脅迫といった内容が出版された場合以外は、超法規的・強権的措置をとるのでない限り、言論に対する処罰はできない。しかしイスラーム教の観点からは政治と宗教は分離不能で、イスラーム教に対する敵対（とイスラーム教徒が見なすもの）を放置する政府は、それ自体がイスラーム教への攻撃を支持するものとして、対峙する必要が出てくる。

発せられ始めた本音

窮地に立たされたデンマークに、〇六年の一月一〇日になってノルウェー紙が連帯を表明して風刺画を転載したところで、イスラーム諸国の対抗手段は一段とレベルが上がった。一月二六日にサウジアラビアは駐デンマーク大使を召還し、三〇日にはパレスチナで武装集団がEUの施設を襲撃し謝罪を要求した。

これに対して一月三〇日に『ユランズ・ポステン』紙が、謝罪を意図した声明を出した。だが、「イスラーム教徒の感情を傷つけたこと」を認めつつも、「表現の自由は撤回しない」とするこの「謝罪」は、多くのイスラーム教徒の感情を宥《なだ》めるには十分ではなかった。彼らにすれば、法的処罰や新聞社の閉鎖といった措置が、とりあえず矛《ほこ》を収めるための最低限のラインなのである。

危機感を強めたのはフランスやドイツなどの西欧各国のメディアである。表現に対して政治介入や暴力的な抗議がなされたことに応じて謝罪すれば、イスラーム教に関しては批判や風刺が許されず、暴力的な抗議を認知することになる。こうして二月一日には仏『フランス・ソワール』紙や独『ヴェルト』『ベルリナー・ツァイトゥング』、伊『コリエレ・デラ・セラ』『スタンパ』の各紙が次々と風刺画を転載し、二月三日には仏『ルモンド』紙が、文字のみを用いてムハンマドの像を描いてみせるという趣向で、表現の自由への制限を批判した。

イスラーム諸国はこれを全面的な挑戦と受け止め、激しい攻撃が沸き起こることになった。

一方、西欧諸国からは、「なぜビン・ラーディンや自爆テロに関しては沈黙するにもかかわらず、西欧からの言論による批判に対しては一致団結して強硬に、暴力も含む手段で抗議するのか」「イスラーム諸国のメディアに広く登場する、他国に対する敵意の表現に対して、イスラーム諸国でいかなるデモも起こっていないではないか」といったこれまで控えてきた本音が、主要紙の論説でも発せられるようになっている。

イスラーム教に改宗させるための宣教の自由を要求する一方で、イスラーム教から他宗教への改宗は教義上絶対的に禁止されている。キリスト教徒や仏教徒、あるいは新興宗教の信徒がこのような教義を主張すれば許容され得ない。イスラーム教についてのみこういった教義への批判が許されないことは納得できない、という感覚は西欧に根強い。

「西欧諸国はイスラーム教を尊重し、寛容であろうとしている。であるのに、イスラーム教徒は西欧諸国の規範を尊重せず、なぜ異なる価値観に対して寛容になれないのか」という疑念と失望感は、ここ一五年ほどの経験から、西欧諸国の市民の間に、右派・左派を問わず共有されてきており、厳しい移民政策が支持される背景となっている。

ムハンマド風刺画問題は、西欧とイスラーム諸国が、互いの真の姿を見つめる機会となった。西欧の側は、近代社会の基本的な理念と原則においてもはや譲る気はないという決意を明確にした。世界各地のイスラーム教徒の側では、イスラーム教の普遍性と絶対的真理に関する批判や揶揄は許容しない、という意志を改めて確認することになった。

2006・3・13

「ハマース政権」の足枷となる「憲章」の強硬姿勢

二〇〇六年一月二五日のパレスチナ立法評議会選挙で圧勝したハマースに対して、二月二一日にアッバース自治政府大統領から正式に組閣の要請がなされたが、調整は難航している。当面の組閣期限は三週間だったが、二週間延長され、三月二八日をデッドラインとして交渉が行なわれている。一三二議席中七六議席を確保するという、ハマース自身にとってさえ予想外の全面勝利のため、権力配分の落ち着き先は定かでない。

ハマースの国際的地位をめぐる交渉にも進展は見られない。アメリカ、EU、ロシア、国連のいわゆる「カルテット（四重奏）」がハマースに求めている「イスラエル国家の生存権の承認」「武力闘争の放棄」「過去の和平合意の受け入れ」といった条件は、ハマースにとって容易なものではないからだ。

ハマースの依拠する理念と原則は、一九八八年八月一八日に制定された綱領「ハマース憲章」に明文化されている。「アッラーこそ目的、預言者こそ模範、コーランが憲法であり、手段はジハード（聖戦）である。神の道のための死こそが至高の欲求である」（第八条）と謳《うた》い上げるこの憲章は、序文でエジプトのムスリム同胞団の創設者ハサン・バンナーの言を引き、「イスラエルの存在は、イスラームがこれを消滅させるまでしか続かない」とある。また「敵が根こそぎの敗北を蒙《こうむ》り、アッラーの勝利がもたらされるまで」戦うと宣言するなど、「イスラエル国家の生存権の承認」の否定は大前提である。

ただ、ハマースの立場からは、イスラエル国家の消滅によってユダヤ教徒の権利が損なわれることはないという。「イスラーム教の下、あらゆる宗教の信者は生命と財産と権利を保障されて平穏に暮らす。イスラームの不在によって争いが生じ、不正義が蔓延《はびこ》り、汚職が広がり、紛争と戦争が生じる」(第六条)からだ。

イスラエルの破壊と消滅を正当化する根拠としては、パレスチナ全土がイスラーム法上の「ワクフ」であるとの議論がなされる。ワクフは「停止」を意味する語だが、イスラーム法上は「宗教寄進財団」を指す。

「これはイスラーム教の啓示法《シャリーア》の規定である。イスラーム教徒が武力で征服したすべての土地と同様に、イスラーム教徒は終末の日に至るまでの後継世代に征服地をワクフとして留めた」(第一一条)とあるように、パレスチナの不可侵の地位の根拠を宗教的な絶対的規範に求めており、イスラエル国家設立を許すいかなる和平合意や国際的承認も無効とする。

露骨な反ユダヤ主義を展開

憲章は「パレスチナ問題の解決はジハードによるほかない。イニシアティブや提案や国際会議は時間の無駄であり、茶番の中の茶番だ」（第一三条）と断定し、ジハードの理論的裏づけを第一五条でする。「敵がイスラーム教徒の土地の一部を征服した日には、ジハードはすべてのイスラーム教徒の個人義務となる。ユダヤ教徒によるパレスチナの征服に対してはジハードの旗を掲げなければならない」。ここでいう「個人義務」とは、「集団義務」と対《つい》になるイスラーム法上の基本的な概念である。「個人義務」は信者全員が実行しなければならないのに対し、「集団義務」は、イスラーム教徒のうち誰かが行なっていれば他の者は実行を免除される。

　イスラーム世界が異教徒によって侵略され圧迫されている時には武器を取ってジハードを行なうことが「個人義務」となる。イスラーム教の支配を広げるためのジハードも義務だが、こちらは「集団義務」であって、誰もが常に武器を取って戦い続けなければならないわけではない。これはジハード解釈の定説で、特にハマース独自の解釈ではない。

　こうした非妥協的記述に加え、露骨な反ユダヤ主義が随所に現れるところが、国家を代表する政治勢力としての信頼性を制約している。

　第七条では、有名なハディース（ムハンマドの言行録）を引用してユダヤ教徒との戦いを鼓舞する。ムハンマドは、「終末の時は、イスラーム教徒がユダヤ教徒と戦い、イスラーム教徒がユダヤ教徒を殺し、ユダヤ教徒が石や木の陰に隠れるようになった後に到来する。石や木も〈イスラーム教徒よ、アッラーのしもべよ、ここに、私の後ろに一人のユダヤ教徒がいる。さあ来て殺せ〉と叫ぶであろう」と語ったとされる。

　このハディースはスンナ派で最高度の信頼性を誇るムスリム・イブン・ハッジャージュ編纂の

ハディース集に収録されており、ハマースに限らずアラブ各国の勢力によって戦争の際に参照されてきた。

第二二条では、いわゆる「ユダヤ陰謀説」を展開する。ユダヤ教徒の計画で資金が集積され「新聞社、出版社、放送局等の世界のメディアが支配され」「フランス革命や共産主義革命など各地の革命の背後には彼らがいた」「世界各地にフリーメーソンやロータリー・クラブやライオンズ・クラブなどの秘密結社を組織した」といった俗流の陰謀論であり、第三二条では「彼らの計画は『シオン賢者の議定書』にある」と有名な偽造文書が論拠であることを明言してしまう。

ハマースがこのような原則や理念を維持したまま、イスラエルとの交渉の当事者として役割を果たすのは難しく、欧米や日本の全面的な支援も躊躇されるだろう。

どちらにも「有利」の読みが

外部からは、希望的観測を込めて、ハマースの穏健化を論じる声もある。和平交渉の仲介役を自任するエジプトからはアブルゲイト外相らが「ハマースは実質上イスラエル国家の存在を承認している」と指摘し、ハマースの支持者や共鳴者も「憲章の書き換えが進んでいる」といった情報を発信して、欧米諸国にハマースの変化を印象づけようとする。

しかしハマースの指導部から発せられる声明では、原則を譲る気配は見られない。ダマスカスに拠点を置く政治局の局長で実質上の筆頭指導者であるハーリド・ミシュアルは英『ガーディアン』紙（一月三一日付）への寄稿で「米国とEUへの我々のメッセージは以下の通り。我々の原則と闘争を諦めさせようとする試みは無駄だ」と言明し、「我々の土地の上に作られたシオニスト国家の正統性を決して認めない」との原則論を繰り返した。

ハマース側からの「歩み寄り」の案は、イスラエル国家承認や武装闘争の放棄を交渉開始の前提条件とせず、まず「長期停戦」を結んで交渉に入るというものだ。交渉の結果としてイスラエルの承認や武装闘争の放棄が可能かについてミシュアルは明言しない。ハマースとしては、武装闘争の放棄で国際的には評価されたものの国内で支持を失ったアラファトとPLOの轍は踏みたくない。

別の視点から見ると、ハマースがいかに強気の姿勢を取ろうとも、少なくともイスラエルにとって現在のハマースは、さほど脅威ではないことも現実だ。二〇〇四年に相次いだ、アフマド・ヤースィーンとアブドルアズィーズ・ランティースィーの暗殺によって、カリスマ性のある強硬派指導者はいなくなっている。

ミシュアルにしても、もっぱら戦術・戦略の司令官であり、精神的な指導性は乏しい。強硬派の古株としてはマフムード・ザハールが残っているが、最高指導者としての権威はない。ランティースィーが暗殺されて後、最高指導者を公式に選出せず集団指導体制に移ったハマースはいわば「牙を抜かれた」状態にある。

表面的にはハマースの脅威を強調し、交渉を拒否するイスラエルこそが、実はハマースの内実の変質を誰よりも熟知しているのではないか。

イスラエルにとって状況は有利である。ハマースが原則論を繰り返している間は交渉に入る必要がなく、入植地をイスラエル本体と一体化する作業を進めつつ、好きな時に一方的撤退を行なってパレスチナを分離し「紛争の終結」を宣告することができる。現状維持や先延ばしによって既成事実を積み重ねるか、あるいは「単独解決」を断行するかのどちらかを、自由に選択できる立場にあるのだ。オルメルト首相代行も、ハマースが穏健化しない場合、四年以内に一方的撤退による単独解決を行なうとの道筋を示している。

これに対してハマース側は、そもそも短期的な不利を承知の上で、長期的な勝利を確信させることによって支持を集めてきた。たとえイスラエルが一方的に関係を断ったとしても、数十年で人口圧力によってイスラエルを圧倒できるという目算がある。また、自爆テロの遂行能力は、憲章の言葉通り終末論的な時間軸の上に成り立っている。短期・中期的な劣勢はそれほど深刻な政治的打撃とならない（ただし、ハマースに投票したすべての人がこのヴィジョンを共有しているとは限らない）。

イスラエルで新党カディーマに結集する中道および右派の思惑と、ハマースのヴィジョンは、ある意味で折り合いがいい。互いに非難し続けることで、和平合意や問題解決がなされないまま、それぞれの国内の支持基盤は固まる。こうして保たれる一定の均衡のもとで、イスラエル側の「単独解決」への準備が着々と進むというのが当面の展開となろう。

2006・4・9

アフガニスタン改宗者裁判が問う「自由」と「寛容」の意味

アフガニスタンと欧米諸国の間で紛糾していた「改宗者問題」は、二〇〇六年三月二九日、イスラーム教からキリスト教への改宗を撤回しなかったアフガニスタン人がイタリアに亡命することで一応の幕引きがなされた。

亡命したのはアブドル・ラフマーンという男性で四一歳とされる。パキスタンでアフガニスタン難民救助のためのキリスト教系の医療援助団体のもとで働いていた一九九〇年前後にキリスト教に改宗したという。九〇年代の多くをドイツに暮らし、二〇〇二年にアフガニスタンに帰国して娘をドイツに連れ帰ろうとしたところ、親族から「キリスト教に改宗した男」には親権がないとの申し立てがなされた。本人が改宗の事実を認めたために逮捕され、「イスラーム教に対する攻撃」という重大犯罪として治安裁判所への訴追がなされた。改宗を撤回せず死刑判決の見通しとなったところで国際的に報じられ、ローマ法王の嘆願や米国、イタリア、ドイツといった各国政府からの批判が相次ぎ、急転直下の灰色決着となった。

イスラーム教は改宗を絶対的に禁じており、認定手順や猶予期間に関して細部で諸説はあるものの、イスラーム教徒の成人男性がこれに反すれば死刑に処すというのが基本的な理解である（女性の場合はまず後見・監督者に、悔い改めさせる努力義務が生じるようである）。

二〇〇四年一月に採択されたアフガニスタン憲法では、第二条でイスラーム教を国教と定め、「他の宗教の信仰者が信仰を実践し、宗教儀礼を執り行なうこと」は「法の規定の範囲内で自由」とする。第三条は「神聖なるイスラーム教の信条と規定に反する法は認められない」となっており、離教の禁止や、異教徒の権利の制限に関するイスラーム教の明白な規範を阻止する立法や行政措置を行なうのは困難である。

これは「アフガニスタンに特有」の「後進的」で「頑迷固陋《ころう》」な解釈ではなく、中東や南アジアの多くの国の憲法に見られる規定である。こうした国々では改宗を主張すれば重大犯罪を犯したことになる。このため、西欧諸国に移民した後でさえも改宗を公言する事例はまずない。

「正しい改宗」と「間違った改宗」

しかし、「改宗者は死刑」というのでは、常々イスラーム教徒が口にする「イスラーム教で信仰の自由は保障されている」「イスラーム教は寛容な宗教である」といった言葉と矛盾するではないか、という疑問が異教徒から出るのは当然といえる。

ところが、イスラーム教の観点からは、これらは全く矛盾しない。「自由」や「寛容」の定義が、欧米や日本とは全く異なっているからだ。

欧米や日本では「信仰の自由」といえば「どの宗教を信じることも、宗教を信じないことも自由」ということであり、「気に入った宗教を選び、捨てる自由」であると理解される。しかしイスラーム教では人間にそのような自由はない。イスラーム教における信仰の自由とは「正しい宗教を選ぶ自由」であり、正しい宗教とはイスラーム教を指す。異教徒がイスラーム教を選ぶ「自由」を保障することは政府や各個人に課された義務であるが、イスラーム教徒が異教に改宗する「自由」はない。イスラーム教徒が異教に改宗するという過ちを許しては、人間が正しい宗教を選ぶ自由を妨げることになり、神に対する重大な罪を犯すことになる——という考え方である。

筆者は本書で「改宗」という用語を用いているが、このこと自体が、イスラーム教諸国であれば議論の許容範囲を踏み越えたとみなされる恐れがある。日本語の「改宗」という語には、「イスラーム教への改宗」と「イスラーム教からの改宗」の二方向を含む。しかしアラビア語にはこのような中立的な用語は存在しない。他言語のイスラーム教諸国でも基本的な宗教的概念の用語と意味範囲はアラビア語のものが踏襲されており、「正しい改宗（イスラーム教への改宗）」と「間違った改宗（イスラーム教からの改宗）」はまったく別のカテゴリーである。

アラビア語で正しい改宗とは「ムスリムになる」こととしか表現できない。それに対して「間違った改宗」は「離教者（ムルタッド）、背教者（カーフィル）になる」と表現する。表向きイスラーム教徒のふりをしながら内心では異なり、利敵行為に加担する者を「偽善者（ムナーフィク）」と呼び、離教者や背教者と同一視することもある。

また、欧米や日本では「寛容」といえば、異教徒を対等な他者として遇し、その思想信条を同等の価値のあるものとして認めることである。しかしイスラーム教の「寛容」とは、イスラーム教と異宗教との間の教義の正誤と価値の優劣に関して差をはっきりさせ、異教徒がイスラーム教徒の教義の優位性を認め、政治的・軍事的な支配に服する限りにおいてその存在を許容するものである。異教徒側はイスラーム教に改宗する必要はなく、イスラーム教の教義や政治・軍事的支配に挑戦しないことを条件に、攻撃されないことを約束される、というのがイスラーム教の「寛容」である。

イスラーム教徒からすれば、普遍的な真実であるイスラーム教と、「真実を歪めた」要素を紛れ込ませたキリスト教や、人間の思い込みに過ぎない偶像崇拝・多神教との間には本質的な違いがあり、異教徒の権利に制限があるのは差別ではなく神の摂理である。アッラーは唯一絶対神であり、そのアッラーが最後の預言者ムハンマドに無謬《むびゅう》の啓示の書『コーラン』を下したというのは、純然たる「史実」であると大多数のイスラーム教徒が認識する。従って、イスラーム教を放棄するのは「許されない」だけでなく、「ありえない」ことなのである。離教を犯した者に対しても、悔い改めてイスラーム教に戻れば許される、というところに比類ない寛容性がある、と信じられている。

高まった「断固処刑」の声

とはいえ、イスラーム教諸国で離教を理由にした処刑が実際に行なわれることはあまりない。なぜなら、まず第一に、離教を宣言する人間はほとんど現れないからである。内心でイスラーム教に疑問を感じる者が存在したとしても、それを表明する危険を冒す者はまずいない。

また、そのような改宗を標榜したり背教者として非難される者が現れた時には、一定の猶予期間を与え、その間に悔い改めたと宣言すれば罪に問わないとすることが通例である。また、政府の息のかかったウラマーに「ある人物がイスラーム教徒であるか否かを判定し罰することができるのはアッラーのみであり、安易に背教者と宣告し刑を執行することは避けなければならない」といった内容のファトワー（法判断）を出させ、人々が各自の判断で「刑を執行」することを戒める。

それでも改宗者が撤回せず世論が許さない場合は、精神的な異常による常軌を逸した発言とみなし、「法的責任を負えない」として裁判を停止することもできる。国際的な反響が危惧されるがゆえの便法ともいえるが、そもそも理性を維持していればイスラーム教から他の宗教に改宗するはずがない、という「社会常識」に合致した対処策である。

今回のアフガニスタンでのケースも、訴追を行なった検事や担当判事は、国際問題化した後はまず改宗の撤回を宣言させる道を探ったようである。アンサールッラー・マウラーウィザーデ判事は、英BBC放送に対して、「彼にもう一度呼びかけてみる。なぜならばイスラーム教は寛容の宗教だからだ」と述べている（三月二〇日）。ところがアブドル・ラフマーン氏が譲らず、「自分は精神疾患の状態にはなくキリスト教への改宗を取り止める意思もない」と法廷で明言し、留置場でも『新約聖書』の差し入れを要求した。

このため断固処刑を求める国内世論が高まり、不穏な様相をきたした。そこでアブドル・ラフマーン氏の親族に、彼は精神的に不安定だと証言させて彼の証言能力を否定し、公判の続行を不可能と認定して三月二八日までに釈放した。

しかし多くの有力ウラマーが「釈放されれば殺害されるべき」と明言している以上、身柄を放置すれば、自発的に「刑を執行」する者が現れる可能性がある。その場合は殺害の実行者を刑法犯として訴追するか、背教者の殺害というイスラーム教徒の義務を遂行したとして無罪とするかという困難な法的・政治的判断を迫られることになり、それがまた不安定化の要因となる。国際的には非難を浴び、今後のアフガニスタン支援に重大な支障となる。こうして出されたのが、ベルルスコーニ首相が受け入れを表明していたイタリアへの出国という結論だった。

最有力ウラマーからは「離教すれば西欧諸国に亡命できるとすれば、続々と離教者が現れる。断固処刑しなければならない」という主張がなされたが、カルザイ大統領を筆頭とする行政側が押し切った形である。

アブドル・ラフマーン氏は現在イタリア内務省の保護下に置かれており、この状態は長期間に及ぶと見られる。その間、「宗教的迫害による亡命」なのか「精神疾患の治療」のための滞在なのかは曖昧なままにおかれることになるだろう。

2006・5・13

イスラエルとの「特別な関係」を自問し始めたアメリカ

二〇〇六年三月の末から四月を通じて世界の中東論を賑わしたのは、ジョン・ミアシャイマーとスティーブン・ウォルトの共著論文「イスラエル・ロビー」(英『ロンドン・レビュー・オブ・ブックス』誌三月二三日号)だった。ミアシャイマーはシカゴ大学の政治学教授、ウォルトはハーバード大学の政治学教授でケネディ行政大学院の院長を兼ねる。共に国際政治学の「リアリスト(現実主義者)」を代表する重鎮である。

この論文には長短二種類があり、長い方は三月一三日にハーバード大学ケネディ行政大学院のウェブサイトに、二一一もの注を付したワーキングペーパー(報告書)として掲載された。こちらには「イスラエル・ロビーとアメリカ外交政策」というタイトルがついている。

論文が捲き起こした反響を踏まえて筆者二人は『ロンドン・レビュー・オブ・ブックス』誌の五月一一日号で主要な批判に応えており、論議は一巡した感がある。そこで、論争の経緯と意義を振り返っておきたい。

まずミアシャイマー/ウォルト論文の概要を示しておこう。論文では、アメリカの中東政策が第二次世界大戦後、とくに一九六七年の第三次中東戦争以来の四〇年間、イスラエルとの特別な関係を維持することを最重要課題にしてきたという認識を示す。韓国やスペイン並みの一人当たりGDP（国内総生産）を誇るイスラエルに対し、アメリカは毎年三〇億ドルもの直接援助を「年度はじめに一括で支払い、使途を問わない」という好条件で行なってきた。

外交的支援としては八二年以来、イスラエルにとって死活的な意味を持つ三二の国連安保理決議の採択をアメリカの拒否権で阻止し、イスラエルの核問題をIAEA（国際原子力機関）の議論の俎上に載せることを拒んできた。中東和平交渉においても、時にイスラエル政府との意見の相違と摩擦を生じさせながらも一貫してその立場を支持してきた。

筆者たちは、アメリカがイスラエルを全面的に支持し支援するこの関係が、リアリスト的な「戦略的利益」の観点からも、よりリベラルで理想主義的な「道義的責務」という観点からも、もはや正当化され得なくなっている、と論証する。

冷戦時代、イスラエルはアメリカの中東における代理人として一定の役割を果たし「戦略的利益」となり得ていたかもしれない。しかし湾岸戦争やイラク戦争の際に明らかになったように、イスラエルがアメリカと行動を共にすることによって地域の他国とアメリカとの関係が崩壊するリスクが生じた。そして国際テロリズムとの戦いにおいても、アメリカがイスラエルを支持することがアラブ諸国やイスラーム諸国が生み出すテロリズム集団や、それを支援する「ならず者国家」に格好の口実を与えており、イスラエルはアメリカの戦略的資産ではなく、重荷か負債になっている、という。

周到に危険を回避した論文

さらに、道義的責務という観点からも、イスラエル支援を擁護する立場はすでに根拠を失っているという。敵対的なアラブ諸国に囲まれた「弱者」としてのイスラエル国家を支援する義務という根拠がかつてはあったものの、イスラエルが中東で他を圧する軍事大国となった現在、状況は変わったとする。

また、「中東で唯一の民主国家」であるイスラエルを支援する義務に関しても、民族・宗教を根拠とするイスラエルの国家理念はアメリカの多民族主義の国家理念とは異なっており、パレスチナ人に対する二級市民的扱いは、イスラエルがアメリカと価値を共有する民主国家であるという主張を疑わしくすると論ずる。

ユダヤ人迫害を逃れての建国という歴史的経緯から、イスラエルに支援を与える道義的な責任があるという主張には、「イスラエル国家の建設は、ユダヤ人に対する犯罪への適切な対処である。しかし、それによって無実の第三者、すなわちパレスチナ人に対して新たな犯罪がなされた」として、イスラエルのみが特別の支援を受ける根拠にはならないと確言する。

リアリストとリベラルの二つの国際政治学の主要な観点のいずれからも説明しがたいのであれば、何がイスラエル支援を可能にしてきたのか？　それは「ほとんど全面的に国内政治に由来する」、なかでもアメリカ政治の中東政策の策定にイスラエル・ロビーが比類ない影響力を行使していることが特に重要な要因となっている、と筆者たちは論ずる。そして「アメリカ・イスラエル公共問題委員会（AIPAC）」をはじめとするイスラエル・ロビーが議会や行政府に与えてきた影響力を示すエピソードを列挙する。

しかも、論文はここで留まってはいない。イスラエル・ロビーがアメリカの中東政策に影響を与えてきたというだけであれば他の圧力団体と変わらないが、イスラエル・ロビーはメディアやシンクタンクや大学で支配的地位を獲得し、アメリカのイスラエル支援政策を再検討し批判することを阻害してきた、という点に踏み込む。その際に、イスラエルに対する正当な批判すらも「反ユダヤ主義」のレッテルを貼って封じ込め、中東政策の十全な議論を困難にしてきたと断じる。そしてイスラエルの国益をアメリカの行動によって実現するための政策を採用させ続け、あたかもイスラエルとアメリカの国益が一致するかのようにアメリカ国民に信じさせてきた、というのが筆者たちの議論の趣旨である。

ミアシャイマー／ウォルトの議論は入念であり、反ユダヤ主義として非難され葬り去られる危険性を随所で周到に回避している。「イスラエル・ロビー」とは「中央の指導部を備えた統一された運動ではなく」、イスラエル・ロビーがアメリカのユダヤ人の平均的な立場を代表しているとは限らないとし、イスラエル・ロビーには強硬派でイスラエルの保守政党リクードの拡大政策を支持する者が多いという。さらに、ユダヤ人団体には和平とパレスチナへの妥協を強く主張する立場のものもある、といった点を列挙して、「イスラエル・ロビー」の政治的立場と「ユダヤ人の一般的特性」とを同一視していないことを強調する。

また、イスラエルの対パレスチナ政策やアメリカへのロビー活動を批判するだけで、即座に

「イスラエル国家否定論」であると非難され攻撃されることを避けるために、「欧米のイスラエル批判が、イスラエルが存在する権利を疑うことなどまずない。批判はイスラエルのパレスチナ人に対する態度に向けられているのだ」と釘を刺す。

この論文に対して、ユダヤ系議員や、「反中傷連盟」「正確な中東報道のための委員会」といったユダヤ人権利擁護団体から強い反発が表明され、著名なユダヤ系知識人やイスラエルの論客から批判がなされたことはいうまでもない。

最も声高な批判は、「反ユダヤ主義」というレッテル貼りであった。ジョンズ・ホプキンス大学高等国際問題大学院の政治学教授エリオット・コーエンは即座にこの結論に達している（Eliot Cohen, "Yes, It's Anti-Semitic"『ワシントン・ポスト』紙四月五日付）。

批判の具体的な論点としては、「アメリカの政策が常にイスラエル寄りだったとは限らない」という形で、論文の前提となる認識を問うたり、イスラエル・ロビーという圧力団体の影響力を過大視し過ぎ、あるいはユダヤ系・非ユダヤ系の多種多様な政治活動を一括して「イスラエル・ロビー」とみなしているという「過度の一般化」「単線的因果関係」を疑うものであるが、これらは論文の中で周到に回避されている。

肯定的な評価が意味するもの

興味深いのは、こういった個々の論点をめぐって異論を提示するよりも、もはや開き直ってしまう議論が多いことだろう。端的にいえば「アメリカが常にイスラエル寄りだったとしても、それのどこが悪いのか」という議論である(Max Boot, "Policy Analysis—Paranoid Style" 米『ロサンゼルス・タイムズ』紙三月二九日付、David Gergen, "An Unfair Attack" 米『USニューズ&ワールドレポート』誌四月三日号)。

「因果関係が逆だ」という議論もある。イスラエル・ロビーによって政策が歪められているのではなく、価値観と敵を共有するイスラエルをアメリカ人が好きだから、イスラエル寄りの政策提言が採用されるだけである、という見方だ(Jeff Jacoby, "A Nation Like Ours" 米『ボストン・グローブ』紙三月二九日付)。

しかし、ヨーロッパの主要紙での反応はミアシャイマー/ウォルトに好意的なものが多く、アメリカとイスラエルの過剰に強い結びつきという問題がアメリカの権威ある政治学者によって論じられたことを歓迎している(Rupert Cornwell, "At last, a debate on America's support for Israel" 英『インディペンデント』紙四月七日付)。

アメリカのユダヤ系の論者からも、この論文を「反ユダヤ主義」と糾弾する動きをたしなめる議論が出てきた(Richard Cohen, "No, It's Not Anti-Semitic" 『ワシントン・ポスト』紙四月二五日付)。イスラエルからも、中道左派・リベラルの立場を取ることが多い『ハアレツ』紙(英語版)では、アメリカのこの論文を貴重な警告として受け止めようと主張する論説が掲載された(Daniel Levy, "So Pro-Israel that it Hurts" 三月二五日付)。

アメリカでも、この論文がアメリカの中東政策の歪みと、それへのイスラエル・ロビーの影響という、重要でありながら公の場で論じることが困難であった課題を表に出し議論を可能にしてくれた、という形での評価が見られる（Norman Solomon, “Opening the Debate on Israel” 米『ボルチモア・サン』紙五月七日付）。

国際政治学のリアリストの立場からは、従来からアメリカによるイスラエルへの過度な肩入れや一方的支持は正当化されにくいものであったが、二〇〇六年のこの時期に、イスラエル・ロビーの所在という中核的で困難な課題が論文で問われ、アメリカ内部からも一定の肯定的な反応を得たことは、イラク戦争の開戦の決定をめぐる検証、さらには責任論が深まってきたことを示唆する。

「議論で勝って、政治で負けた」

ミアシャイマー／ウォルトにとっては、二〇〇三年の二月五日にワシントンの外交問題評議会で行なわれたイラク開戦の是非をめぐる討議が、今回の論文の直接的な背景にある。二人がリアリストの立場から開戦反対論を、ウィリアム・クリストルとマックス・ブートがネオ・コンサーバティブ（新保守主義）の立場から開戦賛成論を打ち、真っ向から論戦を行なった。ここでミアシャイマーとウォルトは議論のうえでは開戦論の根拠を逐一論駁し矛盾を暴いている（http://www.cfr.org/publication/5513/iraq.html）。

しかし二人は結局は「議論で勝って、政治で負けた」という形になった。あるいは「理屈で勝って、世論に負けた」と言えるかも知れない。理論的な優勢・劣勢はともかく、ブッシュ政権は開戦を選択し、アメリカ世論は、少なくとも当座はその選択を追認したからである。

政策論で圧倒していながら実際の政策として採り入れられないとすれば、政策を採用するメカニズムに何か歪みがある、という議論は当然可能になる。そして中東政策の策定に「歪み」をもたらす重要な因子が、イスラエル・ロビーとそれと一体化したネオ・コンサーバティブの過度に大きな影響力に他ならない、というのがミアシャイマー／ウォルトの立場である。イラク開戦の際の明白なイスラエル・ロビーの関与、その後のテロ拡散やイラク統治の長期化と犠牲の増大、さらには二〇〇四年夏には米国防総省へのイスラエルのスパイ活動まで発覚したといった推移から、戦略的利益や道義的責務を根拠にした極端な親イスラエル政策の正当化の困難が露《あらわ》になったことによって条件が出揃った現在、満を持してこの問題を提起したといえよう。

ただし、ミアシャイマー／ウォルト論文が一定の受容を得たということはアメリカの中東政策が短期的に大きく変ることを必ずしも意味しない。「議論で勝って、政治で負ける」という構造は依然として残っているからだ。「イスラエル・ロビーが政策を歪めているのではない。世論がイスラエルを支持しているからイスラエル・ロビーの政策が採用されるのだ」という論理は今も有効である。アメリカ国民が何を「国益」と捉えるかは、国際政治学の重鎮の「国益」理解と必ずしも一致しない。

リアリストの国際政治学者の議論と、イスラエル・ロビーの政治活動やネオ・コンサーバティブの政策論議はしばしば火花を散らすものの、最終的には常に異なる聴衆と支持層に語りかけているともいえよう。

この問題を中立的に論じたある記者も、論文が発表され賛否両論の活発な議論が行なわれたからといって「外交の地殻変動が生じるとは思えない」と記す。過去にもアメリカの外交政策に対するイスラエル・ロビーの影響力を問題視した著作はあったが、政策は変らなかった。結局、「何があろうと、アメリカ人はイスラエルが好きなのだ」(Rupert Cornwell 前掲論文)。しかしミアシャイマー/ウォルト論文の、アメリカのイスラエル政策を再検討する議論を可能にする、という意図は十分に達成されたと見てよい。

(補足) その後、ミアシャイマー/ウォルトの議論は拡充され、John J. Mearsheimer and Stephen M. Walt, *The Israel Lobby and U.S. Foreign Policy*, New York, Farrar Straus & Giroux, 2007として刊行された。邦訳は『イスラエル・ロビーとアメリカの外交政策』(上下巻、副島隆彦訳、講談社、二〇〇七年)

2006・6・11

エジプトの「コプト教徒問題」に危険な展開の兆し

エジプトのコプト教徒問題に不穏な兆しがある。コプト教とは、キリストの人性と神性の区別を認めず単一の性質のみがあると説く「キリスト単性論派」の立場を取ったことで四五一年のカルケドン公会議で異端と宣告され東方正教会から分離した、エジプトに固有の教派である。七世紀のイスラーム教徒軍によるエジプト征服以来コプト教徒の比率は減り続けてきたが、なお人口の五―一〇%を占める。また、そのうち約一割は欧米に移住しているとみられる。

二〇〇五年一〇月一九日にはアレクサンドリアで、イスラーム教過激派を批判する劇を収録したDVDがコプト教会で販売されたことを冒瀆ととらえたイスラーム教徒が、尼僧をナイフで刺す事件があった。さらに同月二一日には五〇〇〇人規模のイスラーム教徒群衆が聖ギルギス教会を攻撃し、衝突で三名が死亡した。〇六年四月一四日にはアレクサンドリアの三つの教会の礼拝に、ナイフを持ったイスラーム教徒が押し入り、一人が殺害され、報道では一七人が負傷したとされる。犠牲者の葬儀が、犯人を精神異常と認定する当局の姿勢に抗議するデモに発展、その弾圧でさらに死者が出た。

エジプトでコプト教徒への「差別」や「偏見」はあるのか、「宗派紛争」が存在するのか、ということ自体、言及するのは非常に困難である。エジプトでは差別も偏見も、宗派紛争も「存在しない」というのが支配的通念であり、イデオロギーであるからだ。

コプト教徒は、エジプト国民としてイスラーム教徒と平等な権利を保持しており、イスラーム教は異教徒に対して寛容な宗教であって、コプト教徒に対する差別も偏見も存在しない、とメディアも個々人も口をそろえて主張する。しかしこれは多数派のイスラーム教徒の価値基準と法・規範に沿った通念であり、コプト教徒の認識はまた別にある。

日常生活において「コプト教徒を差別する」ことが承認されているわけではない。アパルトヘイト体制下の南アフリカ共和国の黒人や、公民権運動以前にアメリカの黒人が受けていたような迫害や差別をエジプトのコプト教徒が受けているということではない。だが、エジプトの制度とそれを支える価値規範の中には、欧米や日本であれば少数派に対する差別とみなされる要素も含まれる。

イスラーム教徒が当然の真理と考え、社会秩序の公正なあり方と考えている規範や制度の中に、コプト教徒の立場から見れば明確な差別や偏見が含まれているがゆえに、事態は困難なのである。そして、コプト教徒が差別と認識する制度や価値規範について問題視する声を公的に発することが、イスラーム教徒側からイスラーム教支配への挑戦であり重大な不法行為と捉えられてしまい、被害を訴えること自体が「宗派紛争を煽る」行為として非難され、更なる攻撃を招くという構図もある。

巧みに制度化された「非対称」

ここでの「宗派紛争」とはアラビア語で「フィトナ・ターイフィーヤ (fitna ṭā'ifīya)」、英語ではsectarian (あるいはcommunal) strifeであり、宗教・教派に帰属する人間集団間の対立を指す。「宗派紛争」はより詳細には「宗派集団・共同体間紛争」ということになる。従って、エジプトのコプト問題は「宗派紛争」であって「宗教紛争」すなわち「正しい教義をめぐる対立」ではない。これはレバノン内戦や現在のイラクでの宗派紛争とも共通する。中東では宗教・教派間の教義の相違は大前提であり、今さら争われるものではない。争点は「宗派」集団間の政治的・社会的な権力・支配関係なのである。

イスラーム教の観点からは、征服地の異教徒は一神教徒であれば、必ずしもイスラーム教に改宗する必要はない。イスラーム教の価値的優位性を承認し、政治的・軍事的支配権に服すという条件で、信仰の保持を認められる。ここから、イスラーム教徒が多数を占める国で異教徒は政治や軍事の支配的地位には立てないことになる。そして、エジプトの憲法ではイスラーム教の啓示法《シャリーア》に反する法は認められないとされており、「信仰の自由」は保障されているものの、あくまでもイスラーム教の規範に反しない限りの自由とされる。

イスラーム法の規定によって異教徒に課される制限としては、例えば教会の施設の建築・修復をめぐるものがある。コプト教徒をはじめとした異教徒は教会を新築してはならず、既存の教会でのみ礼拝を許される。そして既存の教会の改築にも大統領のレベルでの許可が必要であり、イスラーム教徒が不当と感じる規模に拡張することは許されない。宗教儀礼も、イスラーム教徒の気分を害しない範囲でのみ行なうことができる。十字架の顕示や、鐘の音を大きく鳴らすことは禁じられている。

許容限度はイスラーム教徒側の主観に左右されるため、慎重で従順な姿勢が必要となる。このような不利な条件下で、手首の内側の、袖口からわずかに見え隠れする位置に十字架を入墨することが、コプト教徒が自らのアイデンティティを確認し、ささやかに主張するための許容ぎりぎりの習慣として定着している。

さらに緊迫した法的・政治的紛争の火種となるのが、改宗と婚姻である。コプト教徒がイスラーム教に改宗することは、当然のことだが認められる。コプト教徒がイスラーム教に改宗することを妨げれば、重大な禁忌を犯したことになる。逆に、イスラーム教から異教への改宗は社会通念を逸脱する「異常な行動」であり、改宗への誘いは重罪である。

また、イスラーム教徒男性と非イスラーム教徒女性の結婚は認められるが、非イスラーム教徒男性とイスラーム教徒女性の結婚は認められない。イスラーム教徒女性と結婚するためには非イスラーム教徒男性は必ず改宗しなければならない。一方、イスラーム教徒男性はそのまま非イスラーム教徒女性と結婚でき、その子は自動的にイスラーム教徒となる。イスラーム教徒と非イスラーム教徒との間には、改宗と婚姻に関して、イスラーム教の教勢拡大のために構造的に有利となる非対称的な関係が巧みに制度化されている。

これらはコプト教徒側から見れば、差別的・不平等な制度に映る。しかしイスラーム教徒側から見れば、普遍の真理を普及させるための、正当で合理的なシステムということに何ら疑う余地はない。

政府の批判回避策も悪循環に

改宗と婚姻、教会活動等で一定の制限「さえ」忍べばコプト教徒はエジプトで生存を許される、という状態は、イスラーム教徒の認識からは比類なき寛容の精神と制度である。そしてコプト教徒もまた公的な場では、イスラーム教の寛容の下で自由を謳歌し、十全に権利を行使している、と感謝の念を表明し続けなければならなかった。

近年の動きで留意すべきなのは、コプト教徒が以前に比して公の場で「黙らなく」なったという点である。その背景にイスラーム主義の伸張があることは確かだろう。イスラーム法の更なる貫徹が掲げられ支持される中で、コプト教徒の地位が後退することはあっても向上することはないという認識があり、イスラーム教徒の異教徒に対する顧慮への信頼と期待が弱まっているといえよう。また、コプト教徒の中にも宗教意識の高まりがみられる。これに呼応し、ムスリム同胞団の穏健派にはコプト教徒の宗教政治運動と連携して「世俗的」な現体制に対する批判勢力を結集しようとする動きもある。

エジプト政府もコプト教徒の取り込みと、国際的な批判の回避を図る施策を進めている。二〇〇三年からはコプト教のクリスマス（一月七日）を国民全体の休日とした。ムバーラク大統領は、二〇〇五年一二月に、人民議会（四五四議席）の大統領任命枠一〇議席のうち、五議席をコプト教徒に割り当てた（選挙でコプト教徒が獲得した議席はユースフ・ブトロス・ガリ財政相の一議席のみ。ユースフはガリ前国連事務総長の甥である）。また、老朽化著しい一部教会には改築の許可も出された。

ところがこのような象徴的で限定的な措置さえもが、「コプト教徒が不当に政治支配力を得ようとしている」という印象をイスラーム教徒側に与え、局地的・散発的な暴力を刺激する。それがコプト教徒側に平等な権利を要求する動きを惹起し、それがまたイスラーム教徒側に「不当な権利要求」との認識をもたらすという悪循環がある。

さらに、ここにアメリカの外交政策を絡めていこうとする動きが一部にあることが不穏な要素を加える。米連邦議会で一九九八年一〇月に成立した「国際宗教自由法」によって、米国務省は各国の宗教的自由・迫害状況に関する議会報告を定期的にまとめることになっており、状況によっては制裁も考慮される。在米コプト教徒団体を中心に、この法律を梃子《てこ》にして、外圧を借りてコプト教徒の地位の向上を実現しようとする動きがある。しかしこれはエジプトでは強い反発を招いており、エジプト在住のコプト教徒にとっては「外国の手先」との批判を受け、かえって攻撃の正当化や権利剝奪につながりかねない。コプト教徒の権利要求の顕在化は反動を招く危険を孕《はら》む。

2006・7・8

アレクサンドリアとヴェネツィアの奇縁

きわめて短期間のエジプト出張から帰国したところである。所属する研究所の用務で、大学や研究機関との交渉ごとに忙殺されていた。ほんのわずかな時間、北部のアレクサンドリアに滞在したのだが、地中海を眺めて思うことがあった。

ロレンス・ダレルの大作『アレクサンドリア四重奏』は、西欧人がこの街に対して抱く幻想の集大成といっていい。この小説を読んで、一度はアレクサンドリアを訪れてみたいと思う人も多い。

ただし、現在のアレクサンドリアはあくまでもエジプトの一都市であり、ギリシア文明を引き継いだ古代の先進的都市、あるいは一九世紀後半から第二次大戦ころに栄えたコスモポリタンな文化は、片鱗をわずかにとどめるのみである。中心部、サアド・ザグルール広場を見下ろすメトロポール・ホテルは、一九〇二年にイタリア人とギリシア人の建築家の設計によって建てられ、地中海流のコロニアル・スタイルを色濃く残す。

しかし、外国人の憧れるアレクサンドリアはもっぱら書物の中にある。E・M・フォースターの都市ガイド『アレクサンドリア』を開き、古代と中世の地中海都市に思考を遊ばせることが、アレクサンドリア滞在の楽しみである。

そしてフォースターのアレクサンドリア論を読んでいるうちに、地中海の向こう側、イタリアのヴェネツィアに思いを馳《は》せることになった。フォースターはアレクサンドリアとヴェネツィアを結ぶ奇縁を記す。

〈八二八年、ヴェネツィア人のある一団が、アレクサンドリアから聖マルコの聖体を盗み出した。本人たちの証言によると、イスラーム教徒の波止場役人の目をごまかすために、ご苦労にもこれを塩漬け豚肉の桶にかくして運び出したそうだ。この泥棒たちは大目に見てやって差し支えない。アラブ人はそんなものがあったことすら知らなかったろうし、ヴェネツィアではそれが大いに喜ばれたが、アレクサンドリアでは盗られて何の不都合もなかったからである。聖マルコの聖体が運び出されてしまうと、アレクサンドリアにはもはやヨーロッパ世界を引きつけるものはほとんどなくなってしまった〉(『アレクサンドリア』中野康司訳、晶文社)

聖マルコとは、新約聖書の「マルコによる福音書」を書いたとされる聖人であり、アレクサンドリアの教会の創設者と伝えられる。ヴェネツィアは聖マルコを守護聖人として尊崇してきた。この聖マルコの遺骸をアレクサンドリアから運んで(盗んで)聖遺物として教会を建立したのが、聖マルコ大聖堂の発端とされる。

「塩漬け豚肉」とは、日本でも食されるようになってきたイタリア名物「パンチェッタ」のことだろう。イスラーム教徒は豚肉を忌避するから、この中に隠すことで、イスラーム教徒支配下のエジプトから聖人の遺物を持ち出せた、という真偽不明の伝承である。

暗い船倉の桶の中で、塩漬け豚肉にまみれ揺られていく聖マルコの屍骸、というのは視覚だけでなく嗅覚にも強烈である。

生々しい接触と交流の歴史

中東に分け入りながら、ふと振り返って西欧を眺めると、この対岸の文明が異なる相貌を持って浮かび上がってくることがある。西欧文明の古層を形作る、中東への飽くなき憧憬と、その中核にあるグロテスクな宗教遺物への崇拝、そして相反する敵意や脅威認識は、西欧と中東の関係の奥底に今も息づいている気がしてならない。現在の西欧・イスラーム関係は表向きは多分に「脱臭」され、敵意のやり取りすらも理念的なものになっている。しかしその根底には、こういった信仰から嗅覚までの幅広い次元での根深い交流がある。

中世に、中東から伝来する文物の西欧への入り口といえばヴェネツィアだった。聖マルコ大聖堂には、むせ返るような「オリエント臭」がある。それは北方の西欧諸国の美術や建築に見られるような純化され観念化された「オリエント趣味」とは異なる、生々しい接触と交流の歴史の結果である。

ヴェネツィアの建築・美術案内では、ジュリオ・ロレンツェッティの『ヴェニスとそのラグーン』に勝るものはない(Giulio Lorenzetti, *Venice and its Lagoon : Historical-Artistic Guide*, Edizioni Erredici. 一九二六年に出たイタリア語原書の英訳版が幾度もリプリントされ、今も簡単に手に入る)。

この本を片手に、ヴェネツィアの教会のもっぱら隅々を眺めて歩いたことがある。聖マルコの遺骸をめぐっては次のように書かれている。

〈伝承によれば、そしてまた聖マルコ大聖堂のモザイク画が示すように、ヴェネツィアの二人の船員、ブオノ・ディ・マラモッコとルスティコ・ダ・トルチェッロは、彼らの政府による禁を犯してアレクサンドリアに上陸した。そしてある修道院に忍び込み、二名の修道士の共謀を得て、首尾よく福音記者（聖マルコ）の遺骸を運び出した。この船員たちがずる賢くサラセン人（イスラーム教徒）の警戒を逃れ、聖骸を故国に運び入れた時、歓喜に沸く群衆が迎えた〉

モザイク画の所在についても、ロレンツェッティは記している。聖マルコ広場から大聖堂の正面を見渡すと、五つの入口が切ってある。それぞれの入口の上には半円アーチがしつらえられており、モザイク画で飾られている。左端の入口の上のモザイク画では、ヴェネツィアの高位聖職者たちが聖マルコの遺骸を担《かつ》ぎ、建立された教会に運び込もうとしている。左から四番目（右から二番目）の入口上は、聖マルコの遺骸がヴェネツィアに到着する場面である。

そして、右端の、五番目の入口上に飾られたモザイク画は、聖マルコの遺骸が「塩漬け豚肉」にまみれながらアレクサンドリアを離れる陰惨な情景を劇的に描いている。

ロレンツェッティによれば、〈第五の入口＝半月形飾りと半円アーチ。聖マルコの遺骸が、アレクサンドリアの異教徒を欺くため、豚肉に覆われて盗み出される。ピエトロ・ヴェッキアの下絵（一六六〇年ごろ）に基づくモザイク画。下絵は現在も聖アルヴィーゼ教会に展示してある〉。

このモザイク画は、聖マルコの遺骸のグロテスクなエピソードを忠実に描いている。キリスト教徒の聖遺物盗人が露悪的に、これ見よがしに塩漬け豚肉の桶を開けてみせる。イスラーム教徒の税官吏たちはどよめき、鼻をつまみ、目を背け、背を向けて遠ざかりながら振り返りざま蔑みの眼差しを向ける。

異教徒間の偏見と偏見が交差する、宗教間の宥和を説く現代には考えられない図像である。しかしこれこそが、聖マルコ大聖堂創建の公認の「縁起」なのである。

いつしか染み着くその「臭気」

こういった「臭《くさ》い」話は、ガイドブックはもちろんのこと、大部で詳細なヴェネツィア都市論でも言及されることが少なくなった。聖マルコ大聖堂に詰め掛ける観光客が、入口の上、はるか頭上に描かれた、「聖マルコのパンチェッタ」のモザイク画に目を留めることはまずない。

もちろん、現在のヴェネツィアは海風の吹き通る、暖かい陽光を受けた観光都市であって、中世の後ろ暗い想念にかかずらう必要はないのかもしれない。夜闇の底にうずくまるかすかな奇想がこの都市に程よい神秘性を与え、年一度のカーニバルが妖艶さを放射するだけで十分なのかもしれない。

しかし、かつてのユダヤ人地区を訪れ、厚いくぐり戸の影の下を歩んでみるといい。一六世紀初頭に作られたヴェネツィアの「ゲットー地区」では、夜になると重い門が下ろされた。ここから、やがて世界中のユダヤ人居住区を指す一般名称「ゲットー」が生まれた。そしてこの聖マルコ大聖堂の由来を描く図像を克明に眺めれば、西欧文明の奥深いところに「中東」が食い込んでいることを感じずにはいられないだろう。

二〇〇一年九月一一日の米同時多発テロ以来、そしてイラク戦争を経て、「文明間対話」の重要性が謳《うた》われてきた。しかし、それらはほとんど全て、言葉のやり取りであった。

だが「文明」の相互関係において、言葉や理念の交流はどれほど中心的位置を占めるのだろうか。むしろ互いの食べ物を「臭い」と感じるような感覚の部分での相違こそが、関係の根本を形作ってきたのではないか。そしてかかわりあううちに、その「臭い」と思われた臭気が自分にもいつしか染み着いてしまっていることに気づかされるのである。

2006・8・14
ヒズブッラーを利した米「中東政策」の逆効果

イスラエルとヒズブッラーとの大規模な戦闘が開始してから一カ月後の二〇〇六年八月一一日、停戦を求める国連安保理決議一七〇一が全会一致で採択された。ヒズブッラーとイスラエルの双方に攻撃の停止を要求し、レバノン国軍の南部レバノンへの展開や、それが可能になるまでの間に国連レバノン暫定軍(UNIFIL)の規模と任務を増強する、といった内容である。ヒズブッラーの武装解除を求めた二〇〇四年の安保理決議一五五九も再確認された。

停戦決議の採択と、両当事者の一応の受け入れ表明がなされ、紛争を一定規模に封じ込める効果は期待できるが、問題解決には程遠い。

レバノン国軍の展開あるいはUNIFILの増強は空文と化す可能性が高い。現在のUNIFILは形式だけであり、決議を満たす規模と能力の部隊を実際に提供する国が早急に見つかるとは考えにくいからだ。その間、イスラエル軍は「自衛」としてヒズブッラー攻撃を続行する。イラク情勢に足を取られて派兵できないアメリカと、仲介の主導権を握ろうとしつつも危険な任務を負うことには及び腰のフランス、そして形式的には停戦を入れつつ、「自衛」の範囲内でヒズブッラー掃討作戦を続けることにお墨付きを得るイスラエル――それぞれにとって都合のよい時間稼ぎの決議といえる。

直接の発端は、七月一二日のヒズブッラーによるイスラエル北部への攻撃である。特に二名のイスラエル兵士が拉致されたことに対して、イスラエル政府がきわめて強硬な報復措置をとったという形である。

二〇〇〇年のレバノン南部からの撤退は和平への機運をパレスチナやアラブ諸国に醸成するどころか、逆にヒズブッラーとその手法に極めて高い威信を付与し、自爆テロこそがイスラエルに要求を呑ませる有効な手段であるとの認識を反イスラエル諸組織やアラブの一般世論に定着させてしまった、というのがイスラエル側に広がる受け止め方である。

イスラエルにとっては、今回、ヒズブッラー掃討作戦が成功裏に進んだとは到底いえない。ヒズブッラーの解体、ミサイルの脅威の排除という目標を完遂することのできないまま、事態がコントロール不能になる前に、安保理決議によってどうにか停戦のきっかけを得たといえよう。

ヒズブッラー側から見れば、衝突激化後の一カ月の政治的な成果は、挑発行動の意図をはるかに超えるものだろう。レバノン政府や周辺アラブ諸国が無力を曝け出す中で、最高指導者ハサン・ナスラッラーをはじめ指導部は無傷であり、イスラエルによる掃討作戦に対峙して毎日一〇〇発程度のロケット弾をイスラエル領内に撃ち込み続けた。これは、ヒズブッラーの威信をこれまでになく高めた。同時に、レバノンの一般市民の犠牲が広く内外に伝えられたことで、反イスラエル感情はレバノン内外に改めて根深く定着した。これは今後のテロを含む活動への人員リクルートにきわめて有利な土壌となるだろう。

到達不可能な目標

今回のヒズブッラーによる挑発については、核問題から国際社会の目を逸らしたいイランの指令があったという憶測が流れたが、これは衝突勃発の第一要因ではないとみられる。六月末からのイスラエルによるガザやヨルダン川西岸への侵攻がアラブ世論を沸騰させていたところに北から「助太刀」を買って出ることで自らの威信を示すところに、主たる動因があったのだろう。

もちろんヒズブッラーにとって有利なことばかりではない。イスラエルが今後も「自衛」の枠内で軍事行動を続け、レバノン国軍やUNIFILが黙認する体制が出来上がれば、やがてヒズブッラーの軍事力は削減されていく。ただし座してそれを看過することはせず、挑発行動をくり返し、打開を図るだろう。

今回の危機を通じて突出したのは、ブッシュ政権によるイスラエルへの一本調子の支持である。レバノンでの一般市民の大規模な被害が欧米で大々的に報道され関心を集めている中で、「即時停戦」案を明確に拒否し、ヒズブッラーの掃討・武装解除後の停戦を要求し続けるブッシュ政権の姿勢は、西欧諸国では（英ブレア政権は別として）強い違和感を持って受け止められた。

問題は、「ヒズブッラーの掃討・解体」というイスラエルが掲げアメリカが支持する目標が、当初からどうにも到達不可能にしか見えなかったことである。ヒズブッラーは単なるテロ組織というよりは、宗派間の権力分配を基調にして成り立つレバノンに特有の政治体制の中で、構造的に不利な立場に置かれるシーア派の立場を擁護するものとして支持を受けている。そして、イスラエルの占領軍に対する抵抗運動としての正統性はレバノン国内やアラブ諸国で広く認められている。内戦終結後はレバノンの国家・行政機構の機能を部分的に肩代わりする形でシーア派住民の間に根付いており、本当にヒズブッラーを解体すれば、レバノン南部やベイルートできわめて深刻な人道的危機をもたらすことになる。

一カ月の戦闘の末、ヒズブッラーを短期間で掃討するというイスラエルの目標はやはり達成不可能であることが明らかになった現在、イスラエルの対ヒズブッラー政策と、それを支持するブッシュ政権の政策がいかなる情勢判断にもとづいているか、検討の必要がある。

もちろん、「地中海に追い落とされる」恐怖を背景にしたイスラエルの成り立ちと行動様式は特異である。不可能は承知の上、中・長期的にヒズブッラーや同様の勢力を伸張させる逆効果すらも考慮した上で、短期間だけでもヒズブッラーの攻撃能力を削ぐことを国家の存立上不可欠と判断した可能性はある。

しかしその場合、ブッシュ政権の全面的なイスラエル支持が、どれだけイスラエルの真意を把握した上でのものかは疑う余地が出てくる。「ヒズブッラーはテロリスト」である以上「イスラエルは対テロ戦争を行なっている」といった単純な論理をブッシュ政権は多用するが、それが単なる国内向けのレトリックならばまだいい。実際にそのような認識の下でアメリカの中東政策が方向付けられているのであれば、イスラエルとアメリカの関係は同床異夢に支えられているということになる。

さまざまな悪影響が及ぶ

中東問題への対処策をめぐって、米・英と他の西欧諸国やロシア・中国との間に亀裂が明確になることは珍しくない。レバノン危機をめぐる外交交渉はイラク戦争開戦時と外見上は似ていたが、現在の状況は、イラク開戦当時とは質を異にする。当時は、開戦の決断に反対の立場からも、アメリカが単独で目標を達成する能力がある、という点についてはかなりの信頼があった。

ところが現在のアメリカはイラク再建支援に手一杯で、レバノンに兵員を割く余裕がない。その代わり、イスラエルに行動の自由を与えヒズブッラーを掃討させようというのが基本姿勢だったが、効果を上げられず、アメリカに反対してきた仏・独に事態打開のための兵員派遣を求めるという奇妙な状況となっている。

そして、イスラエル全面支持の政策は、中東のさまざまな課題に悪影響を与えてしまっている。シリアの影響力を排除して成立したレバノンのシニオラ政権にとってアメリカの支援は最大の権力基盤である。しかし、ヒズブッラーの威信上昇とアラブ諸国全体での反イスラエル・反米の機運の高まりの中で、ライス米国務長官との会談でも対立を明確にし、決裂せざるを得なかった。

同様の事象はイラクにも生じている。アメリカに依存するイラクのマーリキー首相は七月下旬の訪米の際、ヒズブッラー擁護の発言を行なうしかなく、米側の非難に気勢を削がれて帰国した。逆にアメリカは、シリアに対して水面下でヒズブッラーへの影響力行使を依頼せざるを得ず、ヒズブッラーを背後で操るとされるイランの存在感は増している。

レバノン危機へのアメリカの政策は、重要な同盟のパートナーを軒並み弱め、敵対勢力を強めるという効果を及ぼしている。「超大国による一極支配」「単独行動主義への反発」以前に、中東政策の整合性や実現可能性、個々の目標を達成するアメリカの能力に信頼を置ききれなくなっているところが、中東をめぐるアメリカと西欧諸国の間の齟齬の中核となっている。

「対テロ戦争」というブッシュ政権の至上命題にも、レバノン危機が悪影響を与えることは確実である。レバノン情勢は、イスラーム教の世界観からの「正当なジハード」が行なわれる状況と認識され、ウサーマ・ビン・ラーディンをはじめとする反米国際テロの指導者たちが従来から主張してきた「テロは米国の偏った中東政策に対する当然の帰結」という見方が真実味を帯びてくる。

アメリカがこの件で西欧諸国から孤立しているという印象は、いっそう反米テロ組織を刺激するだろう。英米間の航空機爆破テロを計画した集団が八月一〇日に摘発されたのは、この動きを未然に防いだものといえようが、同様のテロは組織的つながりなしに、今後も自発的に各地で生じる可能性がある。

2006・9・10

「痛み分け」で終わったレバノン紛争の希望と危惧

【カイロ発】 七月半ばから八月半ばにかけてイスラエルとヒズブッラーの間で行なわれたレバノンでの大規模な戦闘によって、レバノン政治と中東の地域秩序にはどのような変化がもたらされたのだろうか。停戦後の外交や内政の動向を含めて、まとめてみたい。

バランスを取るシニオラ政権

まず、この戦闘で勝者は誰だったのか。アラブ諸国の世論では「ヒズブッラーが勝った」ということになっている。アラブ民族主義者は五〇年前の英雄故ナセル・エジプト大統領と並べてヒズブッラーの指導者ナスラッラーの写真を掲げた。

当のレバノンでは話はそう簡単ではない。ヒズブッラーにとっては確かに「大勝利」だった。レバノンの多くの勢力が、少なくとも表向きは反イスラエルの立場でヒズブッラーへの支持を表明せざるを得ず、一般市民の被害に対して国際的に非難が高まり、国内外のモラル・サポートの獲得という意味で完勝である。これによってアラブ域内での威信をこれまでになく高め、レバノン内政での地位を上昇させただけでなく、二〇〇五年二月一四日のハリーリー元首相爆殺をきっかけに反シリア・親欧米路線が「三月一四日連合」に結集し優位に立っていたレバノン政治の流れを一気に変え、イスラエルとの武力紛争を内政の主要課題とするようにレバノン諸勢力を追い込んだ。

イスラエルとの紛争が主要課題である限り、ヒズブッラーの正統性は揺るがない。そもそも二人の兵士の拉致でイスラエルの大規模攻撃を惹起しただけでも、ヒズブッラーにとっては予想外の成果だった。さらにイスラエルの攻撃を一カ月間持ちこたえ、侵攻するイスラエル部隊に一定の打撃を与え、ロケット弾を発射し続けてイスラエルの市民生活を脅かしたことで勝利の印象を強めた。

しかし、レバノン国家としては、一方的に国土が破壊された状態を「勝利」とは呼べない。あくまでもヒズブッラーにとってのみの政治的威信の高まりやモラル・サポートの獲得という意味での勝利でしかない。不要な挑発でイスラエルとの全面対決をもたらし、レバノン国民と経済を破滅の危機に追い込むことでヒズブッラーのみが「勝利」を主張することは、現政権の中核にいる反シリア派にとって好ましくない。故ハリーリー元首相の息子で「未来潮流」派閥を継いで「三月一四日連合」を主導するサアドッディーン・ハリーリーは、七月一二日の紛争勃発当初は、ヒズブッラーがレバノンを戦争に引きずり込む、と非難した。しかしその後、イスラエルの大規模な攻撃が生じ、ヒズブッラーが有効に反撃しているという印象が広まると、沈黙せざるを得なくなった。

イスラエルがヒズブッラーの施設だけでなくレバノン全土の広範なインフラを攻撃対象にした以上、どの勢力もヒズブッラーの武装闘争を支持してみせるしかない。その意味で国連安保理決議一七〇一による停戦は、シニオラ政権と、その中心的基盤であり、ヒズブッラーと緊張関係にある「三月一四日連合」にとって助け舟となった。

停戦合意後のシニオラ政権は、ヒズブッラーへの牽制と宥和・取り込み両方を繰り出してバランスを取っている。ムッル国防相は八月二〇日、「もし南部レバノンからロケット弾を発射する勢力があれば、イスラエルに攻撃の口実を与える裏切り者として軍事法廷で裁かれる」とまで言い切ってヒズブッラーの挑発と戦闘再開を牽制した。一方で、シニオラ首相は同日、ベイルート南部のヒズブッラー支配地域をシーア派のナビーフ・ベッリー国会議長と共に訪問し、イスラエルの爆撃を「人道に対する罪」と非難してヒズブッラーに同調し、八月三〇日には「レバノンはイスラエルと和平を結ぶ最後のアラブ国家となるだろう」と述べて対イスラエル強硬姿勢を競っている。しかし九月七日には、ハリーリーら「三月一四日連合」の指導者が会合を開き、「ヒズブッラーはレバノンの人々の命、村と財産を守れなかった」と、その「勝利」に疑問を呈した。

ヒズブッラーはレバノン内戦終結の基本枠組みである一九八九年締結のターイフ合意を遵守すると表明し続けることで、既存の政治体制の内側におさまる意思を示している。しかし同時に、レバノン政府が戦闘においても停戦後の国家再建についても無能である、と繰り返し非難し、軍事だけでなく行政能力も誇示している。また、シニオラ政権に対して、ヒズブッラーの武装解除に関するいかなる言及もしないよう警告。「レバノン国軍に編入」という選択肢について言及することも厳しく牽制しており、これについてレバノン政府はノーコメントで通している。

長期的には意味深い出来事に

「ヒズブッラーの掃討」という当初掲げた作戦目標をほとんど果たせずに戦闘を停止したことは、イスラエルの威信を傷つけた。オルメルト政権にとっては、これ以上兵士に犠牲が出れば労働党などとの連立政権が揺らぐ可能性もあり、直接の軍事的被害よりも内政上の制約から、軍事行動の続行は困難となった。

ただし、国家安全保障上の戦略目標については、安保理決議一七〇一によって、かなりの成果を得ている。決議によりレバノン国軍の南部レバノン展開がなされ、それを支援する国際部隊の派遣も取り付けたことにより、「ヒズブッラー掃討」という目標を長期的には達成するための条件を整えた。

ただし、一七〇一は完全履行されないことを見越して採択され、実際、選択的に履行されている。ヒズブッラーはレバノン政府との間で、武装解除を実行しないという内約が成立した上で安保理決議一七〇一を受け入れており、フランスやイタリアをはじめとするEU諸国も、ヒズブッラーの武装解除を任務としない（イスラエルの違反に対する強制行動もとらない）ことを確認した上で部隊派遣に同意した。

従って、イスラエルの抱える安全保障上の危機が解消されたわけではない。しかしレバノン国軍の展開と国際部隊の監視が適切に行なわれ、ヒズブッラーへの武器の補給が断たれれば、やがてはヒズブッラーの軍事力は削減されていくことになる。

アメリカにとって、ヒズブッラーの伸張を許し、中東介入の限界が明確になったと受け止められることは、中東政策全体にとって不利が大きい。現に、アラブ諸国の反米世論は勢いづいた。

とはいえ、今回の停戦決議で、名目だけだった従来のUNIFIL（国連レバノン暫定軍）を大幅に拡張し、実効性のある規模にしたことは、イスラエル・レバノン間の紛争解決に向けて大きな一歩となった。その意味ではどちらかの「勝利」というよりも、双方が軍事・戦略的能力を試した上で、結果的に和平への新たな枠組みに至った「痛み分け」というべきなのかもしれない。

もちろん停戦違反に対する強制行動を行なう権限や意思が明確ではないUNIFILには限界があり、双方に停戦の意思が薄れれば枠組みを維持する強制力を持ち得ない。きわめて脆弱な停戦である。

しかし、ヒズブッラー問題を多国間主義で解決する可能性を示したことは、目に見える戦闘や破壊よりも長期的には意味深い出来事となりうる。ブッシュ政権の中東政策に距離を置いてきたフランス、イタリア、スペインの諸政権が主体となって国際部隊を派遣し、中東域内で例外的にイスラエルとの関係強化を図るトルコやカタールも加わるという形式は、将来に希望を持たせる。

レバノンでの戦闘のあおりを受けて、パレスチナ問題は一時的に国際社会の関心を失った形である。だが、ハマースとファタハが挙国一致内閣を編成することで、海外からの援助再開と行政の正常化を探る動きが進む。すると、ヒズブッラーの「勝利」で勢いづくパレスチナの過激派は連携を妨害しようとするだろう。末端が再び衝突を激化させれば和平交渉の再開はいっそう遠のく。

ただし、ヒズブッラーの伸張が常にイスラエルをめぐる和平に悪影響を与えるとは限らない。ヒズブッラーに敵対するレバノン国内勢力にとっても、イスラエルとの和平交渉を進めるに当たって、ヒズブッラーが提供する抑止力が有利に働くとの期待はある。

また、ヒズブッラーの「勝利」が、中東全体でのシーア派の政治力の伸張や、アラブ諸国内部でのシーア派とスンナ派の紛争につながりかねないとの危惧もある。

少なくともレバノンでは、ヒズブッラーの伸張を政治秩序に組み込むことが依然として可能とみられ、ヒズブッラーもこれに同調している。しかしスンナ派が支配的なアラブ諸国では、シーア派の伸張に対して警戒が高まり、様々な憶測も流れる。エジプトでは八月末に著名な説教師ユースフ・カラダーウィーが講演で、シーア派がイスラーム教徒の社会の分裂を試みている、と非難したことが話題を呼んだが、この問題に言及することはかえって対立を煽ることになるため、慎重な対応を求める声も上がっている。こうした動きにも引き続き注意を払う必要がある。

2006・10・15
ローマ法王発言とパムクのノーベル文学賞

二〇〇六年九月一二日にローマ法王が南ドイツのレーゲンスブルク大学で行なった説教をめぐって、イスラーム諸国と西欧諸国の間では、激しく緊張したやり取りが交わされた。二〇〇五年末から〇六年三月にかけて吹き荒れたムハンマド風刺画非難の嵐が静まってから半年もたたない頃である。「イスラーム」をめぐるトラブルの頻度は確実に増している。

まず、ローマ法王の発言そのものを検討してみよう。「信仰、理性、大学――回想と省察」と題された説教は、かつて教鞭をとっていた大学ということもあってか、率直な問いかけや、学術的な課題設定と論理展開が特徴的である。テーマはキリスト教神学の最大・永遠の課題と言っていい「理性と啓示の適切な関係」である。

問題となったのは、一三九一年の冬に、アンカラ近郊で、ビザンツ皇帝マニュエル二世パレオロゴスと一人の「ペルシア人の賢者」の間で行なわれたとされる会話を引用した部分である。皇帝自身が、一三九四年から一四〇二年にかけてオスマン帝国軍によってビザンツ帝国の首都コンスタンティノープルが包囲されていたさなかにこの会話を記録したとされる。

〈皇帝はコーランの第二章二五六節「宗教に強制なし」という章句を知っていたに違いない。専門家によれば、この章句はムハンマドがまだ勢力が弱く、脅威にさらされていた時期のものだという。当然のことだが、より後の時代に発展してコーランの中に書きとめられた聖戦に関する規定についても、皇帝は知っていた。〔異教徒のうちユダヤ教徒やキリスト教徒のような＝引用者注、以下同じ〕「啓典」を持つものと、そうではない「不信仰者」〔多神教徒・偶像崇拝者を指す〕との間に〔イスラーム教で〕設けられている区別といった細部には踏み込まず、皇帝は対話の相手に向かって、宗教と暴力との一般的な関係についての核心の課題を、衝撃的なまで露骨に問いかける。この露骨さにはわれわれも驚かされる。皇帝は「ムハンマドがもたらしたものに何か新しいものがあるのか、見せてみろ。邪悪で非人間的なものしかないのではないかね。ムハンマドが信仰を剣で広めよと命じたように」と問うた。かくも強硬に自説を展開した皇帝は、信仰を武力で広めることがいかに理にかなっていないか、詳細に論じた〉

実際の発言を検討すると、法王の発言はかなり周到であることがわかる。法王はまず、「イスラーム教は平和的である」という主張の際にほとんど常に用いられる、『コーラン』第二章第二五六節の「宗教に強制なし」という文言を引用した上で、この章句より後に下された啓示では、異教徒との聖戦を命じる文言が現れるという矛盾を突く。法王は言及していないが、イスラーム神学上の支配的学説では、後の時代に啓示された章句がそれ以前に啓示された章句より優先される、という「廃棄（naskh）」の原則が確立されている。平和的な宣教を命じたと解釈できる章句は、聖戦を命じた章句によって「取り消された」と解釈する説がイスラーム神学上は支配的なのである。

このことをおそらくローマ法王は熟知しているだろう。イスラーム世界のウラマーにせよ、平信徒にせよ、聖戦を批判する異教徒に対しては、「宗教に強制なし」という章句を持ち出すことによって「イスラームに対する無知」を論難して批判の矛先を逸らし、逆に非難に転じることが常である。これに対してローマ法王は、自ら先に「宗教に強制なし」という文言があると言及して、「それにもかかわらず」聖戦を命じる章句が存在し、それに依拠して異教徒に対する攻撃を正当化する者がいるという点を問題にする。イスラーム教徒側が多用する論点逸らしの論法をあらかじめ封じているのである。

そして、ムハンマドが指揮した初期の征服と支配下の宣教にせよ、オスマン帝国の度重なる軍事遠征と占領にせよ、イスラーム教は軍事的支配下で広まってきた、という歴史的事実にローマ法王は目を向ける。

西欧キリスト教世界が繰り出した十字軍については、現代の歴史認識では「悪」とされ、先代のローマ法王も謝罪を迫られた。一方で、イスラーム教徒側の征服は、イスラーム教への改宗をまず要求するという「正当な手続き」を踏み、それに従わない「不当な」勢力を討伐していった正しい行ないとされる。謝罪どころか、宗教の敵を打倒したものとしてイスラーム諸国で認識され、教えられ続けている。

これについて異教徒の側から言及することは、イスラーム教徒との「対話」においては禁句である。特にムハンマド自身が指揮した戦闘については、イスラーム教徒側のいかなる非も認めないのが現実である。これを認めさせようとすれば、重大な敵対行為とみなされてしまう。ローマ法王は、「率直な対話」のあるべき姿として、この問題にすらも触れられるようにならなければならない、という希望を、自分自身の言葉ではなく、一四世紀のビザンツ皇帝の言葉を借りて表明する。

ローマ法王の発言は、イスラーム教と異教徒の関係をめぐる問題の核心を衝《つ》いている。問題は、政治的な準備なく、思想的な核心を衝き過ぎてしまったことだろう。西欧諸国の場合は、キリスト教会の非を追及したところで、暴動が起こるわけでもなく、そういった行動を正当化する規範も法体系もない。しかしイスラーム諸国の場合は、ムハンマドをめぐる事跡の絶対善としての性質、イスラーム教の至高性・優越性に関して異教徒、ましてローマ法王が少しでも疑うとみなされる発言をすれば、「イスラーム教に対する挑戦」として、これを打倒することは全ての信徒にとってイスラーム法上の義務となる。これに各国の政権や司法は介入しにくい。それどころか各国の首脳は率先して非難の声を上げた。

結局のところ、イスラーム教の圧倒的多数の解釈において宗教的な自由主義がほとんど存在しない現状では、キリスト教徒側からの批判的問いかけに応えて対話が成立することは予想できない。単に「誤謬《ごびゅう》」として撤回を求められるか、「確信犯」の「攻撃」とみなされ懲罰を科されるかのいずれかである。この事情を踏まえれば、ローマ法王発言は政治的に不適切というほかない。故国の教壇に法王として戻ってきて、つい気が緩み、本音を吐露してしまったのだろうか。

しかしさらに重要なのは、法王の発言が政治的に軽率であったという認識と共に、その論点や指摘している事実自体は西欧諸国の多数にとって大いに納得のいくものであったことだ。だからこそ、ローマ法王発言に対する西欧諸国の世論の支持は底堅い。「政治的配慮には欠けたが、事実を言った」というのが西欧の反応の最大公約数と言える。

他者の発言を、衆を頼んだ抗議行動によって圧伏し、有無を言わさず撤回と謝罪のみを要求するという近年のイスラーム諸国側からの「対話」の方法が、西欧諸国の基本的な価値規範から見て承服しがたいことはいうまでもない。ローマ法王発言をめぐる西欧側の反応で明確になったのは、「イスラーム教も他の宗教と同列に批判や議論が可能になるべきだ」という原則が確認された上で、「しかし現実として大多数のイスラーム教徒はそのような批判も議論も認めない」という冷厳な事実への認識が一般市民から知識人の間にも広がっているということだ。これはトルコのEU加盟に対する根強い否定的世論を根本で支える認識でもある。

東西の「架け橋」への期待から

ローマ法王発言からちょうど一カ月の一〇月一二日にノーベル文学賞が発表された。受賞者はトルコ人のオルハン・パムクであった。

近年のノーベル文学賞は、政治的メッセージとしての意味合いが色濃い。受賞者選定の政治的意図が明かされることはないが、そのメッセージは確かに内外に読み取られていく。パムクは『わたしの名は紅《あか》』『雪』といった作品で、イスラーム教の価値規範に基づくトルコ社会が近代世界において直面する摩擦をテーマとしてきた。障害や摩擦を不当なものととらえるのではなく、あくまでもその挑戦を乗り越えて西洋近代の価値と原則をトルコが内在化していくことを遠望する立場である。最近はオスマン帝国末期の第一次世界大戦中に行なわれたアルメニア人の虐殺をトルコが認めていないことに異を唱えて、トルコで一日訴追されてもいる（イスタンブル地裁は理由を明らかにせず、訴訟打ち切りを決定）。

ムハンマド風刺画やローマ法王発言に対するあまりに威圧的な反応によって、西欧諸国でのイスラーム教への歩み寄りの機運は力を失った。一方イスラーム諸国での「神の啓示」への確信はこれらの事象を契機にいよいよ高まっており、強硬な要求は今後もあらゆる機会をとらえて行なわれるだろう。

この状況下でのパムクへのノーベル賞授与は、東西の「架け橋」となりうるトルコの西欧派知識人へ、西欧の知識人から期待を表明し、支援の手を差し伸べたものといえる。ただしその「手」は、あくまでも橋を渡って（ヨーロッパにとっての）「こちら側」に来たパムクに差し出されている。首都アンカラを擁するアナトリア半島ではなく、海峡を渡ったヨーロッパ側に位置し、かつて東ローマ帝国の首都コンスタンティノープルであったイスタンブルという都市への帰属意識をパムクが明確にしてきたということも象徴的である。

ローマ法王発言も、パムクへのノーベル文学賞授与にしても、価値規範を異にする異文化間の息詰まるような交渉である。そこで散る火花は直接的な戦火よりも場合によっては激しい。

2006・11・12

「絶対の真理」への傾斜で薄れゆく「知の共通項」

［カイロ発］ エジプトに行くのは今年に入ってもう三度目である。勤務先（国際日本文化研究センター）が日本研究を海外に広めるという使命を帯びているため、年に一度大規模な学術大会を外国で開く。今年は日本との学術交流が少いアラブ諸国に出向くことになった。

アラブ諸国である程度まとまった日本研究の制度を持つのはカイロ大学の文学部だけである。一九七三年の第四次中東戦争に際して、日本はアラブ産油国によるボイコットを受けた（石油危機）ことから、対アラブ文化交流の拠点として、日本側が働きかけて日本語日本文学科が開設された。日本から常時教授や教員を送り込み、卒業生に奨学金を与えて日本に招き学位をとらせてカイロ大の教員にして戻すなど、国際交流基金など日本側が丸抱えのようにして育ててきた。その後も日本に呼んで便宜を図るなど、きめ細かな配慮がなされている。しかし成果は砂漠に如雨露で水をやるようなもの。とはいえ、水を絶やすわけにはいかない。

そもそもエジプトに日本学科を作ったところで、ペルシア湾岸の産油国に直接影響は及ばない。かといって七〇年代の湾岸諸国では初・中等教育すら整備の途上で、高等教育機関などほとんど存在していなかった。二〇世紀を通じて、アラブ諸国の中で他に先んじて、どうにか国民教育を整備しようとしてきたエジプトは、アラブ世界との文化交流の受け皿としてほぼ唯一の選択肢である。

しかしエジプトのような非産油国では、教育機関が大衆化して膨れ上がり、質が低下している。カイロ大学は学生総数が三〇万人以上といわれる。文学部だけで二万五〇〇〇人。哲学科に毎年一〇〇〇人以上の学生が入学するような施設を「大学」と呼ぶことが適切かどうか、私には分からない。ましてや「東京大学」と同列に「最高学府」などと考えると対象を大きく見誤ることになる。給与が安いため、客員研究員・客員教授といった立場で海外に出稼ぎに行って留守にする教員が多く、助手や非常勤講師が適当な授業でお茶を濁している。

アラブ諸国では、「大学」といった我々が馴染んでいる言葉を同じく用いている場合でも、内実はまったく別物であることが多い。しかし外交も文化交流も、相手側の社会水準や、相手が日本に対して持つ関心や求めるものに応じた形での関係しか、やはり築きようがないのである。遠回りなようであっても、ひとつひとつ積み重ねていくしかない。

日本研究が成立する条件

二日間の研究大会の間、カイロ大学では処々に横断幕が張り巡らされていた。一行目から、「学長、文学部長……」と延々と有力者の名前が大書され、それらの「庇護の下に」、日本研究の大会が開催されると記されている。これはアラブ諸国の定型で、イベントはどれも有力者の「庇護の下に」行なわれる。日本側が求めているのは、エジプトとアラブ諸国の日本研究の水準を示し、発展させるための研究発表の場なのだが、エジプト側の関心事はいかに「有力者」の名前をそろえるかにあり、発表の準備はそっちのけである。最近はムバーラク大統領夫人の「庇護の下に」行なわれる行事がむやみに多い。国民を啓蒙するという「読書週間」が長期間（ほとんど一年中）宣伝され、政府が補助金を出して廉価で大量に配布する書物の背表紙にはもれなく大統領夫人の顔写真がつく。

これは中東の政治文化の自然な帰結である。何事もトップとまず話をつけなければ、学会すら開けない。そのためにトップとの「仲介者」が暗躍し、互いに足を引っ張り合うのでトラブルも多い。人物と人間関係相関図を見分ける眼力が必要となる。

無事に学長と学部長がオープニング・セレモニーに現れて挨拶をし、それに合わせて著名な教授陣や有力者が来場し、それを目当てに観客が詰め掛けたことで、エジプト側にとって大会は大成功となった。

その後の研究発表について、ここで記すのは適当ではないと思われる。しかし一点だけ述べておこう。私見では、日本国外での日本研究というものは、いわば「ポストモダン」の状況が社会の一部分にでも出現していなければ成立しない。近代化で目指すものをおおかた達成し、その先に何かを求める個々人が、ふとこの極東の小さな、極端にきめ細かな文化と社会に目を向ける。社会全体におけるかなりハイレベルの知的水準と、政治・経済的余裕を要求する分野なのである。残念ながら、現在のアラブ諸国にそのような意味での日本研究を行なう環境は成立していない。

アレクサンドリアの老碩学と

カイロ大学での研究大会の終了後、日本側の参加者のみを連れて、地中海岸の海港都市アレクサンドリアに移動した。ここにはユネスコの援助で二〇〇二年に建てられたアレクサンドリア図書館がある。失われた古代図書館の「復活」を銘打ったこの図書館で会場を借りて、アレクサンドリア大学教授でギリシア・ローマ史が専門のムスタファー・アッバーディー氏を招き、講演とディスカッションを行なった。

アッバーディー教授はヘレニズム文化のエジプト側での発展、特にアレクサンドリアの歴史に詳しい。一九二八年生まれでもう七八歳になるが、今も大学でゼミを受け持っており、記憶力も衰えていない。同大学の英文学教授だったアッザ夫人と共に、五〇年から英ケンブリッジ大学に留学して博士号を取った。夫婦ともども美しく明晰な英語を話す。

エジプトでは、五二年の「自由将校団」のクーデタと革命で王政が倒れた。ご夫妻はそれ以前の自由主義・立憲王政の時代に教育を受けた西欧化知識人の最後の世代である。その後の大学は、特権階層の排他的な場から、失業対策の若者収容所に転じた。

アッバーディー教授の『古代アレクサンドリア図書館』は日本語にも訳されている。手堅い文献学の成果の合間に、味わい深いユーモアが顔を覗かせる。たとえば、紀元一世紀末のパピルス文書に残る学生の手紙の引用である。アレクサンドリアの学院で学んでいた青年が、上エジプト（ナイル川上流地域）の故郷にいる父に宛てて手紙を書いた。世界の知の中心とされたアレクサンドリアにやってきたものの、青年は当地の学問の状況を嘆く。「無駄な、そして高額な授業料を払うだけで、先生から得るところなど何もありません。自分自身しか頼る者がないのです」。中でもディディムス某という教師について「私ががっかりしているのは、かつては田舎の教師に過ぎなかったこの男が、ほかの教授陣と比べて別に遜色ないと考えているってことなんです」(モスタファ・エル＝アバディ『古代アレクサンドリア図書館』松本慎二訳)。

いつの時代にも変わらないせせこましい大学の風景である。しかしこのように人間性の普遍的なあり方を、その愚かさを含めて突き放して見つめる視点を共有できる人物が、エジプトには少なくなった。そのことは、ヘレニズムが最初にもたらし、近代に再認識された人間主義が、この地域で再び後退していることを、おそらく意味するのだろう。エジプトをはじめとするイスラーム諸国は現在、近代とその人間主義を「超克」し、イスラーム教のいう「絶対の真理」への確信を強め続けている。

アッバーディー教授ご夫妻の家は何度か訪ねたことがある。講演の翌日も、午後の紅茶のひと時に招かれた。訪ねるたびに、応接間から居間に飾られた写真や絵画、骨董品の由来を少しずつ聞き、書き留めておく。家族の写真が、一九世紀から二〇世紀初頭にかけてのアレクサンドリアのコスモポリタン文化を物語る。

夫妻の趣味と経験から選ばれた調度品の中に、一九五〇年にロンドンで買ったという、市川海老蔵の役者絵があった。ここで描かれる海老蔵は目を凝らして巻紙を読んでいる。アッザ夫人は、年来、その巻紙の材質を知りたがってきたという。日本を一度も訪れたことのないアッバーディー教授夫妻とは、西洋近代の知を共通項として、互いにそこから興味の触手を少し先に伸ばすことで、容易に対話が成立する。

しかしエジプト革命後の世代、そしてさらに若いイスラーム教への回帰の世代との間では、この共通項は薄れゆくばかりである。

書斎の窓からはアレクサンドリアの港と地中海が一望できる。アッバーディー教授は自分のソファから立ち上がり、私を座らせた。古代に世界の七不思議の一つと謳《うた》われたファロスの灯台の跡地にマムルーク朝期に建てられたカーイト・ベイの城砦が、ちょうど視界に入る。

「この窓からの景色も写真に撮っておきなさい」と教授は言う。「これはもうすぐ見られなくなる。向かいにビルが建つことになった」

2006・12・10

米国イラク調査グループの重要かつ初歩的な提案

ベーカー元国務長官とハミルトン元下院議員が共同代表を務め、米政界の長老的な有力者たちが超党派で名を連ねた「イラク調査グループ」の報告書が二〇〇六年一二月六日に発表された。本文と資料で一四二頁。九六頁ある本文は現状認識と政策提言の二部に分かれている。政策提言の部はイラクをめぐる周辺国との外交的協調や環境整備を求める「外部からのアプローチ」(一八の提案)と、イラク政府の統治能力向上の方策や米国の対イラク関与体制の刷新を提唱する「内部からのアプローチ」(六一の提案)からなる。

グループが発足したのは二〇〇六年三月だったが、当時はそれほど注目されてはいなかった。一一月の米中間選挙に際してブッシュ政権のイラク政策に対する批判の民意が想像以上に明確に表出されたことによって、急速に重要性が増した。これが直接にブッシュ政権のイラク政策や中東外交の今後の方向性を決定づけるものではないが、米国のイラク政策の、党派的な思惑を極力排した公平な現状評価としての精度は高い。今後の対イラク・対中東の政策論で一つの基準・試金石となるだろう。

何よりも重要なのは、この報告書の発表に多大な注目が集まったという事実そのものかもしれない。「多くのアメリカ人は、単にイラクの情勢について不満なだけではない。イラクをめぐる我々の政治の議論のあり方に不満なのだ」という冒頭の一節には、報告書作成メンバーだけでなく、これを受け止める国民に広まる苛立ちが表出されたといえよう。

イラクをめぐっては、激しい意見対立があるというだけではない。アメリカの民主主義の制度そのものにダメージが与えられかねない経緯があった。イラク大量破壊兵器問題に顕著なように、議論の基礎となる根本的な事実すらも、党派的利害によって左右されてしまった。イラク情勢やイラク政策の成否よりも、それらをめぐる合理的な議論が成立せず、その間に事態が悪化するという状態への憤りが、報告書を提示した長老たちの間にも、それを報道する米メディアにも共有されていた。

「協調的幕引き」の模索

提言の一つ一つは極端なものではない。全体の方向性を概観すれば「イラク問題のイラク化」を打ち出したものといえる。「ヴェトナム戦争のヴェトナム化」と同様の敗北シナリオと受け止められかねないがゆえに「イラク化」といった表現はないが、実質はそれに近い。穿《うが》った見方をすれば、反戦・撤退論や敗戦責任論がその後の米政治に多大な傷跡を残したヴェトナムの轍を踏まないよう、党派を横断した協調的幕引きの道筋を模索することこそが、報告書の真の目的といえるかもしれない。

中東政策全般については、「介入による根本的解決ではなく、外交・国際会議による現実的妥協」を提唱していると要約できる。イラク問題の解決を可能にする国際環境を整えるため、サウジアラビアやヨルダン、エジプトといった米国と協調する国だけでなく、シリアとイランを含むイラク隣接のすべての国による「国際イラク支援グループ」を糾合することを提案している（提案五）。これは、一九九〇年のイラクによるクウェート侵攻から翌年の湾岸戦争にかけて、ベーカー国務長官のシャトル外交によって形作られたフセイン政権包囲網の再結成を思わせる。

ブッシュ政権の民主化圧力のもとで、〇五年二月のハリーリー元首相暗殺事件をきっかけに、レバノンの反シリア勢力の結集と大規模な大衆動員がもたらされ、湾岸戦争時にまさにベーカー外交によって黙認されたシリアによるレバノン支配に、いったん終止符が打たれた。しかし〇六年夏のヒズブッラーとイスラエルの戦闘でヒズブッラーが優位に事態を展開させたことにより、レバノンをめぐるシリアと欧米諸国の間の勢力バランスは、再びシリアに大きく傾きかけている。現在はヒズブッラーによる大衆動員が、親米・反シリア勢力が優勢のシニオラ政権を退陣の淵に追い詰めている。この情勢を武力で押し留めることは有効でなく、イラクで米国が足を取られている以上は不可能であるという現実認識から、多国間協調の枠組みにシリアを取り込むことでこれ以上の勢力伸張を抑制する、という目算を報告書は示す。シリアも乗ってくる可能性が高い。

そもそもベーカーやその配下のジュレジアン元駐シリア大使（この報告書作成にも助言している）とシリア現政権との水面下での交渉チャンネルは一貫して維持されてきたものとみられる。

しかしイランについては、イランのイスラーム革命政体をめぐる対立が問題の根源である以上、双方の歩み寄りは難しい。イラン側が優位な情勢下で折れるとも思えない。

最も注目されたのは米軍の撤退期限をめぐっていかなる提言がなされるかだった。即時撤退、あるいは明確な期限を切った撤退が盛り込まれることもありうるという憶測が流れたが、報告書はどちらも採らなかった。また、逆に一時的に部隊を倍増させて打開を図るという案も、「現状維持」も全て退けている。

その代わりに報告書では、「二〇〇八年の第1四半期まで」に戦闘部隊がイラクから撤退するという目標・目安を設定する。それまではイラク人部隊の中に米軍要員を組み込み、戦闘支援や能力向上を行なっていく、というのが代案の骨子である。

報告書は米軍の撤退を可能にするイラク内部の条件整備を求めていく。イラク政府に民族や宗派、派閥を横断する「国民和解」を推進するよう求め、国民和解の動きをアメリカが支援するよう提唱する。ここで重要なのは、イラク政府の側により大きく責任を負わせていることである。即時撤退・撤退期限設定への反対と同様、あるいはそれ以上に強調されるのは「イラク政府に対して無期限に部隊拠出を約束する」ことへの反対である。それは「イラク政府にとってのインセンティブにならない」とし、「もしイラク政府が実質的な前進を見せない場合、米国はイラク政府への政治的、軍事的、経済的な支援を削減する」(提案二一)とまで通告している。

アメリカによって行動を制約され、一方で「アメリカの傀儡《かいらい》」と批判されてきたマーリキー政権からいえば、「梯子をはずされた」感がある。米国の後ろ盾を得て確保されていた影響力も失いかねない。

文民行政官の確保という難題

こういった対外政策の方針転換をめぐる議論から抜け落ちがちなのは、現場で誰がどうやってその政策を実施するか、という問題である。イラク問題を「軍事的手段だけでは解決できない」というコンセンサスはできてきたが、そこから「いかに軍を撤退させるか」の議論に終始してしまえば、解決策を示したことにはならない。

実際のところ米国のイラク政策の教訓とは「多数の文民行政官による大規模な統治・行政能力支援なしに、政権転覆後の国家再建は不可能である」という、当たり前の事実に過ぎないのではないか。文民による統治・行政能力支援は多岐にわたり、軍事や治安能力の向上よりもはるかに困難な作業である。イラク統治の失敗は、行政官や外交官がやるべき仕事までも軍人・将校が代行せざるを得なかった（あるいはそれもなされず放置された）ことが最大の原因ではなかっただろうか。そして、そもそもそのような任務を遂行しうる行政官を、米国であっても必要な数揃えることはできないという事実がイラク統治を通じて明白になった。

報告書は、末尾近くに至って、ささやかにこの点に言及する。「アメリカ人の（イラクの）言語と文化に関する理解力の欠如がハンディキャップとなっている」。驚くべきことに、「アメリカ大使館の一〇〇〇名の要員のうち、アラビア語を話す者はわずか三三名で、そのうちやっと六名が流暢に話すに過ぎない」という。

しかし必要なのは言語能力だけではなく、行政手腕を兼ね備えた人材である。イラク統治に必要なアメリカ人文民行政官を簡単に確保できないのは、当然のことである。

この根本的問題への対策は、きわめて具体的であり初歩的である。国務省・国防総省に「言語能力向上・異文化習得」のための教育を要求し（提案七三）、「短期的には、イラクでの重要な文民ポストに志願者を得られない場合には、命令による配属によって満たさなければならない」という（提案七四）。官僚の徴発に等しいこの施策が実施可能なのかどうか分からないが、代償として提案される「イラクに配属されている軍人に認められている、免税等の措置」では、イラクでの不慣れで危険な任務を納得させるには弱いだろう。

「長期的には」イラクやアフガニスタンの再建プロセスのような、複雑な任務を遂行する能力を高める訓練（提案七五）や、専任部隊の創設（提案七六）を提案する。国家再建という任務に特化した文民の「特殊部隊」創設といえようが、実際に編成するのは容易ではない。イラクの混乱が進み、撤退論のみが注目を集める現状では、忘れ去られた項目になりかねない。

2007・1・15

フセイン処刑に表われた「イラク流」の政治

二〇〇六年一二月三〇日にサダム・フセインが処刑された。二六日の有罪確定を経て、この日早朝に米側から身柄を引き渡された直後の処刑だった。

フセイン処刑については、欧米や周辺アラブ諸国での議論が喧《かまびす》しい。その拙速さをいぶかしむ声や、裁判と処刑がシーア派による「私刑」と「復讐」の場になってしまったという批判である。それに対してイラクのマーリキー首相が「国内問題だ」と強硬に反論する事態となった。

結論から言えば、フセインの裁判と処刑は、失墜した権力者への「イラク流」の処罰と、国際的に公正とみなされる裁判手続きとの折衷となり、どちらの効果も曖昧となった。そして、判決と引き渡しから時をおかずに処刑したという経緯や、死刑執行の場にシーア派勢力のスローガンを叫ぶ集団がいたことは、結局は新たな権力者による旧権力者の処断というやり方に、かなりの部分依拠せざるを得なかったといえよう。

政権のジレンマを体現

まず、西欧諸国の、死刑制度そのものに原理的に反対する立場からの批判については、次元の違う問題というほかない。死刑を否定する価値観がイラクに行きわたっているとは言いがたい。フセインが死刑にならないのであれば、公正な裁きがなされたと納得する者は、イラクではかなり少なくなる。これはシーア派やクルド人の間では圧倒的な受け止め方だが、スンナ派の住民にしてもフセインの恐怖政治を経験したことに変わりはない。よほど運が良くない限り、政権を失ったフセインが死刑に処されることはやむをえない、ということはスンナ派の住民も共通の前提としている。彼らの批判は、現政権を認めないがゆえにフセインの有罪も認めない、というだけのことである。

一方、フセイン政権の圧政を体験していないアラブ諸国ではフセイン賛美論が提起されやすい。「アメリカ・イスラエルによる処刑」と断定して、イラク人の意思から目を背ける議論が目立つのは、強権政治で似通う各国政権の立場を反映している。だが、アラブ諸国でもフセインを積極的に評価するものは少なく、もっぱら「フセインはアメリカが作った」「フセインが死刑ならブッシュも同罪だ」といった、アメリカの非を批判する対抗言説が多い。アラブ諸国での批判の論点は必ずしも全体として論理的一貫性はないが、民衆向けにはきわめて効果的であり、フセインは反米感情を掻き立てるシンボルとして一定期間用いられるだろう。

なぜイラクがそのような支配者を生んだのか、アラブ諸国がフセイン政権を支持してきたことが延命を許したのではないか、イラクの安定と復興に対してアラブ諸国は何ができるか、といったアラブ諸国の側でも考えてみるべき問いかけは数多いのだが、それらに関心が集まることにはならないだろう。

アラブ諸国の反米言説は、政策としてはイラク復興への非協力・サボタージュ以外にこれといった政策を導かない。マーリキー政権をアメリカの傀儡《かいらい》と非難して排し続けてきたことは、マーリキー政権をイランに接近させる結果を招いた。今後はシーア派の介入を「非難」し、それをもたらしたアメリカを嘲笑することになろうが、事態を好転させるものではない。

ところで、フセインが死刑に値するとしても、裁判は十分になされたか、という問いは可能だ。処刑の理由となった判決は、シーア派の弾圧である。これ以外にも毒ガスを用いたクルド人の弾圧や、イラン・イラク戦争での開戦責任、クウェート侵攻や政敵の粛清といったさまざまな罪状でもフセインは死刑となりうる。だが、フセインの罪を徹底的に明らかにすることはできなかったという批判は残るだろう。

サダム・フセインの裁判と処刑は、マーリキー政権が抱えたジレンマを体現するものだった。それは同時に、ポスト・サダムのイラクの秩序を作ることがいかに困難かを象徴するものでもある。

もしイラクの歴史と政治文化に根ざした最も「納得のいく」やり方を選ぶのであれば、フセインの逮捕と同時に即刻処刑が行なわれるというのが最も自然だっただろう。たとえば、逮捕直後にバグダードの街頭で民衆に引き渡されれば、私刑の上、遺体が人目に晒されることになったと予想される。過去の例に遡れば、一九五八年のカースィム准将らによるクーデタの際には、ファイサル二世国王は暴徒の銃弾に倒れ、摂政アブドルイラーフと首相ヌーリー・アッ＝サイードは群集に残殺された。六三年にクーデタで倒されたカースィムはテレビスタジオで処刑され、遺体の映像が延々と国営放送で放映された。

「遺体が晒される」という目を背けさせる光景も、単に残虐性を、そして「見せしめ」あるいは「侮辱」を意味するものと解釈すると、根本的な意味を見失う。確かにそうした側面はあるが、より根本的な性質は、「前の権力者が死んだことを人々が確認する」ことである。今回の処刑では、警吏が撮影したと見られる映像がインターネットで出回って議論を巻き起こしたが、イラク当局も公式撮影を行ない、処刑直前の姿や遺体は国営テレビで放映されている。

侮辱や見せしめは、前の権力者がもう権力者ではない、という事実を確認する際に付随し、それをより明確に表現するための行為であり、これまでのイラクの政権の移行の際には「必要」な手順として行なわれてきた。多くの中東諸国の権力構造において最高権力者はそれほど恐ろしい存在なのである。前の権力者が辱めを受けているのを目にすることで彼がもう権力者ではないことを実感し、本当に死んだと目で見て納得してはじめて、国民は次の権力者に忠誠を誓うことができるのだ。

フセインにとって最後の幸運は、米軍によって逮捕されたことだったかもしれない。シーア派民兵に捕捉されていれば、即刻の処刑がなされた可能性が高い。法廷で長時間の反論の機会を与えられ、アラビア語衛星放送「アラビーヤ」や米CNNで世界中に中継された。これはイラクの失墜した支配者としてきわめて異例である。フセインは、ティクリート近郊の出生地アウジャ村に葬られた。これもイラクの文脈では、かなりの人道的配慮といえるだろう。

もちろん、アメリカの支援を受け、国際的な国家再建プロセスの中で成立したマーリキー政権にとって、イラク政治史における政権移行の陰惨な光景をそのまま踏襲するわけにはいかない。フセインの裁判の過程は、形式上は公正な手続きを踏んだ。しかし公正な裁判が可能となる社会的・政治的な前提は全く整っていなかった。

実態は、証人も裁判官も、また弁護人も脅迫に晒され身の危険を強く感じる中、罵倒と嘲笑、そして脅迫が交わされる場でしかなく、部族と宗派や宗教イデオロギーに基づく、政党や派閥集団の結束と対抗意識によってしか、フセインの裁判と処刑はなされ得なかった。

前の権力者を裁くための「公正さ」の基準について、イラク社会は合意することがなかった。本来はフセイン裁判と、それに伴ってなされる議論の過程で国民共通の認識を醸成していくことが望まれていたのだが、むしろ裁判の場で露骨な対立と亀裂が表面化する結果となってしまった。

脅威となり得る要素を

とはいえ、フセイン処刑がイラクの治安状況や政治プロセスに与える影響は小さい。一時的にテロが増加したとしても、それがフセインの処刑をめぐるものかどうかはわからない程度だろう。「フセイン」は、生きていて実際に権力を握って国民の生き死にを左右していてこそ、絶大な意味を持つ存在であった。牢獄にあって無力なフセインが持ちえる影響力は小さく、裁判への関心もイラク国民の間では低かった。多くの誘拐が行なわれる中で、フセインの釈放要求を掲げる集団は少なく、フセイン政権復活を目標に掲げて民衆の支持を得ようとする政治勢力がほとんどなかったこともこれを裏付ける。

ただし、処刑された、いわば「安全な」フセインには新たな意味が与えられ、周辺諸国で反米のシンボルとして用いられていくかもしれない。

マーリキー政権にとっては、フセインが生きている限り、脱獄あるいは政治情勢の変化によって再び政権を掌握する可能性が全くないとはいえなかった。その可能性がたとえ一パーセントでも残っている間は、フセインとその支持勢力への恐怖が残り、現政権に対する無言の圧迫や脅威となりうる。マーリキー政権とすれば、フセインを一刻も早く処刑してしまいたかったはずだ。

この処刑によって、治安状況や政治的な混乱にはほとんど変化はないだろう。イラクの現在の問題にフセイン支持派が関与しているのは一部分にすぎないからである。それでもなお、ここで政権への脅威となり得る一つの要素を排除しておくことが、マーリキー政権にとっては重要だったのだろう。

2007・2・10

「価値の闘争」を打ち出したイギリスの危機感

イギリスのブレア首相は『フォーリン・アフェアーズ』誌二〇〇七年一月―二月号に、「グローバルな価値をめぐる闘い」と題する論説を寄稿している。この論説は、九・一一事件以来、そしてイラク戦争や二〇〇五年七月七日のロンドン地下鉄テロ事件以来、何度も行なわれてきた、イスラーム主義による国際テロリズムの挑戦に対して決然と対峙することの必要性を説く演説を集大成したものといってよい。

ブレアが強調するのは、この問題は警察的・行政的な個別的テロ対策のみで解決し尽くせる問題ではなく、根底にある価値観の対立に踏み込んでいかなければならない、という認識である。ブレアの認識によると、宗教的過激主義の奉じる理念と、西欧に端を発して世界に広まった近代的な自由と人権の理念との間にこそ対立が存在し、それゆえ紛争が生じているのであり、この紛争で敗れることは、欧米社会を成り立たせている枢要な価値や規範を譲り渡してしまうことになる。現在争われているのは「政権転覆」ではなく「価値転覆」なのであり、〈究極には近代性をめぐる闘いである〉という。

〈私の見るところ、我々が直面しているのは戦争である。しかし通常とは全く異なる戦争であり、通常の手段では勝利できない戦争である。軍事力だけでなく、価値の水準で勝利しない限り、グローバルな過激派に対する戦いに勝利することはない〉

ブレアがここまではっきりと「価値の闘争」を打ち出す背景には、当然ながら、二〇〇七年夏に予想される退陣を前にして、「レガシー・ビルディング（遺産建設）」に力を注いでいるという側面があるだろう。

冷戦終結後の、「歴史の終焉」とすら一時は喧伝されたほどの多幸感に包まれた時代がわずかの期間しか持続せず、二一世紀の幕開き早々に、近代を通じて普遍的とされてきた価値を根本から否定する挑戦を、イスラーム主義勢力から受けた。その意味をいち早く認識し、批判を恐れることなく正面から取り組んで「西欧が生み出した近代の普遍的価値を守りぬいた」ことを、「ブレア時代」の歴史的意義とする、というのがブレアの目論見だろう。「ブレアは現在の国民ではなく、未来の歴史家にむけて語りかけている」というシニカルな見方も可能だ。また、イラク戦争でブッシュ政権に追随して泥沼に踏み込んだ責任を回避するために問題をすり替えている、という批判も当然、予想される。

しかしそれでもなお、ブレアがイスラーム主義による国際テロリズムとの戦いを「価値をめぐる闘争」と言い切る議論には、問題の本質を射抜いた部分がある。この問題に関するブレアの演説や論説では一貫して、西欧諸国民の側の無自覚への危機意識と焦燥感が表明されてきた。

〈この闘争をありのままの姿で認識さえできれば、それに勝ち抜くための最初の一歩を踏み出し

たことになる。しかし西欧の世論の大部分は、いまだにほんのわずかしか、この問題を認識できていないのだ〉

ブレアが不満を隠さないのは、国際テロリズムの原因は欧米の中東政策だと批判する論調や、思想ではなく貧困など経済的原因に求める議論に対してである。確かに、欧米のブッシュ・ブレア批判論者が往々にして見逃すのは、実際にイスラーム主義勢力の側が宗教的理念に基づく政治思想を構築しており、それが思想史上逸脱とも言い切れず、現実に根深く幅広い支持や尊重を世界のイスラーム教徒から受けており、貧困どころか豊富な資金や技術力を背景にしているといった、きわめて基本的な事実である。イスラーム主義の淵源は少なくとも一九三〇年代には遡ることができ、国際テロリズムが活発化したのも、アフガニスタン攻撃やイラク戦争以前である。欧米は攻撃を「受けて立った側」であるという基本は押さえなければならないというブレアの指摘には理がある。

ブレアはこの「闘い」が「イスラーム教対西洋（あるいはキリスト教）」ではないと論じる。〈私たちの価値は西洋のものではないと、ましてやアメリカのものでもアングロサクソンのものでもないことを示さねばならない。それは人間性に共有される価値であり、グローバル市民の権利である普遍的な価値である〉

そして、近代の自由や人権といった価値は、イスラーム教徒にも共有されるものなのだと言い切る。〈（過激派の）イデオロギーによれば、私たちは敵である。しかし「私たち」とは「西洋」ではない。「私たち」はキリスト教徒やユダヤ教徒、ヒンドゥー教徒だけでなく、イスラーム教徒でもあるのだ。「私たち」は宗教的寛容を信じ、他者への開放性を信じ、民主主義を、自由を、そして世俗法廷で人権が確保されることを信じる者たちである〉

〈これは文明の衝突ではない。文明をめぐる衝突なのだ。これは長期間続いてきた進歩と反動の間の闘いであり、近代世界を受け入れる者と、近代の存在を拒絶する者の闘いなのだ。楽観主義と希望に対する、悲観主義と恐怖の闘いなのだ〉

しかしこの「価値観の闘争」に勝つために、アフガニスタン攻撃までは不可避であったとしても、イラク戦争への突入が効果的であったか否かは、ブレアがもっとも避けたい問いだろう。闘争に突入した以上、イラクでもまた勝つ以外の選択肢はないというのがブレアの主張である。

見直される多文化主義

ことは中東政策に関わっているだけでない。イスラーム主義との対峙、そしてイスラーム教徒一般をいかに社会に統合するかは、イギリス内政の最重要課題の一つである。これはイギリスに限らず、二〇〇七年四月に予定されるフランスの大統領選挙でも、有権者の判断を左右する関心事である。二〇〇五年ドイツではトルコをEUの正式加盟国でなく「特権的なパートナー」に留めようとするメルケルが首相に就任した。フランスでも、サルコジとロワイヤルの両候補が、郊外暴動に参加した移民二世を中心とした若者たちに厳しい態度で臨んだことは示唆的である。イスラーム教徒に対し、西欧社会の根幹をなす価値に歩み寄ることを要求していくのが、近年の西欧各国で共通する傾向だろう。

これはイギリスでは「多文化主義の見直し」として議論されている。象徴的な動きとしては、ジャック・ストロー下院院内総務（元外相）が二〇〇六年一〇月に、自分の選挙区のムスリム女性が事務所に相談に来る際にはヴェールを取るよう求める、と発言して論議を招いた。ストローの選挙区であるブラックバーンは、人口の三〇％近くがイスラーム教徒だとされる。見知らぬ人同士のコミュニケーションを不可欠とする社会生活において、ヴェールは意思疎通を阻害する、とストローは問題提起した。

二〇〇六年一二月九日にブレアが多文化主義をめぐって演説し、「寛容こそが英国を成り立たせている。ならば、これを受け入れよ。さもなくば、やって来るな。いかなる人種、宗教、信条をもつ者であれ、憎悪を煽る者を私たちは求めていない」と宣告した。そして合法的な移民に対しては「あなた方も、私たちも、誰もが、神をそれぞれのやり方で崇拝できる。異なる文化にそれぞれのやり方で誇りを持てる。異なる歴史をそれぞれの伝統で尊重できるのだ。しかしそれは価値を共にする空間においてである。私たちはこの空間にこそ誇りと敬意を抱いているのだ」と述べた。

労働党からの政権奪取を狙う保守党も、根本的にはブレアの姿勢と相違ないと見られる。ただし当面は政局上の駆引きから、ブレアの対テロ政策の不備を批判しつつ、テロ容疑者捜査のための拘束期限の延長といった新たな施策には議会で反対し、政府の手を縛る動きに出ている。

しかし、本来的には保守党の方が、イスラーム教徒住民に対してホスト社会の規範の受け入れを迫る姿勢ではより強硬であるといえる。多文化主義への決別の流れも、保守党主導で形作られてきた経緯があり、労働党は世論に押されて政策転換を迫られた形だ。保守党のキャメロン党首も二〇〇七年一月二八日に『オブザーバー』紙への寄稿で、〈多文化主義という教条が、わが国の結束の意識を掘り崩してきた〉と断じ、翌日にはバーミンガムで共同体の結束を主題にした演説を行ない〈共に生きたいと望むならば、我々の間を隔てている障壁を取り払う必要がある。そして今や、障壁は低くなるどころか、いっそう聳《そび》えようとしているのだ〉と批判し、五つの乗り越えられるべき「障壁」を問題にする。そのうち第一が「過激主義」で、第二が「多文化主義」、そして第三がコントロールなしの移民流入とされているのである。

ブレアとキャメロンを含め、西欧諸国の主要な政治指導者の近年の発言と施策では、論法は異なれども、イスラーム主義の挑戦を価値の相違に由来するものととらえ、それに対して自由主義の再確認を行なうという点で共通性が見られる。そこでは、共同体を共有するためにイスラーム教徒の側に求める歩み寄りの最低ラインを示すと共に、「西欧とは何か」を再定義、再確認することにもなっている。それを最も雄弁に論じたのがブレアの論説であり、ここにこそブレアが歴史の審判に委ねたいことがあるのだろう。

2007・3・11

千年河清を俟《ま》つごときイラクの現状と曙光

二〇〇七年に入って以来、中東を観察することを生業にしている人間にとってはいわば「凪《なぎ》」の状態が続いている。「中東情勢異状なし」――と一行で終わらせてしまいたくなることもある。もちろんこれはレマルクの小説『西部戦線異状なし』をもじった表現である。そして、前線では陰惨な死の光景が現出されているにもかかわらず、個々の死の持つ政治的な意味が弱まり、殺戮の合間に不思議な休息の瞬間が訪れる、という点でもレマルクの小説とイラクの状況は似通ってきている。一回のテロで数十人の死者がでることが、政治的にはほとんど意味を持たなくなり、ニュースとしても平凡な扱いしかなされなくなって久しい。

英BBCテレビが映し出す「いつもの」自爆テロの報道で、わずかに一瞬、各国のイラク・ウォッチャーの視線を奪い、郷愁を誘ったのは、三月五日のムタナッビー通りの爆破だ。『ワシントン・ポスト』紙は、一〇、一二日と相次いでこれを取り上げた。

一〇世紀の詩人ムタナッビーの名を冠したこの通りには書店が立ち並び、文人やジャーナリストの集う場所として知られた。カフェでフセイン政権への抵抗の実らぬ謀議が囁かれたこともあったという。バグダード陥落直後、各国ジャーナリストがここにつめかけ、「解放された」知識人を質問攻めにしたものだった。しかし、テロの標的にされて活況を失い、今回のテロによってついに通り全体が灰燼に帰したという。

知らないと胸を張る情報機関

どこか身につまされるような同情をこめてしげしげと読みふけってしまったのは、次の記事である。「アメリカのスパイ機関は、今や『何も知らない』ことを進んで認めようとする」(『インターナショナル・ヘラルド・トリビューン』紙、三月三日—四日)。

ブッシュ政権がイラク戦争に踏み切る過程で、不確かな情報の恣意的選択に基づき「フセイン政権が大量破壊兵器を開発している」と主張し、後に覆されたことは、アメリカの情報機関の信頼性を著しく傷つけた。この失敗を受けた情報体制の立て直しによって、次のような点が重視されるようになったという。政治的思惑からの独立性や分析プロセスの透明性を高め、誇張や歪曲されることを防ぐための慎重な用語選択が徹底され、情報の確実性を高めてから一般に公開し、事実と推測の区別をつけて提示するといった、分析結果の公表までの手順が確認された。

中でも重要なのは、「知らない」「分からない」と積極的に言うようになったことだという。その例が二月末の上院軍事委員会の公聴会で、新任のマコネル国家情報長官は、イランは「二〇一〇年までに核兵器を開発できる」という説と「二〇一五年まで開発しないかもしれない」との説を両方示したという。これでは帰結は正反対である。

同じ公聴会で他の情報組織高官も、北朝鮮がウラン濃縮を秘密裏に進めているか否かについて、米の各情報組織は「五年前よりも確信が持てなくなっている」と認めたという。

不適切な政治利用を避けたいというのはもっともだが、判断材料にならない返答しかできないのでは能力がないというに等しい。そもそも、政治的な利用を拒絶するのであれば、情報機関の存在意義そのものを自ら否定することになる。そして、情報機関にとって、「それについて情報がない」「調べる能力がない」というのはもっとも知らしめたくない、最大の「機密」であったはずだ。これを放棄してあからさまに「知らない」ということは、果たして信頼性を高めることになるのかどうか。

この記事によれば、現在の情報分析官の約半数が五年以内のキャリアしか持たないことも組織的なチェック体制を要する一因となっているという。かなり事態は深刻である。

諜報機関が針鼠のようにガードを固め、周到に予防線を張っている一方で、政治学者ジェームズ・フィーロンはきわめて明快で投げやりな論考を『フォーリン・アフェアーズ』誌三月―四月号に寄稿している。

「イラクの内戦」というこの論考の大意を要約すると、イラクでの流血を押しとどめる手立ては米国にはない。一時的に兵力を増やして治安を改善しても、減らせばまた悪化する。過去の様々な内戦の終わり方を見ると、いずれかの勢力が他を圧倒して権力を掌握するか、いずれの勢力も他を圧倒できないと覚って交渉による権力配分に踏み切るか、どちらかである。どちらかが圧倒的に優位になるか、各勢力が勝利できないと自覚した場合にはじめて周辺諸国あるいは国際的な介入が功を奏する条件が整うのだから、それまでは何をしても無駄なので放置するしかない。

イラクが分裂してしまう可能性も、強力な勢力が他を圧倒する可能性もあるが、イラクと米国の双方にとって望ましくないはずだ。そうであれば、各勢力が戦い疲れて交渉による解決を望むようになるまで、米国は局外に立って戦わせておくしかない、というのである。

戦争と占領の当事者で、現在の状況を招いた責任を（イラク側の政治指導者とともに）担《にな》わなければならない米国政府に提言する政策論としては、「無責任」という批判も出よう。しかしホッブズのいう「万人の万人に対する闘争」が現出したかのような現状では、抗争する各勢力を凌ぐ絶対の主権者を人々が待望するまで待つしかない（その「絶対主権者」が米国であれば米国にとって好都合である）というのは妥当で誠実な分析なのかもしれない。

こんな時、根本に帰って、ホッブズをめぐる日本の学究の最近の労作を繙《ひもと》いてみるのもいいだろう。「ホッブズが念頭においていたのは、まさに現世における死をも恐れず、自分の命をなげうってでも神に対する使命を果たそうとするピューリタンであり、彼らをいかに平和構築（国家樹立）の当事者に転換するかが彼の課題であった」（梅田百合香『ホッブズ　政治と宗教』名古屋大学出版会）

このような思想的大転換が中東に生じるのを待つのであれば、イラクの安定化まで何世紀もかかることになりかねない。しかしデイヴィッド・フロムキンの名著『平和を破滅させた和平――中東問題の始まり』を読めば、まさに問題はそのようなスパンで考えざるを得ないようである。

「今日の中東は結局のところ、紀元五世紀のヨーロッパと同様の状況に置かれることになるだろう。西ローマ帝国が滅亡した五世紀、文明の危機に瀕した帝国の臣民たちは、独自の政治制度を創出しなければならなくなったのだ。このときのヨーロッパの経験は、政治文明の根本的な危機がどのような様相を呈するものかを物語っている。ローマ帝国崩壊後の危機的状況を乗り切って、ヨーロッパが社会的にも政治的にも主体性《アイデンティティー》を取り戻すためには、一五〇〇年を要している。民族国家という政治組織を生み出すのにおよそ一〇〇〇年、どの民族に国家をつくる資格があるかを決定するのにさらに五〇〇年を費やしたのだ」(平野勇夫・椋田直子・畑長年訳、紀伊國屋書店)

シリア、イランと同席した米国

もちろん、すべて何事もなし、ということではない。将来の重要な変化につながる可能性のある兆候は、随所に見えている。イラクでは二月末に石油法案が閣議決定され、石油・天然ガスによる収入を各県に人口比で配分することが盛り込まれ、クルド人勢力も自律的な石油開発の権利主張を表向きは取り下げた。

三月三日にはイランのアフマディネジャード大統領がサウジアラビアを訪問し、アブドッラー国王と会談した。懸案のひとつはレバノン問題で、二〇〇六年夏のヒズブッラーとイスラエルの闘争の過程で成果を上げたヒズブッラーは、一一月にシニオラ政権倒閣の意思を鮮明にし、大衆動員によってレバノン内政を麻痺状態に陥れており、イスラエルに接する南部レバノンでの緊張も高めている。

イラン・サウジ首脳会談はレバノンの緊張状態の終結を即座にはもたらさないものの、事態の急激な悪化を両国共に望んでいないという意思を示すことはできた。そしてイラク問題やイランの核開発問題でも一定の共通認識は得られただろう。

このことは地域の不安定の印象をある程度沈静化させる効果がある。レバノンでは三月八日、九日と連続して、シニオラ政権の議会内支持基盤である「三月一四日連合」の中心人物サアドッディーン・ハリーリー（暗殺されたハリーリー元首相の子息）と、ヒズブッラーの伸張に押され倒閣運動に肩入れしていたシーア派のもう一つの勢力「アマル」の指導者ナビーフ・ベッリー国会議長が、サウジ大使の仲介で協議し、相互に歩み寄りの姿勢を示した。EUもシリアとの対話再開を発表し、〇五年のハリーリー元首相暗殺事件以来の冷却した関係を改善することでレバノンの緊張緩和や地域全体の問題へのシリアの協力取り付けを模索している。

三月一〇日にはバグダードでイラク周辺国と国連安保理常任理事国による国際会議が開かれた。事務レベル協議ながら米国がシリア、イランと同席し、四月にトルコで外相会談を行なうことを表明したのは、イラクの安定化に資するだろう。これがシリアやイランとの二国間交渉につながるかが注目される。

2007・4・16
イギリス兵拘束と解放でイランが見せた宣伝戦

二〇〇七年三月二三日に、ペルシア湾のシャットル・アラブ川河口付近のイラク・イラン国境海域付近で英海軍の兵士一五人がイランの革命防衛隊に拘束された事件は、四月四日にアフマディネジャード大統領が記者会見で解放を告げ、全員が四月五日にイギリスに帰還したことで終結した。

一連の動きはメディアで大々的に報じられ、この時期の中東情勢をめぐる話題の中心の座を占めた。この事件が突発的な事件を発端にした、もっぱらメディア上のプロパガンダ合戦としての表層的な意味をのみ持つものなのか、あるいは双方に深い背景があるのかははっきりしない。

全般的にいえば、イランの思いのままに語らされる被拘束兵の映像を世界に配信されたイギリスは大いに屈辱を受け、威信に傷を負った（皮肉なイギリス人なら「まだ威信が残っていたのであれば」と付け加えるだろうが）。しかし政府として表向きは謝罪や交換条件を出すことなく早期に兵士の解放を得た点を取れば、水面下での外交能力が勝っていた、あるいはイランが調子のいい「火遊び」を止めざるを得ないような圧力を背後でかけ得た、という憶測も成り立たないわけではない。

イランの巧みなプロパガンダ戦略は群を抜いていた。少なくともイラン国民と、近隣の反米意識の強いアラブ諸国にはイランは威信を示すことが十二分にできたと思われる。ただし同じことが欧米の一般世論にとっては、手に負えない「ならず者国家」としての印象をいっそう強めさせる結果にもなっている。

領海侵犯を理由に拘束したイランに対し、イギリスは一五人の兵士の乗ったゴムボートがイラク側にいたと主張して議論は平行線をたどった。最終的に双方が相手の言い分を認めないままの決着となった。

そもそもこの海域の国境線を明確に判別することは難しい。イラン・イラク戦争の最大の係争点でもあった、国境のシャットル・アラブ川の流心線（川の最深部をつないだ線）の延長線上を国境線としているもので、依然として係争の余地がかなりある。突発的な紛争が起きることがまったく不思議でない海域である。

イギリス、イラン双方が出すデータも決め手とはなりにくい。イギリスは拿捕された地点がイラク側だったと主張し、そのGPS（全地球測位システム）データを示すが、それ以前にボートがイラン側に越境していた可能性は否定できない。イランは拘束した兵士から押収した携帯GPS端末のデータ解析によって兵士たちが「国境から五〇〇メートル」の地点にいたと主張。また、それ以前に五回イラン海域に侵入していたと主張している。しかしイランが最初に出してきたデータでは、なぜか拿捕の地点は国境線のイラク側になっていた。越境があったとしても最終的に拘束した地点がイラク側であれば、イランも国際法違反である。

アラビア語放送を利用して

双方が徹底的に情報を開示して相手方を追い詰めなかったのは、双方共にこの問題を極端に大きな問題としてこじらせることは望んでおらず、一通り正当性を主張し宣伝戦を繰り広げた上で適度のところで「手打ち」をすることを当初から模索してきたのではないかと推測させる。

イギリスはこの問題では全般に「穏便に」対処し、国連安全保障理事会の対応も非難ではなく「懸念」を表明する声明にとどまっていた。

四月三日に予定されていたアフマディネジャード大統領の記者会見が理由を明らかにされず延期されたその夜には、ブレア英首相の外交政策顧問であるシャインワルドがイランのラリジャーニー最高安全保障委員会事務局長と電話で会談している。このころブレアも「この四八時間が重要だ」と語っており、翌日に入念に設定された式典と記者会見で解放が声明され祝われたことから、この電話会談の前後にイラン側に動きがあり、合意が得られたとみられる。

今回の事件は、もっぱら映像を通じたプロパガンダ戦に終始した。ここでイランはかなりの能力を発揮した。一五人のうち唯一の女性兵士であるフェイ・ターニーに英メディアの関心・好奇心が集中するのを見てとったのか、イランはヒジャーブ（スカーフ）を被《かぶ》ったこの女性兵士の「インタビュー」映像や「手紙」を次々に公開した。そこでは、領海侵犯を認めるだけでなく、恐ろしい存在だと教えられてきたイラン側にとらえられたところ、意外な礼儀正しさや親切に触れて固定観念を改めた等々と褒《ほ》め称える発言や文面が続く。

これらがいかなる状況下で語られ、記されたものかは分からないが、少なくとも、誇り高く、内心では欧米を先進地域として崇拝もしている多くのイラン国民が「欧米人」からぜひとも聞きたいと思っている数々の要素をちりばめたものであった。また「欧米の偏見と攻撃」に対する被害者意識を募らせる周辺の中東諸国民にとっても同様に心地よい響きに満ちている。

興味深いのは、イランがこれらプロパガンダ映像をもっぱらアラビア語衛星放送「アーラム(世界)」で流したことである。イランの公用語はいうまでもなくペルシア語で国民の多くはアラビア語を解さない。アラビア語を通じて広く世界に宣伝をしつつ、国内世論の過熱は避けようとしたとみられる。兵士たちの声明は中東諸国民の願望にみごとに応えていることから、イラン側の作文と見られるが、兵士らの帰国後の無自覚な言動を見ると、まったくの捏造とは言い切れないとの印象も受ける。

解放された兵士たちはイギリスでの記者会見では領海侵犯の「自白」を圧迫下でなされたものと釈明した。国家の名誉と国防にかかわる問題に関しては暗黙のうちに一定の自主規制をするイギリス主要メディアは、兵士たちを称えてみせるイギリス政府に従い「英雄の帰還」として報じようとした。しかし兵士たちが大衆紙に高額で体験談を買い取らせるに及んで、不満が続出している。

いともたやすくイラン側の喜ぶ証言を口にした兵士たちに対しては、「捕虜になったときのための教育が欠けていた」という指摘はなされた。金目当ての「告白」を自国で行なってしまう無節操によって、国防と諜報・外交政策の根幹にかかわる高度な次元の話題から、イギリスの国民性の変化を嘆く別種の話題に関心は移っているようだ。

証明はしにくいが、実態はかなりお粗末なものであっただろうことは誰もが推測してしまう。訓練の行き届いていない、経験の浅い末端の兵員が、知識も装備も不十分なまま、複雑な判断を要する海域に繰り出した。不注意に国境線付近を行き来するうちにイランの国境警備艇に追撃・拿捕され、政治的利用価値ありと見た革命防衛隊に献上された。お灸をすえられて肝を冷やす一方で、おだてられたりもして、洗いざらい喋ってしまった、といった像が（あくまで推測だが）浮かぶ。

米軍と比べて、イラクで高い統治能力を発揮していると自負してきた英軍の意外にお粗末な内情が晒された点は打撃となるだろうし、今後のイラク駐留への国民の支持を失わせる効果も持つだろう。

アフマディネジャード大統領は「真実を受け入れ語ったことについて兵士たちを処罰しないよう、ブレアにお願いしたい」「イラン政府は英政府に過ちを告白する勇気がないことを残念に思っている」といった嘲りの追い討ちをかけている。欧米の一般世論では、イランの印象はまた悪くなったといえよう。

軌道修正をする力も

しかしイランを長期間見ている者にとっては、アフマディネジャードの挑戦的レトリックは単に自らと聴衆を楽しませるためだけの「お約束」のもので、それ自体がイランの対外政策の脅威の度合いを直接に示すものではない。

問題が長期化しかけ、かなりこじれるかと思われた矢先に、一転して解放し終結させた対応は、イランの政治体制が外界との対話の意思と能力を失っていないことを示すものと解釈できる。強硬派がこの問題を外交の主要課題に押し上げて身動きが取れなくなることを阻止し、大統領の「悪乗り」も早々に改めさせるメカニズムをイラン政治の中枢は持っていることを示したからだ。また、シリアの仲介の効果があったという報道もあり、シリア自身もそのことを盛んに売り込んでいる。

米外交問題評議会でアメリカの対イラン敵視政策の転換を活発に論じている中東専門家バリー・ナシルとレイ・タキーは、今回の事件からイランの「メッセージ」を読み取るべきだという。それは「イランは対決には対決で応じるが、相手側に柔軟性を見て取れば、自らもプラグマティズムで応じる」ことだという。

「二八年間の制裁と封じ込めを経て、圧力はイランの行動を和らげることができなかったと認める時期に来ている。イランによる英兵人質の解放は、依然としてイランはプラグマティズムでイデオロギーを緩和しようとしていることを示す」（『ニューヨーク・タイムズ』紙、四月五日付）

英兵拘束事件は対話のきっかけとなるのか、それとも遺恨を積もらせただけなのだろうか。

2007・5・14

安倍首相中東歴訪で考える「日本の活路」

安倍晋三首相は二〇〇七年四月二六、二七日の訪米の後、二八日から五月二日にかけて湾岸諸国とエジプトを歴訪した。五日間をかけ、一七〇人を超える財界使節団を随行させて、湾岸協力会議（GCC）六カ国のうち四カ国（サウジアラビア、アラブ首長国連邦、クウェート、カタール）とエジプトを巡った今回の訪問は、それ自体で何か大きな変化をもたらすような、目覚しい成果を挙げたわけではない。しかし今後の動き次第では、日本が中東に積極的に関与する重要なステップとして評価されることになるかもしれない。あくまでも今後の更なる努力次第、という点は強調される必要があるが、せっかくの萌芽的な努力を、一概に退けてしまってはならないだろう。

中東の場合、政治外交であれ経済関係であれ、要所で首脳が出て行くことは極めて重要である。アラブ首長国連邦とカタールには一九七八年の福田赳夫首相以来初の首相訪問、クウェートは首相の初訪問であり、これまで軽視しすぎてきた。

政官のエリートが中東での経験を有し識見とコネクションを備えていることが稀でない欧米との乖離は、そう簡単に埋められない。日本と中東の間には特有の「食い合わせの悪さ」のようなものがあって、それが随所で関係を阻害してきたのかもしれない。意思決定や企業文化の違いや、そもそもの相互の社会が相手に求める根本的なニーズの食い違いから、関係は自ずと限定されてきた。

これまでは中東については日本の勢力範囲外として放置しておいても、石油輸出入という限られた分野での一方的な、しかし圧倒的規模の交流があることで、脆弱な関係に安住することが許された。だが、中国の石油資源獲得のための貪欲な活動と、湾岸諸国の経済・社会の構造変化が同時に生じる中で、日本の立場の脆弱性は露《あらわ》になっていた。

政財界の首脳が乗り出してくるという今回の訪問に対して、各国政府は最大限の接遇をした。サウジアラビアではスルターン皇太子が空港に足を運んで安倍首相を出迎え、国王主催の晩餐会に経済人も招かれた。ただし、このことは日本への特別の好意を表すものではない。湾岸産油国との関係は厳しい利害計算にもとづく。安全保障上の支援を行なえない日本は不利であり、国民の教育・技術水準を高める方向での投資を求める湾岸産油国側のニーズに応えるアイデアを日本側が出していかなければ、訪問の効果は無に帰す。

首脳が出向くだけでなく、実のある交渉ができてこそ、関係構築が始まる。今回の訪問がそれだけで成果を約束する「成功」であったと評価しては本質を見失う。あくまでも現地各国にとっては石油ブームに伴う「ひっきりなしの訪問のうちの一つ」であり、現地メディアでも話題になっていない。今後、日本側からどれだけ相互の利益になるアイデアを提案していけるかが、具体的な成果が生まれるか否かを分ける。

中東は一筋縄ではいかない

英『フィナンシャル・タイムズ』紙（五月一日付）は、安倍首相の湾岸諸国訪問を「レトリックの仮面の下にはエネルギー政策の失敗がある」と揶揄した。日本は中東石油への過度の依存という懸案をなんら解決できておらず、極東サハリンでもサウジアラビアでも相次いで利権を失っている。訪米で代替燃料について語った舌の根も乾かぬうちに、湾岸に飛んでいつもの石油乞い外交に戻るしかなかった、というのである。「日本のイラク関与は純粋に人道目的に動機づけられていると安倍氏は強調した。しかしそれを明確にできたか否かは別にして、水面下に見え隠れするのは長年の課題である石油にほかならない」と、この記事は指摘する。

ただ、この皮肉な記事にしても、「資源獲得」「湾岸への投資の多様化」に次いで、日本が中東地域での「和平の仲介者」となることに意欲を抱く点を指摘している。今回の訪問や、それに関連した中東外交への力の傾注によって、仲介者としての日本の政治的な役割を高める方向に少しでも進んだのだろうか。

安倍首相は湾岸諸国に続いて五月二日にはエジプトを訪問したが、見通しの不透明な中に降り立つこととなり、目的も成果も曖昧であった。前後にエジプトで相次いだ、内政・国際政治上の大イベントによって影の薄いものとなったからである。

五月三、四日にイラク支援国会議がエジプト東部シナイ半島のリゾート地シャルム・エル・シェイクで開催され、四日の閣僚級会議には麻生太郎外相がロシア訪問から直接駆けつける事態となった。

いかに中東という地域が一筋縄でいかないかは、この会議の経緯と流れを見ても分かる。元来はイラクと国境を接する各国を集め、アメリカやEU、国連安全保障理事会常任理事国の関与の下で、シリアとイランのイラク内武装勢力への支援を断つことが主眼だった。しかし、シリアとイランに状態を悪化させる能力はあっても、改善させ、解決する能力はないため、この会議が決定的な効果を持つことは最初から期待できない。会議が近づくにつれ、イラン核開発問題での緊迫のほうに重点がおかれるようになり、「イランが出席するかどうか」「米国と会話を交わすかどうか」という点に問題が矮小化されてしまった。イラク問題を話し合うというよりは、イランとアメリカが話し合うお膳立ての意味が強くなってしまったのである。

参加を渋ってみせるイランの出席を得るためにホスト国エジプトが行なったのは、参加国を増やすことだった。五月三日のイラク再建のための五カ年計画調印のための会議には七〇以上の国と機関が参加を表明した。五月四日の治安面での会議でさえも二三カ国・機関が参加し、会議の焦点はぼけてしまった。膨大な参加国の中にイランとシリアを紛れ込ませた形で、米・イランが一瞬でも同席したことにより形式上の「成功」となったものの、実質は乏しい。

そもそもイラクからはマーリキー政権側以外は誰も出席しないのだから、根本的な治安改善のための交渉は行ないようがない。エジプトは、事前交渉で一定期間の「停戦」をマーリキー政権に求めたが、テロ勢力を正当な紛争当事者として認めることになることから、あっさり拒否された。実際、名乗りを上げて戦っているわけでもない各種武装集団を交渉相手にすることは難しい。

また、マーリキー政権から見れば、エジプトをはじめとしたアラブ主要国は自国メディアで「アメリカの傀儡」「シーア派支配」とイラク現政権への敵意を煽り、孤立化させてきた。仲介者として信頼していないのである。

しかもこの会議は、中東の将来にとって懸案事項であるエジプトの後継者問題にかかわるイベントと、おそらく意図的に時期を重ねられていた。四月二八日、ムバーラク大統領の次男で与党国民民主党の要職にあるガマール氏の結婚式が行なわれ、イラク支援国会議閉幕当日の五月四日には、シャルム・エル・シェイクで結婚披露宴が盛大に催された。

ガマール氏がムバーラク大統領の後継者となることは既定路線となっており、四三歳まで独身生活を謳歌してきたガマール氏は、結婚と家庭生活を重視するエジプト人の生活観に合わせ、国民の指導者としてのいわば「お披露目」の一環として結婚に踏み切ったという見方がある。おまけに、この日は大統領の七九歳の誕生日。あたかも大統領の誕生日と息子の結婚披露宴を祝うために世界中の首脳が集まったかの錯覚に陥らせる演出だった。

パレスチナ問題で独自案を

中東国際政治はこのように、各種の紛争が相互に連関し、内政・外交の次元が交錯する。訪米から直接乗り込んだという点を生かして、ぎくしゃくするアメリカとサウジ、エジプトとの関係を、イラン核開発問題を軸にしてサポートする役回りを果たすことができたのであれば、それでよしとするしかない。

治安面が主要な課題となるイラクや、根本的な体制間の対立に帰着する米・イラン間の対決に、日本が関与する余地は少ない。むしろ中東やイスラーム世界全域に象徴的な意味を持つパレスチナ問題について独自の位置を取ることが、最も効果的ではないだろうか。

「日本、欧米に先駆けパレスチナに経済支援再開へ」という『読売新聞』(五月一〇日付夕刊)の報道は、半歩のその半分ぐらいではあるが、日本独自の積極策をアピールしようとする意思を感じさせ、それなりに注目を集めている。独自の外交的役割を模索し始めたばかりの日本が、ただでさえ土地鑑のない中東の、最難度の練習問題のような紛争の仲介でいきなり得点を挙げられると考えるのは非現実的だ。対米関係上、パレスチナに対して取りうる政策に制約は大きく、できもしない約束はできない。しかし国際政治の中でより「主張する」外交を目指す安倍政権にとって、中東外交で何らかの得点を挙げることができれば「大ヒット」である。日本がこれ以上の一歩を踏み出すことが可能か、望ましいかどうかは思案のしどころであるが、パレスチナ問題での独自の案を常に水面下で温めておくことは、日本外交の隠れた資産となりうるだろう。

2007・6・10

二〇〇七年サミットでは「中東問題」に沈黙

ドイツ・ハイリゲンダムでのG8サミットが二〇〇七年六月八日に終わった。興味深いのは、奇妙なまでに中東について触れられなかったという点だろう。中東の諸問題がグローバルな政治課題でなくなっているとは思えない。イラクやパレスチナでの紛争や、レバノンやイランをめぐる対立はいずれも緊迫化・深刻化している。

振り返れば、二〇〇一年の九・一一米同時多発テロ事件以来、二〇〇六年までは、G8サミットは中東や、イスラーム主義のテロリズムにまつわる課題で忙殺されてきた。二〇〇二年六月、カナダのカナナスキスでは、首脳声明で九・一一事件が言及され、テロ対策が主要な議題となった。

二〇〇三年六月のエビアンでは、イラク開戦をめぐって米国と議長国フランスをはじめとする西欧諸国との間に生じた亀裂と摩擦の修復が関心の的となった。テロ対策と大量破壊兵器不拡散が再確認されただけでなく、パレスチナでの紛争激化を受け、ブッシュ米大統領が二日目午後で中座して、エジプトのシャルム・エル・シェイクでの和平会議に向かうという異例の事態となった。

二〇〇四年六月のシーアイランド・サミットは、議長国アメリカの主導による中東問題への解決案を披露する場となった。中東地域への「自由」の伝播が理念として掲げられ、民主化改革を基軸にすえた中東諸国・地域秩序の再編成が謳《うた》われた。アフガニスタン、アルジェリア、バーレーン、イラク、ヨルダン、イエメン、トルコの首脳も招かれ、パレスチナ問題に関しても「公正、包括的かつ永続的な解決」が掲げられて、米・国連・EU・ロシアの「カルテット」の示した「ロードマップ」にもとづく交渉を活性化するよう要請する声明が出された。

二〇〇五年七月、スコットランドのグレンイーグルズで開かれたサミットでは、ブレア英首相肝煎《きもい》りの「アフリカ援助」を主要課題に掲げたが、これにも九・一一後の「テロ撲滅のための闘争」の一環として、テロの根本原因を断つ、という意味づけが与えられていた。しかも会期中の七月七日にロンドンで同時多発テロが発生し、テロに対する国際社会の団結を改めて表明する場になった。

二〇〇六年七月のサンクトペテルブルク・サミットもまた、中東問題の影響が色濃いものだった。初の議長国となったロシアはエネルギー安全保障を主要課題として打ち出したが、いうまでもなくこれはイラク戦争後に高騰を続け一バレル七〇ドル台に及んだ石油価格を背景にしたものだ。資源国ロシアが「大国」としての地位を誇示する絶好の機会となった。

しかも七月一二日にヒズブッラーが行なったイスラエル兵士襲撃・拉致事件をきっかけにイスラエル軍との大規模な衝突が発生していたことから、この問題をめぐる米国と西欧諸国や国際機関との立場の隔たりや、その間を架橋しようとするイギリスの動きが注目された。

サンクトペテルブルクで注目を集めたのは、七月一七日の昼食会でのブッシュとブレアの会話だ。マイクのスイッチを切り忘れたブッシュが、ブレアにレバノン情勢をめぐってまくし立てた。国連の関与を擁護し、国際部隊の必要性を説くブレアの話をブッシュは遮り、「コフィ（アナン国連事務総長＝当時）はどうなんだ？　俺はこの流れは気に食わないな。あいつの態度は、停戦すればあとは何とかなる、ということだ」「シリアに、ヒズブッラーのくそみたいな行為をやめさせないといけない」等々と言い放った。「おいブレア」と呼ばれてブッシュの背後に寄り添い、「もし彼女（ライス米国務長官）が地ならしを必要とするようだったらね、もし、もし彼女が行くんだったら成果を出さないといけないけれど、私の場合はただ行って話だけしてくることもできるから……」と、自らによる仲介への裁可をおずおずと懇請するブレアの様子は、米英の「特別な関係」を見せつけた。

日本が手腕を問われたら

中東情勢の深刻さが変わらないにも拘らず、今回のサミットが中東についてほとんど触れなかったのはどのような理由によるのだろうか。

「イスラエルに関して発言権のないドイツが議長国である以上、中東問題は扱えない」といった見方も可能だが、これを別にすれば、問題が深刻すぎて手に負えず、政治的に「割に合わない」がゆえに議論が避けられたというのが実際だろう。中東のどの問題についても、ここ数年の世界的な関心と関与と努力の果てに、複雑さと困難さばかりが知れ渡った。各国の指導者たちが胸を張って持ち帰れる「お土産」からはもっとも遠く、外交官が手柄と保身のいずれを求めるにしても避けたい対象だ。

G8諸国の側にも、中東問題から暫時目を離して「二〇五〇年の地球」という迂遠なテーマに取り組む理由がある。主要国が政権交代の過程にあることによって、二〇〇七年度のG8は「移行期」だった、という指摘がある。確かに、九・一一事件に現職で直面し、その後の対応を軸に展開する世界政治を担《にな》ってきた指導者のほぼ全てが、すでに退陣したか、退陣を目前にしてサミットに臨んだ。

「疑惑」の選挙で就任したブッシュ大統領は、九・一一事件に直面することで「戦時大統領」として権勢を振るった。しかし二〇〇六年、二期目の中間選挙での大敗北でレイムダック（死に体）と化した。ブレア首相はイラク参戦をめぐって議会・メディアで集中砲火を浴びて、〇七年六月二七日に退任する。イラク戦争をめぐってアメリカと対立したドイツではシュレーダー前首相が〇五年に退き、フランスのシラク前大統領も〇七年五月に退場した。メルケル独首相もサルコジ仏大統領も親米派とされ、独自の中東政策を打ち出す気配は見せていない。G8サミットは、久しぶりに、中東をめぐる米欧間摩擦の場ではなくなった。

現在の地点から振り返れば、九・一一事件に直面した主要国は、いずれも個性の強い、長期に政権を担う強い指導者に率いられていた。それによって、対中東の世界政治が五年にわたって緊張感に満ちた一貫性を伴って展開してきたとも考えられよう。もちろんこれは結果としてそうなったというだけである。世界政治の変動期に置かれたことが、それぞれの指導者としての資質を開花させ、国内を団結させる環境も整えた、とも考えられよう。

典型例は、案外、日本かもしれない。短期・弱体政権が継起して国際社会でのプレゼンスを発揮し得なかった一九九〇年代を経て成立した小泉政権が予想外の長期政権となり、中東に関しても、独自の勘と決断力で向き合った。長髪の小泉純一郎前首相は海外メディアにも強い印象を与え、今回のG8をめぐる戯画でさえ、片隅の「日本首相」のいるべき場所に小泉風の人物が描かれていたりする。

ロシアのプーチン大統領は異彩を放っていた。サミットに先立って、米国が東欧諸国に配備を計画するミサイル防衛システムに反対し、新型の多弾頭型大陸間弾道弾の発射実験を誇示し、「欧州をミサイルの標的にする」と威嚇しつつ、米露首脳会談ではミサイル防衛のためにアゼルバイジャンの基地の共同利用を提案して押し気味に議論を進めた。

プーチンもまた、「九・一一後」の世界政治を乗り切る中でその能力を開花させた。エリツィン前大統領からプーチンが禅譲を受けた最大の理由は、チェチェン問題への対応を評価されてのものだった。九・一一はロシア国内でのテロを激化させた。さらに、アメリカが「対テロ戦争」によって中央アジア諸国に踏み込んでくることを一旦は受け入れざるをえなかった。しかし米への譲歩と引き換えにチェチェン武装勢力への弾圧に対する人権批判を取り下げさせ、メディアも締め出した猛烈な攻撃でテロを沈静化させた。米軍の中央アジアでのプレゼンスも、個別の梃子入れや上海協力機構を通じた中国との連携で押し戻した。アフガニスタンが安定せず、イランも紛糾する中で、旧ソ連の中央アジア・コーカサス諸国から東欧を通じて西欧に達するパイプライン網の動脈を握るロシアの強みは近年際立っている。かつては不凍港を求めてコーカサスからトルコやイラン、そしてアフガニスタンにかけて南進を試み、そのたびに西欧諸国に阻まれてきたロシアが、南アジア・中東の混乱と、積み重ねてきたパイプライン網整備によって、今や石油輸送の要路を扼《やく》するに至ったのである。「九・一一後」の世界政治でもっとも利を得たのは、プーチンのロシアだった、ということになるのかもしれない。

二〇〇八年は日本がサミット議長国だが、中東から目を逸らしていられる状況にあるだろうか。環境問題で二年続けるのは平凡な気もする。ブレア首相はアフリカ援助と併せ、日本での引継ぎを期待する発言をしたが、そういった「フォローアップ」だけでは物足りない。

日本が国際社会での地位を求めるのであれば、パレスチナ問題をはじめとした中東問題で独自の仲介能力を示すことは検討しておく価値がある。たとえその準備がなかったとしても、状況の推移によって否応なく中東問題に直面することを迫られ、手腕が問われることになってしまうかもしれないのだから。

2007・7・13

深化する強硬思想と戦うイギリス新首相の「人心掌握」

二〇〇七年の三月にロンドンで代表的なモスク「東ロンドン・モスク」に立ち寄った。金曜日礼拝後の、活況を呈した付属書店で、平積みになっている興味深い書籍を見つけた。サイイド・クトゥブの『道標（Milestones）』の英語版である（註）。『道標』はクトゥブがエジプトのナセル政権の下で刑死する一九六六年の少し前に著した、イスラーム主義の強硬派・武装闘争路線に理論的な支柱を与えた歴史的な書物であり、現在も過激派に影響を与える書の筆頭として挙げられる。原文はアラビア語であるが、アラブ諸国の多くではこの本は禁書扱いで、表向きはあまり流通していない（なおクトゥブの他の本には、高い評価を受けたコーラン解釈書など、アラブ諸国で広く流通しているものも多く、決して異端や狂信者という扱いは受けていない）。

『道標』英語版を読み進めて目を見張った。編者は、クトゥブが自らの主張の根拠とするコーランの典拠の原文を逐一付すという、緻密な校訂作業を加えている。テロの思想として批判されることもあるクトゥブが、実はいかにコーランの章句と理念に正しく依拠した正統的な思想家であるか、証明しようとしているのである。そしてクトゥブの思想がなによりも「ジハード」をめぐるものであり、それがいかに今現在有効性を持つものであるか、示そうとしている。

これまでにも『道標』の英訳は各国で流通してきたが、今回見つけたものは参考資料がふんだんに付され、強硬路線の思想の教科書のような体裁になっている。中世の著名な法学者や、近代のムスリム同胞団の祖として尊敬を集めるハサン・バンナーを初めとして、主要な思想家がいかにクトゥブと同様の主張をしてきたかが示される。さらに、クトゥブに対する主要な批判に対する反論も収録しており、クトゥブのジハード思想を弁護する想定問答集のようになっている。そしてその議論の水準はかなり高い。ジハードを批判するイスラーム教徒や異教徒からの議論に、有効に反論しているのである。

こういった書物の存在それだけをもって、イギリスで過激派の勢力が伸張しているか否かを判断することはできない。受容の規模や、受容のされ方が不明であるからだ。ただし、思想・理論面での深化がある場合、しかもそれが追い詰められた末の急進化というよりも、議論をへて厚みと精細さを増した理論化である場合、少なくとも一定数のムスリムの間に、強硬な行動をより確信を持って支持する層が生まれていると予測する、一つの根拠にはなる。

ブラウン英首相は六月二七日に就任してわずか二日後の二九日および翌三〇日にテロの挑戦を受け、対テロ政策とムスリム住民対策の能力を問われることになった。ブラウン政権にとっては、ある意味で好機、誤解を恐れずにいえば、幸運であったとすらいえるだろう。「禅譲」によって地位に就いた指導者にとって、国民の団結を促進する機会を得たともいえる。また、テロ対策に関して決然とした姿勢を示すと共に、批判も受けたブレア前首相との「違い」を打ち出す機会でもあった。

現在までのところ、ブラウン内閣の抑制された対応への評価は高い。首相は閣僚に、事件に「ムスリム」「イスラーム」といった形容を用いることを避けさせ、「対テロ戦争」という概念で意味づけることも控えさせた。これは首相就任前からの方針が具体的な形をとったものとして注目される。ブラウン流の対テロ政策のレトリックは首相就任直前のインタビューでの発言によく現れている。

「この戦いでは、軍事、治安、諜報、情報収集を通じては、勝利は頭打ちである。いわゆる『人心掌握』の戦いに勝たねばならないのだ。今後数年間、テロリストの活動という問題について、新たな足場に立って、新たな地平に踏み入ることになる。これは文化や政治においての、雑誌や新聞での、政治だけでなく文化に関する議論である。それによって、穏健な立場は、過激派の宗教的ドグマの主張の攻撃に耐えることができるのだと示さなければならない」

ムスリムの「人心掌握（battle for hearts and minds）」を重視するという政策目標には、もちろんブレア前首相も無関心であったわけではない。しかし、ブレアの手法がレトリックと弁舌で思想・世界観の対立を根本から浮き上がらせ、英在住ムスリムに対して明確にテロの思想と運動の否定と決別を迫る、「圧力」重視のものだったとすれば、ブラウン新首相は搦《から》め手である。穏健派が自ら穏健派であると主張するのを容易にする条件を整えるよう発言を工夫する、反発を招く表現を避ける、というのがブラウン流といえる。

現在のところ、ブラウン政権はイギリス在住ムスリムの団体から協力的な姿勢を引き出している。例えば七月六日のイギリス各紙にはムスリム諸団体が連名で「団結したムスリム」と大書された広告を載せ、政府が「穏やかで適切な対応」をとったことなどを評価した。翌七日には、イギリスのムスリム団体を束ねる英ムスリム協会が、各地のモスクのイマーム（宗教指導者）を招いて当局との連携を議論する会合を開いた。

ムスリム団体の動きは、以前とはやや異なっている。二〇〇五年七月七日のロンドンでの地下鉄バス同時多発テロ、同月二一日の模倣事件の際にも、また〇六年八月に発覚した航空機へのテロ未遂に際しても、ムスリム諸団体の反応は、テロ実行犯やその思想、組織を正面から非難するよりも、むしろ政府の外交政策や治安政策を非難し、差別や偏見を糾弾する主張や動きのほうが目立った。少数派の権利擁護の要求とはいえるが、一般市民の側には、イスラーム教徒の多数がテロを内心では支持しているのではないかと疑惑を深める効果をもたらしかねない。今回、主要ムスリム団体が足並みをそろえ、積極的にテロ非難の声を上げたのは、過去の反応の逆効果にやっと気づいたということかもしれない。

これは就任早々のブラウンの成果というよりは、ブレア政権の施策が一定の成果をもたらしつつあると見たほうがよいだろう。ただし、刺激を避けるブラウンのレトリックが、ムスリム団体にとって協力姿勢を示すのを容易にしたという側面はある。

九・一一事件直後にできた反テロ法ではテロ容疑者に罪状を示さずに二八日間勾留できるが、これを九〇日に延長することをブレア政権は求めて果たせずにいた。IDカードの導入も反対に直面している。ブラウンがこれらを引き継いで推進するのか、それとも「人心掌握」を考慮した新たな方策を提案するのか、注目される。外国籍のテロ容疑者を、拷問が行なわれているとみられる本国へ送還するか否かという問題へのブラウンの対応も注目される。

激しさを増す強硬派の宣伝

そして、ブラウンに「置き土産」のように残されたのが、『悪魔の詩』を著したことでイランの故ホメイニ師から「死刑」を宣告するファトワー（法判断）を出され、長期間潜伏生活を余儀なくされた作家サルマン・ラシュディ氏へのナイトの爵位授与問題である。神や宗教をも批判の対象とし、嘲笑を許す、人間の思考と表現の自由を保障する西欧社会の価値観が問われている、というブレアの意思表明ともとれよう。しかし世界のイスラーム教徒にとっては、イスラーム教への攻撃であり、「懲罰」が正当（正確には義務）であると受け止められる可能性が高い。

ブラウンがメディアを通じた「文化の闘争」を提唱するのと対応するように、アル＝カーイダの実質上の指揮官であるザワーヒリーの宣伝活動も激しさを増している。〇七年に入ってから七月一二日までにすでに一〇本、七月初頭にも二本の声明ビデオが公開された。七月一〇日に報じられた声明では、ラシュディ氏へのナイト位授与への報復を宣言している。

ブラウン内閣の対テロ政策や中東政策は、ブレアの親米政策に比べればより現地の状況に留意した「アラブ寄り」なものになるという予測や期待は高まっている。例えばミリバンド新外相は、〇六年夏のレバノンでのイスラエルとヒズブッラーの衝突では、米国のイスラエル支持に追随するブレア政権に批判的な立場だった。まさにこのような時、ザワーヒリーらイスラーム主義の強硬派は活発になる。ブレア路線からの転換がなされるのであれば、すなわちイスラーム主義の勝利であり、戦果を派手に宣伝する機会である。だが、イギリス側の歩み寄りによって中東諸国の政府や社会に「穏健派」の協力、同盟の基礎が築かれることは、イスラーム主義の強硬派からは最も避けたいところである。対決色が明確な状態で、「イギリスが忠告を無視した」「和平を拒否した」とイスラーム教徒に宣伝することが、こうした声明の目標であり、効果である。「イスラーム世界対異教徒世界」の対決構図を維持してこそ、強硬派の主張が裏づけられるからだ。

『道標』の新版に見られるように、イギリス・ムスリムの一部で深化するジハードの正当性への確信と決意は、同様の事件がさらに続くことを予想させる。組織や命令系統を必ずしも必要とせず、共通の理念と認識にもとづいて自発的に呼応するのがイスラーム主義の行動様式であるため、予防と摘発は容易ではない。

（註）Sayyid Qutb, edited by A. B. al-Mehri, *Milestones Ma'alim fi'l-tareeq*, Birmingham, Maktabah Booksellers and Publishers, 2006.

2007・8・12

エジプトの改宗騒動が浮彫りにした人権概念の乖離

エジプトで「改宗」というイスラーム教最大のタブーが公然と提起され、騒動となっている。問題の渦中にいるのはムハンマド・ヒガージーという人物で、イスラーム教徒として生まれたが、各宗教の比較に関する思索を進めた末に、九年前にキリスト教への改宗を断行したという。

イスラーム教では、イスラーム教から他宗教への改宗（「離教」）は絶対的な罪であり、認められない。「背教」の最たるものとされ、死罪にあたる。これは一部の「狂信者」あるいは「保守派」の厳格な解釈ではなく、社会通念の次元で定着している。改宗が「許されない」という次元の話ではなく、普遍真理であるイスラーム教から離脱することなど「ありえない」という共通認識が根本にある。いわば人倫にもとる行為、あるいは「物理法則」に逆らう行為とみなされているといっていいかもしれない。

エジプトの憲法では信仰の自由は保障されており、制定法の範囲内には、改宗を明示的に禁じる法律はない。ただし婚姻や財産相続といった領域に関する個人関係法（personal status law）については、依然としてイスラーム法の規範が適用される。これはエジプトに限らず、多くのイスラーム諸国でも同様である。そして行政手続き上は、市民の基本的属性として、性別や年齢と同様に、「宗教」の区分は重要不可欠であり、内務省が発行するＩＤカードには宗教が明示されている（観光客に対しても入国カードに「宗教」の記入欄がある）。エジプトの場合、約八〇〇〇万人の人口のうち、一割弱がキリスト教徒（その多くはエジプト固有のコプト教に属する）とされる。

なおイスラーム教から他宗教への改宗は認められないが、他宗教からイスラーム教への改宗は宗教的にも法的にも認められ、公的に祝福される。メディア上でも、海外の有名人の改宗というニュースは、息詰まる内外情勢の中で、人々にとって「心温まる」記事の典型である。

今回ヒガージー氏は、ＩＤカードの宗教欄の記載変更を求めた。すなわち、イスラーム教からの改宗の法的・行政的承認を求めたのである。九年前の改宗以来、警察による拘留や拷問を受け、嫌がらせを受けてきたという不満に加え、現在妻が妊娠中であり、このままでは子供もイスラーム教徒として生きていくことになるという点も、今回あえて公《おおやけ》にした理由になっているという。内務当局が要求を拒否したところ、ヒガージー氏はこれを不服として裁判所への提訴へと進んだ。

これは前代未聞の事態であり、ヒガージー氏の身体への危害が予想される。エジプトのイスラーム教徒の誰もが、規範の通りに自ら手を下して背教者を死刑にしようと考えている、ということではないだろう。来世で厳罰を受ける重罪を意図的に犯す者など哀れんで放置しておけばよい、という考え方も可能だ。しかしエジプトの社会的通念に照らせば、相当数の者が、背教を公に宣言して神の下した宗教の真理に挑戦する重罪人を自らの手で処罰しようと現れることもまた予想される以上、危険度は高い。

さらに問題なのは、改宗を呼びかけるという行為は、イスラーム教徒に「正道を踏み外させ」イスラーム教の至高性に挑戦する最重度の敵対行為とされ、まさにジハードの対象となることである。今回はコプト教の司祭が改宗に立ち会ったとされ、強い非難が浴びせられている。また、ヒガージー氏の提訴で当初代理人を引き受けた弁護士も脅迫を受けて辞任した。ヒガージー氏自身も、相次ぐ脅迫を受け、ついに姿を隠すことを余儀なくされた。ヒガージー氏本人や関係者に危害が加えられた場合、憲法第二条によって啓示法《シャリーア》が最上位の法的規範とされる以上、犯行当事者が「イスラーム教の規範に基づいた、正当な義務の遂行としての制裁行為」として無罪を主張すれば、罪に問うのは困難になる。

改宗問題は、西洋に端を発する近代社会の構成原理と、イスラーム教の原理との間の、最後まで残る対立・係争点と言ってよい。究極的には、欧米とイスラーム世界との間の、さまざまな次元での摩擦や紛争が生じる理念的な根源とすらいえよう。

近代に確立されてきた基本的人権において、「信仰の自由」は最重要項目である。ただしこの信仰の自由とは、各個人の内面における思想と思考一般への自由の一部である。各個人がある宗教を信仰する自由を保障すると共に、その宗教から離れる自由も、宗教を信じない自由も同時にある。むしろ宗教的な制約からの解放こそが思想・信条の自由の推進の原動力だった。

イスラーム教の規範においては、宗教に関する限り、人間の自由には制限が大きい。またすべての宗教は平等ではなく、イスラーム教徒が「離教」すること、異教徒がイスラーム教徒を改宗させようとすることは、神に挑戦する最大級の罪となる。

エジプトでは、これまでは、改宗者がいたとしても、致命的な社会的制裁が予想される以上、名乗り出ることは考えにくかった。また、改宗者が処断されるか、「精神異常」として医学的な拘束下に置かれてしまえば、社会的には（場合によっては物理的にも）「存在しない」ことになる。存在しない以上、イスラーム教徒には改宗が認められないという、近代的な人権の立場から議論を招き得る宗教規範は、問題として顕在化しないですんできた。ところが今回、ヒガージー氏は、法的・行政的な地位の承認を表立って要求したことで、「パンドラの箱」を開けた。

国連人権理事会も摩擦の場に

イスラーム教の規範と人権概念との齟齬《そご》は、国内問題に留まらず、国際的な摩擦や対立に発展しかねない。

ここで注目されるのが、アメリカの国際宗教自由法（一九九八年成立）の適用をめぐる動向である。この法律によって、国務省が議会に年次報告を行なうと共に、議会の予算による独立した「アメリカ合衆国国際宗教自由委員会（ＵＳＣＩＲＦ）」が任命され、著しい宗教迫害を制度的に行なう「特定懸念国」の指定に関して、国務長官に勧告している。国務長官が「特定懸念国」の指定を決定すれば、外交関係の制限や停止、各種の制裁が科される可能性が出てくる。

この法律は、イスラーム諸国の「信仰の自由」をめぐる問題を、国際政治の課題へと転じさせる潜在性を抱えている。アメリカとの密接な関係が政権の存立基盤や政治情勢の推移の重要な要素となっている国の場合、この法律をめぐる摩擦が内政の流動化に波及しかねない。

二〇〇七年現在、イスラーム諸国の中で「特定懸念国」に指定されているのは、イランとパキスタン、中央アジアのトルクメニスタンとウズベキスタン、そしてアラブ諸国からはサウジアラビアとスーダンであり、米国との関係に緊張をはらむ、市民的自由への圧迫が著しい国に限られていたが、エジプトの場合も、西洋近代的な概念に基づいて文字通り審査するならば「迫害」と認定されることも理論上はありうる。ヒガージー氏の改宗問題は、「特定懸念国」指定の根拠となりうるがゆえに関心が集まる。

なお、西欧諸国も別の形で「イスラーム教と人権」の問題に直面している。西欧諸国に増加するイスラーム教徒住民は、一方では保護されるべき「宗教的少数派」であると同時に、他方では、もし「改宗の禁止」や「背教者に対するジハード」といった教義を実践するのであれば、他者の思想・信条（さらには生命身体）への攻撃・迫害として制約されるべき要素を含むことになる。

つい最近も、イギリスの民間テレビ局「チャンネル4」の制作したドキュメンタリー番組をめぐる紛議が、この問題の深刻さを浮彫りにした。ムスリム住民の過激化を題材に取り上げ、バーミンガムのモスクに潜入し、激しい身振りと言辞で「ジハード」を宣揚する説教師の演説を撮影して報じた番組が、意図的に発言を編集し「宗教差別」を行なったとして、警察当局の摘発を受けたのである。良質のドキュメンタリーで定評のあるチャンネル4の側は、実際に発言された映像そのものを示している以上なんら差別を意味しない、と徹底抗戦の構えである。

さらに、将来には、国連人権理事会もイスラーム教と人権をめぐる摩擦の場となる可能性がある。二〇〇六年の設置以来、〇七年の六月に初年度の会期を終えた同理事会では、地域配分によって途上国に多数の理事国議席が与えられ、アメリカは理事国への立候補を避けた。ここで突出しているのがイスラーム諸国会議機構（ＯＩＣ）であり、初年度は四七の理事国議席のうち一七を占め、議席の三分の一で特別会合を召集できることから、イスラエルや欧米の行動を逐一「人権侵害」として提起した。デンマークのムハンマド風刺画問題をめぐっても「宗教の冒瀆」と認定する非難決議を可決させている。

イスラーム教の「正しい宗教を信じる自由」こそ「人権」であるという観点から、今後もイスラーム諸国が国連人権理事会で主張していくならば、そもそも近代的な思想・信条の自由とは何なのかをめぐる、根本的な価値観の対立を露《あらわ》にしてしまいかねない。

2007・9・6

岐路に立たされるレバノンの宗派主義体制

レバノン政治で混迷が続く。最大の争点は、二〇〇七年一一月に任期の切れるラフード大統領の後任の選出である。大統領選出には一院制の議会（国民議会）で三分の二の得票が必要だが、政情は膠着《こうちゃく》状態で、選出の見込みは立たない。二〇〇六年夏のヒズブッラーとイスラエルの戦闘でヒズブッラーが政治的勝利を収めた勢いで、親シリア派は議会の三分の一の議席で得られる拒否権を振りかざし、議会であらゆる決定を不可能にしている。大統領と拮抗する権限を有するシニオラ首相と内閣は、ヒズブッラーをはじめとするシーア派の閣僚引き揚げによって正統性の危機に瀕している。

一方、首相と議会多数派の側も、シリアの関与が濃厚な二〇〇五年二月のハリーリー元首相暗殺をめぐる国際法廷の受け入れを推し進めて親シリア派を追い込もうとする。重要問題に関して大統領と首相の見解が食い違い、議会では次期大統領選出の手順にすら合意ができていない。一九七五年から九〇年の内戦の再来が危惧される展開である。

きわめて複雑な対立の諸陣営を大まかに色分けすれば「反シリア派の首相・議会多数派」対

「親シリア派の議会少数派と大統領・国会議長」ということになる。

大統領選出をめぐる対立の前哨戦として、議会少数派は内閣改造による「挙国一致内閣」を要求しているが、言い換えると、これは内閣にも親シリア派を三分の一以上入れろという要求である。レバノンでは、憲法改正や国際合意など主要議題のことごとくに、全大臣の「三分の二以上」の賛成を必要とする。親シリア派が内閣の三分の一を占めればいっそう幅広く拒否権を獲得することになるだけに、シニオラ首相と反シリア派がこれを容認するのは難しい。

レバノン政治には、中東政治の難しさと面白さが凝縮されている。中東固有の政治文化や社会構成に根ざした、特異なルールにもとづいて行なわれるレバノン政治のメカニズムを読み解くことは、中東政治を見る醍醐味ともいえる。

レバノンはアラブ諸国の中では例外的に民主主義・代議制政治が実行され、機能している国である。ただし、レバノンの国情に合わせて特殊な取り決めがなされている。イギリスをモデルとする多数決原理を貫徹した代議制ではなく、社会を構成する集団間に文化や宗教的な亀裂が明確な多元的社会の現実を勘案して、集団間のコンセンサスを重視する「多極共存型」である。

レバノン政治の大原則は、「宗派主義体制（アラビア語でターイフィーヤ）」という、この国に固有の慣行・規則群である。宗教・宗派を単位として政治社会集団が形成されるという前近代のイスラーム圏の伝統が、近代の主権国家で形を借りて制度化されたものである。「宗派」とは社会的・政治的な「宗派集団」を指しており、「宗派間対立」は「宗教対立」や「教義対立」ではないことに留意したい。つまり、「教義の正しさをめぐって」争っているのではない。

レバノン国家は、一九世紀半ばから第二次世界大戦にかけて、特にフランスの関与のもとで、アラブ世界全体においては少数派であるマロン派キリスト教徒が支配的となるように作られた。次いでスンナ派がこれと連合して大きな権限を得た。一九四三年の「国民協約」では、当時の人口比率や政治力を反映して、大統領はマロン派、首相はスンナ派、国会議長はシーア派から就任するという不文律が成立。大統領は「国家の長」、首相は「政府の長」と呼ばれ、絶妙のバランスで指揮権を分かち合っている。元来国会議長は権限が弱かったが、九〇年の内戦終結後は、大統領と異なり連続再選を重ねられることになって権限が増した。シーア派民兵アマルの指導者ナビーフ・ベッリーは九二年以来国会議長の座を独占し、議会の開・閉会の権限を握って、仲介・裁定者としての地位を確保した。閣僚ポストも、キリスト教諸宗派合計とイスラーム教諸宗派合計が同数となるように配分される。

拒否権と野合、時に暴力

コンセンサス政治とは、少数派に拒否権が与えられているということであり、内閣の「三分の一」は特に重要な数である。しかし特定の集団の拒否権が過剰に行使されていると多数派が感じたとき、また大統領が特定の集団に肩入れして過度に政治力を行使しようとしていると首相側が感じたときは、宗派主義のルールを破る不法行為として受け止められ、武力衝突にもつながりかねないため、むやみに拒否権は使えない。しかも、少数派の拒否権によって大統領を選出できずに任期が切れれば、内閣が大統領権限を代行する規定があるため、ヒズブッラーや親シリア派の議会少数派が拒否権を乱用すれば、法的には逆に首相と議会多数派が大統領権限まで得ることにもなる。ただし、その場合も多数派と少数派の決裂を意味する以上、内閣が平和裏に統治できるとは限らない。

議会もまた宗派間の配分とバランスで成り立っている。九二年の選挙法では定数一二八の国民議会の議席を、まずキリスト教徒全宗派とイスラーム教徒全宗派合計の割合で一対一（つまり六四と六四）に割り振る。そしてキリスト教マロン派は三四、ギリシア正教は一四、ギリシア・カソリックは八といった具合に、各宗派に議席を割り振る。イスラーム各宗派にも、スンナ派（二七）、シーア派（二七）、ドルーズ派（八）等々と割り振っていく。

ただし、選挙は比例代表ではなく大選挙区連記投票制である。各選挙区に、例えば「シーア派二議席、ギリシア・カソリック一議席、スンナ派二議席」といった具合に割り振られ、それぞれの宗派議席にその宗派の人間が立候補できる。有権者はその選挙区に割り振られた議席の数だけ投票できる。重要なのは、各宗派内で自分たちの宗派の代表者を選出するわけではないことである。ある有権者の選挙区に、その人の属す宗派への議席割り当てがないこともある。その場合、他宗派の議員についてしか投票権を行使できない。

宗教集団を最重要の単位として政治が行なわれるといっても、必ずしもそれぞれの宗派全体が一丸となって国政で他の宗派と政治闘争を繰り広げてはいない。各宗派集団内には複数の派閥があり、相互に仇敵のように対立している。場合によっては宗派内の派閥間抗争の方が宗派間の対立より激しい。他の宗派の力を借りて同宗派の政敵を押しのけてはじめて、自分の宗派に割り当てられたポストを獲得できるからだ。

　そのため「野合」的な選挙連合が形成される。〇五年の選挙では親シリア派のヒズブッラーが反シリア派と選挙協力を結び、逆に九〇年にシリアによって放逐された自由愛国運動党首のアウン元将軍が親シリア派に転じて野党勢力の中核となった。

　いったん宗派単位で代議制政治に代表を送り込む割り当てを与えた上で、宗派を横断した連合を組ませる、というのが宗派主義体制の下での代議制政治の基本メカニズムである。そこから、求心力と遠心力の双方が生まれる。宗派間の連立・連合が選挙での勝利に不可欠である以上、宗派を横断する政治合意が少なくとも選挙の時には各種取り決められ、宗派間の求心力をもたらす。だが、あくまでも政治的な代表は宗派を通じて行なわれ、人事も宗派単位でなされる以上、宗派の社会的紐帯は強化され、帰属意識も持続する。宗派主義体制が宗派主義による社会の分断を永続化させているともいえる。

　しかし宗派主義体制は平等はもたらさず、不安定要素や矛盾を抱え込み、不満と紛争の種を蒔《ま》いている。その背景には、この制度が宗派間の人口比率の変動を反映するように設計されていないことがある。低所得層の多いシーア派の人口増加率はきわめて高い一方、欧米と関係の深いキリスト教徒諸宗派は出生率が低いだけでなく国外移住率が高い。現在の人口比率を忠実に反映すればシーア派の大統領、スンナ派の首相、マロン派の国会議長、と配分し直すのが順当だが、これは政治的には決して論じてはならない議論である。国家の成り立ちからいえばまずマロン派、次いでスンナ派の支配的地位を剝奪することは現実的ではない。マロン派の欧米コネクションやスンナ派の引き込む湾岸産油国マネーがあるからこそ地域の先進国レバノンが成り立っている。これを、今のところはシーア派も承認するしかない。

　そして、こういった複雑な制度下での政争が、ルール外の暴力と絡み合うのもレバノン政治の特徴である。一方で、伝統と経緯を踏まえた宗派主義体制を遵守しなければならないという規範も有効である。

　宗派に分裂しながら、不満を持つ集団もなお「レバノン国家」の一員としての帰属意識と権利意識を同時に備え、特有のルールの中で政治力を伸長させようとする。暗殺やテロさえも、そのルールの上での権力闘争の道具という意味では、現体制を全否定するものではない。しかし一一月の大統領任期が満了してしまえば、宗派主義体制を機能させる基幹的なポストが空白となる。その状態が長く続けば、体制そのものの崩壊、ルールなき武力の衝突の淵に落ち込んでしまわないとも限らない。

2007・10・14

情報リークが謎を深めたイスラエルのシリア攻撃

九月六日の謎めいた事件がなお尾を引いている。この日の朝、イスラエル空軍機がシリアの領空を侵犯、なんらかの攻撃を行なって去っていった。明らかな事実はこれだけである。ここに憶測が加わり、諜報情報のリークが断続的になされ、ホワイトハウス内の政治闘争の重要課題にもなりかけている。

イスラエルによるシリアへの攻撃というのは、それだけで大問題に発展しかねない事件である。イスラエルとシリアは、イスラエルが一九六七年以来占領しているゴラン高原をめぐって争っており、戦争状態は終結していない。最近もゴラン高原を挟んで相互に部隊の動きや兵力増強をめぐって緊張の高まりがあった。

しかしこの攻撃はまったく正反対の、シリア・トルコ国境付近で行なわれている。イスラエル軍機がシリアの背後の奥深くを衝き、トルコの領空も侵犯していったことになる。イスラエルとシリアとの全面的な戦争につながりかねない危険な事件であると同時に、あまりに大胆すぎてあっけにとられるような行動である。よほどの重大な目標があったと推測されるのは当然だろう。

だが、イスラエル政府は沈黙を続けた。イスラエル政府が攻撃を行なった事実を公式に認めたのは一〇月二日になってからである。その際も詳細には一切言及していない。

一方、シリアも火を噴くような非難を行なってもおかしくないところを、抑制的であった。シリア軍当局は攻撃の当日、イスラエル機の侵入が行なわれ、シリア軍が応戦して撃退した、非居住地に燃料タンクが投下された、と発表した。しかしこれでは何が攻撃されたのか分からず、かえって憶測を招いた。シリアは政府高官や大統領も含め「反撃の権利がある」と発言しつつ、当初から反撃の気配は見られなかった。そして「使われていなかった軍事施設が攻撃された」と主張を変えていく中で、なにか隠さねばならない「疚《やま》しい」施設があって、それが攻撃されたがゆえに歯切れが悪くなっている、という推測が広まっていった。

北朝鮮の関与説も

当初の限られた情報からは、①イスラエルがシリアの防空能力を試し、イスラエルの攻撃能力を誇示した、②イランからシリア経由でレバノンのヒズブッラーに送られる軍事援助物資を攻撃した、③シリアによる射程の長いミサイルの開発を阻止した、といった可能性が考えられた。

例えば九月一二日付の英『タイムズ』紙は、「先週、イスラエルはシリアの奥深くに攻撃を加えた。シリア政府に、レバノンのヒズブッラーの軍備再強化を支援しないように、と警告を与えるためだったようだ。米国の国防関係の高官は九月一一日にこう述べた。『大規模なものではなかった。すばやい攻撃だった。シリア軍と交戦し、物資を投下し高速で脱出した』」と報じている。

しかしやがて、攻撃された施設は核開発施設であり、北朝鮮による技術供与を受けたものだった、という情報が表面化した。こうなると今回のイスラエルの攻撃は八一年にイラクのオシラク原子炉に対して行なった攻撃と並ぶような重大事だったことになる。また、「単なる」中東問題、シリアとイスラエルの二国間の問題から、北朝鮮による核拡散という問題になり、米朝対話の行方を大きく左右する問題として、日本にも直接関わることになる。しかし、この問題をめぐる情報の流れは不透明で、額面どおりに受け止めていいものか躊躇《ためら》われるところがある。

口火を切ったのが「北朝鮮はある種の核施設についてシリアに協力しているかもしれない」という九月一三日付の米『ワシントン・ポスト』紙の報道である。この記事が依拠する米国の諜報筋は、衛星写真を含め、イスラエルから提供された情報にもとづいて推論したのだという。保守系テレビの米FOXニュースも同時期にシリアと北朝鮮の核開発でのつながりを報じ始めた。

そして、九月一五日付の『ワシントン・ポスト』紙は、匿名の「アメリカの中東問題専門家」が「攻撃を行なったイスラエルの関係者」から聞いたとされる話にもとづき、イスラエルのシリア攻撃は北朝鮮からの核関連施設導入と深い関係があると示唆した。イスラエルは「九月三日にシリアのタルトゥース港に到着した北朝鮮の船舶から荷揚げされた物資」を追跡・監視しており、この物資が実際に何であったのかは不明であるものの、イスラエル側ではこの物資が「核関連の設備」であるという認識に達していた。そしてこの荷揚げされた物資との関係は定かでないものの、ウラニウム抽出を行なっていると疑われる「シリア北部の、ユーフラテス河岸、トルコとの国境付近に位置する農業研究所を偽装した施設」が攻撃されたという。

競うように同日付の米『ニューヨーク・タイムズ』紙も、米国務省の高官の話として、米政府がシリアの関わる不法な核開発を危惧しており、北朝鮮がシリアを支援していると疑っていると報じた。そして九月一六日付の英『サンデー・タイムズ』紙では、見てきたかのように詳細に、イスラエル空軍機による攻撃と戦闘の様子が描写される。そしてシリアによる秘密の核開発の存在、北朝鮮との関係が断定的に論じられた。

『ワシントン・ポスト』紙はさらに、米政府とイスラエル政府は、シリアの核関連施設への攻撃についてこの夏から協議してきたと報じた（九月二一日付）。当初は攻撃は七月一四日に行なわれるはずであったが、米政府の慎重な姿勢のために延期されてきており、今回は独自の判断でイスラエルが攻撃に踏み切ったという報道もその後になされた。

火のない所に煙は立たないが

しかしこれらの報道はすべてが匿名の情報源によるリークであり、根拠は諜報情報であることから、記者にも明かされていないものとみられる。物証はほとんどなく、全面的に諜報情報に頼って議論が進み、『ワシントン・ポスト』紙を中心に、ごく限られた米有力メディアへのリークによって「事実」とされるものがなし崩しに推測されていったが、十分な検証はなされていない。イラク戦争に至る過程でのイラクの大量破壊兵器開発疑惑の広がり方と似た情報操作が行なわれているのではないかと危惧する向きは多い。

この点で、一〇月一〇日付の『ニューヨーク・タイムズ』紙は、シリア攻撃をめぐる言説を、背後にある政治的思惑を考慮して検討する視座を提供している。この記事によれば、シリア攻撃をめぐるイスラエルからの諜報情報の扱いをめぐってブッシュ政権内に激しい対立が生じているという。一方ではチェイニー副大統領と保守のタカ派がイスラエルの諜報情報に信頼をおき、シリアと北朝鮮への対話路線を改めるように迫る。それに対してライス国務長官を中心に、イスラエルの提供する諜報情報によって現状では米政権の外交政策を変える必要はないとする勢力がある。イスラエルが提供する情報にもとづいて、シリアが核開発を行なっており、それが中東への深刻な脅威となっていると受け止めるべきか否かが、対立の要点なのだという。現状ではライス国務長官の側が優勢である。

しかし同紙の一〇月一四日付では、九月六日の事件がシリアの核開発施設に対するイスラエルの予防先制攻撃であったことをほぼ事実として議論している。

この記事では匿名の米政府高官に依拠し、攻撃されたシリアの施設は北朝鮮の施設をモデルにした「建設途中の原子炉」であったと断定するが、米政権内で対立するどちらの陣営に属するにせよ、攻撃の対象が二〇〇七年のはじめに衛星写真で確認されるまでその存在を知られていなかった核関連施設であり、それが北朝鮮の支援を得て建設されたものであることについては一致している、というのである。

全貌は今も明らかになっていないが、現状の公開情報から判断する限り、シリアはなんらかの核開発を行なおうとしていたと疑われる。しかしきわめて初期段階の施設であり、民生・発電用途に限定されたものか、兵器生産への転用可能な施設かを判断するような水準の施設ではなかったと見たほうがよいだろう。厳密な意味での中東地域の安定への「脅威」と認定しうるものであったかどうかは定かでない。

その意味で、一九八一年のオシラク原子炉への攻撃の時ほどの切迫性はなかっただろう。ただしイランに触発されてアラブ諸国で一斉に核開発競争が進むことが危惧される中で、イスラエル側が脅威と認識する閾値《いきち》は大幅に下がっているともいえよう。サウジアラビアやエジプトはじめアラブ諸国が奇妙に沈黙を保っているのも気になる。

トルコの情報当局が、エルドアン首相などとは相談せずに独自のイスラエル軍・情報機関とのつながりを通じてイスラエルに情報を提供し、攻撃を可能にしたという情報もあり（クウェートの『ジャリーダ（al-Jarīda）』紙九月一三日付）、これが正しいのであれば、何層にも入り組んだ中東政治の複雑さを露《あらわ》にした事件といえるだろう。

2007・11・10

中東の秩序を支えてきたエジプトが悩む後継問題

二〇〇七年一一月三日に開幕したエジプトの支配政党・国民民主党（ＮＤＰ）の党大会で、ムバーラク大統領が党総裁（任期五年）に選出された。

なぜこのことがニュースなのか。近年、イラクやイラン、レバノンなどの混乱や危機、紛争などの陰に隠れ、湾岸産油国の経済的繁栄にも注目が移り、エジプトは脚光を浴びることが少ない。しかしアラブ諸国の中で群を抜いた人口規模と分厚い中間層を抱えている、穏健で奥行きの深いエジプト政治の安定が、中東地域の秩序を根底で支えているものと筆者は考えている。

このエジプト政治の安定は、今後長期的に続くか、ついに動揺と大規模な変化の時期を迎えるのか。何事もなく執り行なわれたかに見えるＮＤＰ党大会も、息詰まる展開の一場面である。

ＮＤＰは政党というよりも、政権を支える行政機構という性質が色濃い。党員による選挙手続きを踏んだ総裁選出は今回が初めてである。八月と九月には地方の末端組織での七五五五人もの代表選出投票が行なわれ、九月末から一〇月初頭にかけての都市や県レベルでの代表団選出を経て、一一月三日―五日の党大会での総裁選出という長期間にわたるイベントが催された。

老いた大統領の「後釜」は

ムバーラク大統領は一九二八年生まれの七九歳。八一年に前職のサダト大統領がジハード団に暗殺された際に副大統領から昇格して以来、権力の座にいる。二〇〇五年九月の大統領選挙で五選（任期六年）を果たしている。なにもここでいまさら党総裁を党員投票で選出してみせることもないように感じられるかもしれない。

しかしNDP、そしてムバーラク政権そのものの構造疲労は著しい。今現在の動きがまさに、現体制が自らを長期的に維持することが可能となるか否かを左右する。NDPは選挙のたびにムスリム同胞団に猛追され、強引な手法で乗り切ってきた。そして近年は大統領の健康状態が不安視され、後継者指名が喫緊の課題となっている。党運営を活性化し、現体制の温存・強化を図るのが、党大会の課題であった。

ナセル、サダトと続いたエジプトの歴代大統領はいずれも在職中に死去しているが、副大統領が昇格する形で政権が継承され、一九五二年革命で成立した体制の継続性が保たれてきた。しかし前任のサダトが八一年に暗殺されたことによって昇格したムバーラクは、副大統領を置いていない。そこで、現政権による既得権益を持つ者たちにとって唯一可能な選択肢として次男ガマール・ムバーラク氏の世襲が取りざたされ続けている。

実業家のガマール氏は二〇〇〇年代にNDP内の地位を急速に駆け上がり、党の中心である政策局を取り仕切って実質上の決定権限をふるってきた。しかしいざ後継者指名が近いとの観測が高まるたびに、各階層から幅広く不満の声が表面化し、先送りされ続けてきた。ガマール氏への後継指名を、結局今回も見送ったことこそが、最大の出来事であったという見方もできるだろう。エジプト政府は公式にはガマール後継説を強硬に否定してきたが、依然として他の選択肢は示されていない。今回の党大会でも、五〇人からなる高等評議会のメンバーに選出され、一歩後継に近づいたという見方もある。

ガマール氏を含めて、いかなる後継者の選出・指名も行ないえないという点こそが、エジプトの統治体制の構造疲労を露《あらわ》にしているともいえよう。大統領本人の健康状態の悪化が多くの目に感じられるようになることで、構造疲労はいっそう顕著に印象づけられることになる。

ムバーラクは過去に何度も健康不安説が流布されたものの、欧州での治療などで驚異的な回復をみせて政権担当を続行してきた。しかし今度こそ、ついに体力の限界が来ているのでは、という観測は高まっている。政府が健康不安報道を行なったジャーナリストを次々に中傷罪で収監するという苛烈な対処を取ったことも、観測の信憑性をいっそう高めることとなった。

エジプトの支配体制側が、NDPの活性化・若返りを図り、民主的手続きの装いだけでも凝らそうとするのは、老いゆく大統領の「後」の支配を確固たるものとしようとする布石である。もちろん唯一の対抗勢力はムスリム同胞団である。

ムスリム同胞団は公式的には非合法組織であるが、地域に根を張った組織力に支えられ、イスラーム主義政治思想の理念的・心理的な影響力を背景に動員力を誇る。エジプトの支配体制側の「仮想敵」は常にムスリム同胞団である。それと同時に、一九二八年に設立されたムスリム同胞団は、アラブ世界と中東やイスラーム諸国各地のイスラーム主義政治運動の「元祖」であり、もっとも整った組織を整備し、堅実な理論構築を進めることによって、地域全体のイスラーム主義運動をもっとも底堅い部分で主導している。

従来から非合法とされてきたムスリム同胞団は、〇七年三月の憲法改正で第五条に新たに盛込まれた「宗教政党の禁止」の規定によって政治活動をいっそう制限された。しかし組織内で台頭する若手・中堅幹部からは、憲法で最重要の基本原則として第二条でイスラーム教の啓示法《シャリーア》をあらゆる法の源泉とする規定にもとづき、むしろ公然と政党結成を行なって政権との対決姿勢を明確にし、行き詰まるムバーラク政権のオルターナティブ（もう一つの選択肢）として名乗りを上げようとする動きが勢いづいている。

政党設立綱領案をめぐる批判

ＮＤＰの必死の梃入れにぶつけるかのように、ムスリム同胞団の最高指導者ムハンマド・アーキフも政党設立のための綱領案を明らかにした。その内容が内外の関心を集め、議論を呼んでいる。

八月の初めから断続的に報じられている綱領案では、三権分立と法の支配、人権の尊重といった項目を謳《うた》うとともに、ウラマーからなる評議会を設置し、司法・立法・行政を監督する第四の権力を付与しようとする。これは実現すればイラン型の神権政治にも見紛う異例の制度である。

また、非イスラーム教徒や女性は政治の最高権力者になる資格を有さないといった規定が盛り込まれている。これに対しては、ついに同胞団が「本性を現した」という論評が、エジプト内の民主化活動家からも、欧米の観察者からも出ている。ムスリム同胞団の中の若手や親西欧派も、現在の綱領案に不満の声を漏らすことがある(Mohamed Elmenshawy, "The Muslim Brotherhood Shows its True Colors"『クリスチャン・サイエンス・モニター』紙、一〇月一二日付。Amr Hamzawy, "Regression in the Muslim Brotherhood's Party Platform?"『アラブ・リフォーム・ブレティン』誌、一〇月八日号)。

ムスリム同胞団について囁かれるのは、米国政府がムスリム同胞団を交渉相手として認めるか、すなわち現政権へのオルターナティブとして承認するか否かという問いである。米国の政策関係者の間ではムスリム同胞団との対話、関与政策を検討する議論が公然化している(Robert S. Leiken and Steven Brooke, "The Moderate Muslim Brotherhood"『フォーリン・アフェアーズ』誌、二〇〇七年三月—四月号)。

ムバーラク政権は当然のことながらこれに神経を尖らせており、ムスリム同胞団を原理主義・過激派としてテロリストと同様であるかのように印象づけようとする情報発信を盛んに行なっている。今回の綱領案は、格好の批判の対象となった。政府系のアフラーム政治戦略研究センターのアブドル・モネイム・サイイド・アリー所長を筆頭に、アラブ諸国の各紙でここぞと批判の論陣を張っている。

同胞団の指導者層の間にも、ウラマーの組織に「第四権力」を付与することについては、批判を踏まえて再検討する動きがある(例えばサウジ系『シャルクル・アウサト』紙の一〇月一六日付記事「ムスリム同胞団は政党綱領の『ウラマー評議会』に関して過ちを認めた」）。

しかし、非イスラーム教徒や女性が政治の最高指導者の地位に立てないというのは、イスラーム法の基本理念からいって当然のため、撤回されない模様である。ムスリム同胞団の中堅指導層を構成する専門職・知識階層からは、こういった原則への固執を時代遅れと考え、高齢化した指導層を批判する声も伝わってくるが、ムスリム同胞団への支持を下支えしているのは、こういった規範を当然と考える一般庶民でもある。

こうなると、ムスリム同胞団もまた権力継承・世代交代による刷新に関しては、政権と同様の問題を抱えているようである。

2007・12・7

イランNIE文書とブッシュ政権の「遺産形成」

この先一年の米国の中東政策の方向を決定づけると思われる文書が、二〇〇七年一二月三日に発表された。「イラン——核の意図と能力」と題されたイランの核開発疑惑をめぐる国家情報評価（NIE）である。NIEとは、米国の一六の情報・諜報機関（インテリジェンス・コミュニティ）のデータと分析を総合して判断を下すものである。

「イラン——核の意図と能力」では、確度の異なる「枢要な判断」を八つ列挙しているが、その第一番（判断A）で、「われわれは高い確信をもって、二〇〇三年の秋にイラン政府は核兵器開発プログラムを停止したと判断する」と結論づけている。

これは、イランの核兵器開発の「意図」を確信し、「能力」についても確たる証拠が得られるとの予想の元に、イラン攻撃を視野に入れた強い圧力政策を推進してきたチェイニー副大統領を中心とするブッシュ政権内の勢力にとって、大きな打撃となった。

〇七年一二月五日付の米紙『ニューヨーク・タイムズ』社説（"Good and Bad News about Iran"）がいうように、この判断は「ブッシュ大統領がイランとの戦争に踏み切る口実は、絶対的に、ない、ということを意味する」からである。

これは〇五年五月のインテリジェンス・コミュニティが発表した報告書の判断とは大きく異なっている。〇五年報告書では、「高い確信」をもって「イランが現在核兵器開発を決意している」と判断していた。能力については分析や意見が分かれたとしても、少なくとも「意図」は〇五年現在明確に存在する、という判断だった。

それに対して、今回は、〇三年段階でいったん意図は挫《くじ》かれたと推定する。政治的な効果としては、ブッシュ政権がこれまでに推進してきた方向性とは、まさに正反対の帰結を意味する。

イラン問題は「塩漬け」に？

そもそも今回のＮＩＥ報告書は、二年半前の報告書を再検討することを課題として明示的に謳《うた》っている。末尾には、対照表まで提示して、各個の判断の相違、判断を修正した根拠、それぞれの判断の確証の度合いを詳細に記している。

ブッシュ大統領は一〇月一七日の記者会見では、イランの核開発の野望が「第三次世界大戦」を引き起こしかねないとまで警告していた。このような報告書が出ると分かっていれば、なぜそのようなレトリックを用い続けたのか、不可解な点は残るものの、政権の機構全体としては、国務省だけでなく国防総省や情報機関を含めて、対イラン強硬策が衝突に至るのを避ける方向で結集する見通しが明確になってきた。

ブッシュ大統領自身はＮＩＥ発表の翌日も、イランが依然として国際社会にとって脅威であると強調。イランが核兵器製造に必要な知識を保有している限り、今後も脅威になると主張した。

この指摘自体は、NIEにも盛り込まれている。そのため、対イランで軍事的強硬策は事実上選択肢から外されつつも、米政府が宥和政策に大きく舵を切ることはないだろう。ブッシュ政権の任期切れまで残すところ約一年。西欧諸国を介してウラン濃縮の停止を求める制裁強化を進め、重ねての国連安保理決議を求め続けて、この問題を「塩漬け」にしたままブッシュ大統領が政権を去りそうである、という予想が現時点では成り立つ。

近年、アメリカでの対イラン政策論は、行き詰まり、膠着していた。なかばあきらめムードも各陣営に漂い、表面上は議論は尽きていた。そもそも、イランの核兵器開発の意図と能力に関しては、議論を行なうことが難しかった。

あらゆる議論は、数少ない諜報情報の、文脈の定かでないリークにもとづくしかなかったからであり、確証を持って議論を行なうことは、特に、政府から独立した研究者には難しい。

政府内部や、党派的なシンクタンクからは、政治的意図や背景の濃厚な見解しか出てこない。そのため、あたかもイランの意図と能力に関しては、存在することがすでに確定し、前提となったかのようにして議論がなされてきた。

一方では対イラン制裁をめぐって、イランと西欧諸国との間で、およそ展望のない、時間稼ぎを意図した、互いに空手の型を見せるがごとくの交渉が演じられ、研究者はそれを追うしかなかった。

それに対してアメリカ内政上では、対イラン攻撃の可能性と方策がもっぱら議論されてきた。

そこで議論されるのは、限定的だが、それなりに大規模な空爆と局所的な侵攻の、やや劇画的な詳細だった。核開発施設そのものだけを「外科的《サージカル》」に攻撃するよりは大きな規模で、しかしイラクの二の舞とはならない目的と対象を絞った侵攻プランが回覧されていた。そういったイラン攻撃プランによれば、ホルムズ海峡の封鎖による石油運搬の途絶を阻止することは十分可能であり、石油市場への影響も最小限に抑えられるものと論じられてきた。

これもまた軍事的な専門的情報と判断が関わっており、部外者が口を挟む余地は少ない。世界中でのイスラーム教徒の反発を招き、テロを惹起するのではないか、そのコストをどれだけ考慮しているのか——といった議論にも答えはしっかりと用意されているはずであった。

イラン内政の現実は

さらにイラン内政に目を移せば、米国内でのイラン攻撃論によってイランの政権が動じて態度を変える可能性はほとんどなかった。交渉に先立ってウラン濃縮を停止せよという米国側の要求に、「正当に」反論し、民生分野での核開発の権利を主張することこそが、イラン現体制の正当性の根源のように掲げられ、民意を政府側に動員することにも役立ってきた。

これをイランが捨て去るのであればよほどの見返りが必要である。限定的な攻撃であれば、それがたとえ米政権にとって「成功」であったとしても、イランにとってもそれは「成功」でありうる。

核兵器を持つ意図があるにせよないにせよ、ウラン濃縮の継続が、政権の維持やイスラーム革命体制の維持というさらに高次の目的のための手段に過ぎないのであれば、米国から攻撃を受けることをイラン政権が歓迎することもありうる。攻撃があれば、もはや改革勢力は「米国の手先」としてまったく影響力を失い、保守派は公然と非常時の社会統制を進めていけると予想されるからである。

もちろん、このイラン政権側の見通しが甘く、米国の攻撃があれば、国民の忍耐の最後の糸が切れ、一気に体制崩壊に向けて流れが傾く、という説をささやく者がいないではない。だが、イラクでの楽観論と現実との落差をすでに見てしまった以上、この説がたとえイランについては妥当だとしても、採用する勇気はなかなか持てないものである。

こうして、イラン政策論は想定に想定を重ね、解釈をひたすら重ねていくものとなっていった。「イラン攻撃必至」という議論が、妙に統一的に平板にワシントン界隈で流されるたびに、「それはイランの妥協を誘うための心理的な圧力作戦である」という解釈も同時についてきた。

しかし、イラン内政を見れば、攻撃の影響は少なくとも表面上は織り込み済みで進んでおり、実効性は乏しいであろう。唯一の変化の可能性は、制裁そのものに由来する効果だけでなく、石油価格全般の上昇と相まって、石化製品輸入国のイラン国民が物価高騰に苦しめられ、現政権に対する忌避が進むという見通しであり、こちらのほうが現実性はまだありそうだ。

いずれにせよ、表向きだけの「イラン制裁」をめぐるゲームが飽きられ、「イラン攻撃」をめぐる活劇も台本はきわめて簡潔なものでまとまってしまい、もはや議論の余地は残されていなかった。状況からは、イランへの攻撃はしにくいだろうと推測できたが、なおも大統領が攻撃を決断することがありうるという観測も強く流された。要するに、あとはブッシュ大統領がどう決意するかだというのが、中東研究者が言えるほとんど唯一の判断であった。

アナポリス会議の意義

今回のNIE報告書には、イランをめぐる政策論の膠着を打開する大きな効果があった。そして、NIE報告書を、一一月二七日に行なわれたアナポリス国際和平会議と連動した動きとしてみるならば、ブッシュ政権の残りの一年で試みられる「遺産形成」の方向性も定まってきた。アナポリス会議の評価は、必ずしも一般には高くない。イスラエル人の占領地への入植問題、パレスチナ難民の帰還問題、国境画定とイスラエルの安全を保障する方策、エルサレムの帰属といった、主要な争点になんら進展がなかった、という批判はもっともである。

ただし、シリアを含めた主要当事者が参加し、それぞれの主張する議題が今後取り上げられることが承認され、ブッシュ大統領の退陣までに一定の結論を出すことが謳われた。加えて、そこに米国が関与し実施に一定の責任を持つことが示された。

評価は見るものの期待値の高さによって異なるが、ブッシュ政権の外交的な「遺産形成」の筆頭に、パレスチナ問題への深い関与が挙げられ、残りの一年に継続的に策を講じ続けることが確実となったという点で、問題そのものの解決はともかく、少なくともアメリカの政策の方向性としては、大きな変化が具体化されたといえる（とはいえ、それが「遅すぎた」という批判は当然成り立つ）。

アナポリス会議が、少なくとも米政権の政策決定という意味では重要性を持つことを示すのが、一二月四日に米NSC（国家安全保障会議）報道官により発表された、二〇〇八年一月初旬のブッシュ大統領中東訪問である。

訪問先や詳細な日程は明らかにされていないが、イスラエルとパレスチナ自治区を一月九日前後に訪問するものとみられる。これが実現すれば、イスラエルとパレスチナ自治区への、ブッシュの大統領としての初めての訪問である。アメリカが関与する「中東和平会議」は、もっぱらエジプトのシャルム・エル・シェイクで行なわれてきた。ブッシュは、すでに和平に踏み切り、より民主的な体制を目指しているヨルダンのアンマンには赴いたが、その先には歩を進めなかった。これは不思議に感じられるかもしれない。しかしこのことは、ブッシュ政権の掲げてきた対中東政策の理念を示している。

ゴア前副大統領に一般投票の総得票数では敗れた「疑惑の判定」による勝利でスタートを切ったブッシュ政権は、九・一一同時多発テロ事件の勃発後、「中東問題対応政権」であることに歴史的使命を見出してきた。その際、理念的には、「中東問題の核心はパレスチナ問題である」という議論を否定し、「より根本的な問題は、中東地域全体における民主化の不在である」という問題認識と解決策を提示した。このことの当否は、おそらく長い時間を経た後に、歴史家が評価すべき課題だろう。

大統領がイスラエルとパレスチナの地を直接踏んでいないからといって、ブッシュ政権がパレスチナ問題の重要性に無関心だったとはいえない。イスラエルとパレスチナの二国家共存による解決を政策として打ち出したことは米政権の立場としては前進である。しかし舞台裏での交渉と妥協がなされたところで、根本的な政治体制の変革がなければそれらは実施されえないがゆえに、まず地域全体の民主化が必要なのだという、少なくとも理念としては、かなり筋の通った立場を打ち出していた。とはいえ、この理念的立場を現実化するための条件が現地にも米外交・軍事当局にも備わっておらず、直接的な成果を出すに至らなかった。

ブッシュ政権の最後の一年は、地域全体の民主化という看板を下ろし、地域の安定を維持し、希望の燭光を点《とも》すことで締めくくられそうである。

2008・1・13

「祖父の地点」に逆戻りしたエジプトの近代改革

【アレクサンドリア発】二〇〇七年末から三カ月の在外研究で、エジプトに来ている。アレクサンドリア大学に客員教授として籍を置きつつ、日々の動きから距離をおいて、中東の近代史を振り返り、その中で現在の動きを見直してみようとしている。毎日のニュースはもちろん現地にいることでより細かく入ってくるが、それらは短期的な結果よりも、地域全体の長期的な変化にやがては結実する複雑な筋書きの、細やかな伏線としてみていくことが適切だろう。

ブッシュ米大統領は二〇〇八年一月九日から一六日にかけて大規模な中東歴訪を行なった。パレスチナ問題の解決に向けてアメリカとしては最大限の努力をしたと印象づけること。対イランの包囲網をペルシア湾岸のアラブ諸国そしてエジプトとの間に醸成すること。どちらの目的も短期的には成果が得られないものの、行なうべきことを淡々と行なっている。

ブッシュ中東訪問にあわせてイランの革命防衛隊船舶がホルムズ海峡で米戦艦に挑発を行なったのは、牙を抜かれたブッシュに更なる屈辱を味わわせようという、根源的な欲求に従ったまでだろう。イラクのフセイン政権崩壊時に世界に放映されたサダム・フセイン像引き倒しの際、群衆がサンダルを手にして像を叩いていた風景を思い出してみるといい。革命防衛隊はまさにそれをやってみせたわけである。

ブッシュ大統領はイスラエル(一月九日)とパレスチナ自治区(翌日)への訪問で、最大限パレスチナ側の立場を取り入れた発言を行なっている。それが「言葉だけだ」という批判は相変らずあり、エジプトでも政府系主要紙や非政府系のタブロイド紙では懐疑的な報道が多いが、アメリカの現職大統領としては率直にパレスチナ寄りに踏み込んだのも事実だ。「ブッシュは初めてイスラエルのヨルダン川西岸での存在を『占領』と形容し、エルサレムの帰趨を交渉に委ねるとした」という非政府独立系『マスリー・アル・ヨウム』紙(一月一二日付)の評価が順当だろう。

すべてが疑われるように

通常、エジプトではカイロに長く借りているアパートに滞在するのだが、今回は第二の都市アレクサンドリアに腰を落ち着けてみた。一つの理由としては、カイロが近年さらに住むに耐えない都市となり、落ち着いて書物を読んでものを考えるという研究の基本を遂行するにはふさわしくない場所となっているからだ。

過密人口、高い失業率、通信・交通機関の不全、公共機構の過剰雇用と低賃金による能率の低下、大気汚染や衛生状態の悪化といった途上国の都市問題を、カイロはすべて集約して濃縮したような具合だ。中国やインドも似たようなものだという意見もあるだろう。しかしカイロには近い将来の発展という希望がない。

本を買いに行こうにも、公共交通機関がついぞ発達せず、遺跡のようなタクシーを交渉でなだめすかしつつ駆るしかない。それでも渋滞に巻き込まれ、あらゆる些細な用事が一日仕事となる。カイロ首都圏は都市工学的には最大四五〇〇万の人口を収容可能に過ぎないところに一七〇〇万人が居住しており、「拡大カイロ圏の自動車走行の平均時速は二二キロ」であるという。なにしろ、ナイル川を越えてカイロの東部から西部へ渡るという基本的な移動で、なんと七〇%が一本の高架道路「十月六日橋」を用いているというのだ（『アフラーム・ウィークリー』紙二〇〇七年一二月二七日—二〇〇八年一月二日号）。ボトルネックの存在は明らかだが、それでもこの道路を使わなければ、陥没と突起と遮蔽物に満ちた、雑踏に遮られた、入り組んだ小路を果てしなく行くしかない。

人口四〇〇万人のアレクサンドリアは街の規模が小振りで、住民の気質もより穏和である。アレクサンドリアの中心、サアド・ザグルール広場に面したセシル・ホテルに小さな部屋を借りた。サアド・ザグルールはエジプトの民族主義運動の祖である。彼の名を冠した広場の中央に建つ銅像は、街ではなく地中海の向こうを見つめている。第一次世界大戦終結時、パリ講和会議への参加を求め、エジプトの民族主義者たちが代表団（ワフド）を結成してフランスに赴き、その中心人物がザグルールだった。欧米列強から会議への参加を拒まれたことへの抗議運動から一九一九年の民族主義運動の高揚に結びつき、二二年にイギリスによるエジプトの名目的独立の承認がなされた。ワフドは政党となり、大戦間期エジプトの自由主義的な議会政治の中核を担《にな》った。一方でイギリスの非公式の植民地支配の圧力にさらされ、他方でムハンマド・アリー朝の宮廷の干渉を受けた不完全な議会政治は、第二次世界大戦前後に破綻し、五二年のナセル率いる「自由将校団」による革命で命脈が尽きる。

現在はさらに時代が一回りした。革命・共和国体制が導入した食糧や燃料への補助金が削減されて物価高騰が続き、民心は荒《すさ》んでいる。旧体制が手を差し伸べなかった民衆に革命体制は支持層を求め、利益を供与してきた。それによって教育は広く行き渡ったが、その質は低下し、名目上の学位にかかわらず個々人の技能や意識にははなはだしい差があるため、社会の基本インフラが均質・安定的に維持・運営されない。

民衆もテレビと電話を持つようになったが、固定電話の通信品質は悪く、国内都市間の通話すら別枠の手続きが必要である。しかも検閲盗聴が当然とされてきた。テレビは公定イデオロギーで塗り固められ、ニュース番組は信用されない。外資系の携帯電話網の導入によって固定電話は遺物と化し、衛星放送によって民間放送がなし崩しに解禁される一方で政府系の地上波チャンネルは劣悪な受信状況のままである。こうしてみると、運輸・通信・放送によるコミュニケーションの増大、そして教育による均質な国民の生産という近代国民国家の統合の基本となる要素のいずれもが、多大な努力を投じて試みられながら、結局は十全に発達しなかった、ということになる。

そして革命・共和国体制それ自体が変質し、腐敗した既得権益として認識されていることによって、革命が国民に与えた理念やイデオロギー、社会規範や共同幻想のすべてが疑われてしまっている。ラマダーン（断食）月に放映される連続ドラマでは、二〇〇七年はついに、革命体制の公定史観によって腐敗と逸脱と無能の権化とされてきた最後の国王ファールークを共感的に描くものが現れた。書店にも数多くの「ファールーク本」が並び、現体制への幻滅と過去へのノスタルジーを刺激している。

書店を巡回し、文化状況の展開を見てみる。イスラーム主義の激越な説法や、終末論と陰謀論の暗い誘いは相変らず広がっているが、グローバル化の波を受けた新しい表現活動も活発になっている。アラー・アスワーニー(Alaa Al Aswany)の小説『ヤコービアン・ビルディング』はエジプトの社会病理を執拗に描き、政府系メディアが流通させていた幸福で安楽なエジプトという共同幻想を全面的に否定し、国際的にも注目を集めている。次作『シカゴ』も現在ベストセラーである。タクシー運転手との会話から社会批評を行なったハーリド・ハミースィー(Khaled Al Khamissi)の『タクシー』も評判である。

映画版『ヤコービアン・ビルディング』は物議をかもしエジプト内での劇場公開には障害があったものの、〇七年一二月封切の映画『これはカオスか?』では、これまで難解な自伝的・内省的作品を作り続けてきた老大家ユースフ・シャーヒーン(Youssef Shaheen)が新たな時代の波に乗って突如社会派監督に変身し追随した。

時代が一回りし、エジプトの近代において意味があると思われてきたものの価値がことごとく否定された。これは社会経済学者ガラール・アミーン(Galal Amin)が九〇年代末から論じてきたことだ。評論集『エジプト人に何が起こったのか?』『続・エジプト人に何が起こったのか?』で、五二年の革命当時と現在を対比し、エジプトの近代の帰結を①急激な階層移動による、安定的な文化制度と価値の質的な崩壊、②人口の極端な増加による社会・経済インフラの量的欠如、の二つの断面で切り取ってみせる。

ガラールの父はアラブの近代思想を代表する著述家のアフマド・アミーンで、思想と社会の近代化改革を推進した。ガラールは、父が提起し自分も恩恵を受け推進した改革の帰結を、息子の代となった現在の地点から振り返る。『続・エジプト人に何が起こったのか?』は次のような対比で世代間の意識の変化を描く。

「祖父は、改革は不可能であると思っていた。父は、改革は可能であり、そして何よりもイスラーム教徒を改革することが必要と信じていた。私も改革は可能と信じてきたがそれはエジプト人としての改革でなければならないととらえた。しかし私の息子の振る舞いや発言を見聞きするにつけ、イスラーム教徒としてであれ、アラブ人としてであれ、エジプト人としてであれ、改革などなしえないと信じているようだ。自分の仕事に専念していればいい、という様子がしばしば見うけられる」

近代化の努力の末、手にした乏しい帰結への、知識人の間に広まる諦念は次のように要約される。「私の息子は祖父が始めた地点に戻ってしまった。社会は変えられない。もちろん世界全体を変えることなどできはしないと固く信じているのである」

2008・2・10

海底ケーブル切断が示した「帝国の通信ルート」

[アレクサンドリア発] 一月末、中国で大雪が降ったころ、中東の気象も大荒れだった。パレスチナでも雪が積もり、東地中海の南岸一帯は強い風と雨に晒された。エジプトのノーベル文学賞作家ナギーブ・マフフーズが、アレクサンドリアを舞台にした小説『ミラマール』でこの街を「雫《しずく》の女王」と形容したように、冬季はエジプトにしては雨がちである。しかしそれにしても今年は例外的で、一月末は連日の激しい強風・雷雨に襲われた。滞在先のホテル前の広場でも、ケンタッキーフライドチキンの巨大な看板が落ち、電柱が折れてタクシーを直撃し、大破させた。

一月三〇日、嵐の中を危険を避けながら外出し、数少ない無線LANのアクセスポイントで日本との連絡にメールを開こうとしていた。しかし一向に読み込まない。この日から数日間、エジプト全土でインターネット接続がほとんど不可能になった。目の前のアレクサンドリア港付近で二本の海底ケーブルが切断されていた（当初は船の碇が切ったとされ、エジプト政府はキプロス近海での地震が原因との見方も流すが真相は明らかでない）。

問題はエジプトに留まらない。サウジアラビアやアラブ首長国連邦（UAE）、そしてインド

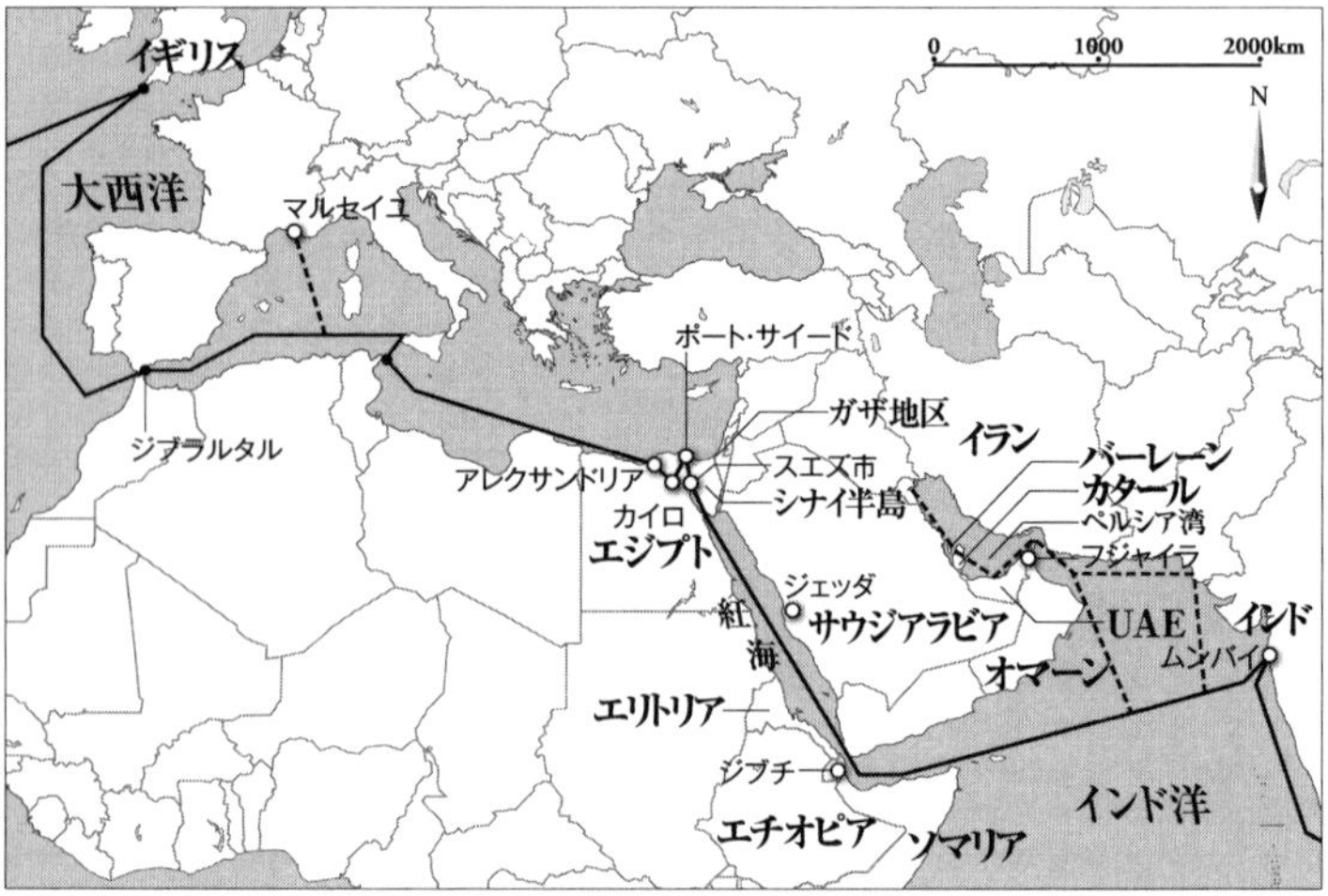

主要海底ケーブル図

までインターネット接続に多大な支障をきたした。コールセンター業が栄え、欧米企業のバックヤードと化したインドでの障害は国際的にも注目された。

興味深いのは、アレクサンドリアで通信ケーブルが断たれることによって大規模な被害がインドに及ぶという事実である。エジプト近代史の特殊な重要概念として「大英帝国のコミュニケーション」というものがある。イギリスがインドを植民地として以来、「インドへの道」の確保は死活的な意味を持ち続け、その焦点がエジプトであった。一七九八年にナポレオンがフランス軍を率いてエジプトを占領したのも、イギリスのインドへの道を断つためである。一八八〇年代からイギリス軍はエジプトに駐留したが、その目的はエジプトそのものの支配より、アレクサンドリアからスエズ運河を経た帝国の運輸・通信ルートの保全であり、アレクサンドリアは橋頭堡だった。

一九二〇年代から五〇年代に実質的な独立の獲得を進めたエジプトの民族主義運動との交渉の中で、イギリスが一貫して守り抜こうとしたのは「帝国のコミュニケーション(British imperial Communication)」である。エジプト内政への権限は手放しても、このルートに沿った地域への軍駐留だけは残そうとした。エジプトの完全独立後、単なる地方都市となったかに見えるアレクサンドリアだが、今回のケーブル切断・インターネット途絶を機に歴史の遺産を改めて感じる。

海底ケーブル網の地図を見ると、かつての大英帝国および列強の通信ルートとまったく同じである。イギリスに端を発した通信ケーブルが分岐し、一方で大西洋岸を伝ってジブラルタル海峡を通り、他方では大陸欧州からマルセイユを経由して地中海に入るものの、シチリアを経由するなどしてやがて大半がアレクサンドリアに集まる。そこからカイロやスエズ運河の北端の都市ポート・サイードを通り、スエズ市を経由して紅海を抜け、インド洋を横切ってムンバイに到達する。アレクサンドリアで通信が遮断されるとインドと西欧との連絡が途絶えるという状況は、形を変えて現代にも続いている。

これに関連して、アレクサンドリアとスエズに並び、紅海の出口ジブチの、現代のグローバルなコミュニケーションを扼《やく》す地点としての重要性を改めて確認する必要がある。旧フランス植民地で、人口七〇万人の低所得国家ジブチは、九八年から二〇〇〇年のエチオピア・エリトリア間の紛争によって、海運の拠点、戦略的要地としての重要性を急激に増した。フランスは二八〇〇人の部隊を駐留させ(仏最大規模の海外駐留)、アメリカは〇一年九月一一日の同時多発テロ以後、アフリカ・サハラ砂漠以南で唯一の基地を置く。

おりしも二月八日、ジブチでは議会選挙が行なわれた。オマル・ゲレ大統領の政府系政党が議席を独占する構えで、三つの野党はボイコットしている。ソマリアの紛争は収まる気配がなく、安定していると思われていたケニアまで大規模な紛争に揺れ、東アフリカ一帯に不安定さが満ちる中で、ジブチの確保は今後一層大きな課題となるだろう。

また、ペルシア湾岸の産油国の根本的な脆弱性が今回のインターネット障害でも明らかになった。UAEやカタールなど湾岸諸国は最先端のIT（情報技術）導入を進めるが、その通信インフラはジブチ・ムンバイ間のインド洋上の基幹ケーブルから枝分かれしたものに依存している。支線をいくら拡充しても、国際回線の幹線が脆弱では話にならない。

もちろんそのことは湾岸産油国の指導者も認識しており、中東全域で基幹インフラへの梃子入れが試みられている。たとえば事故直前の一月下旬、エジプト各紙では、UAEからエジプトを経由し、西欧に至る光ファイバー網の敷設計画への投資が報じられていた。UAEの情報通信企業「イッティサーラート（通信の意味）」が、エジプトの子会社「イッティサーラート・ミスル」やサウジアラビアの「モビリー」社と提携して行なう一億五〇〇〇万ドル規模の事業である。UAEのフジャイラからサウジアラビアのジェッダを経由し、スエズとアレクサンドリアを通って、シチリアから西欧に到達するというルートは従来の海底ケーブル路線とほぼ同じだが、アラブ地域内での通信回線を太くし域内通信能力を高めると共に、国際的な基幹通信ネットワークの一端を担《にな》う上での脆弱さを打開しようとの戦略的な意味合いを明確にしている。

イッティサーラート・ミスルはエジプト第三の携帯電話会社として認可され、大規模な事業展開に乗り出した。アラブ諸国全体の半数に及ぶ八〇〇〇万人規模の人口を抱えるエジプトの携帯電話市場としての魅力はもちろんある。しかし同社はエジプトの優勝で熱狂をもたらしたサッカーのアフリカ選手権で筆頭スポンサーとなってロゴマークをスポーツ報道に氾濫させるなど、石油を独占して「友達のいない」ペルシア湾岸産油国が、採算度外視で歓心を買おうとしている様子が窺われる。

ちなみにエジプトの携帯電話市場は、英ボーダフォンが最大のシェアを確保している。二番手のモビニール社は少数派コプト・キリスト教徒のサウィーリス兄弟が創業し多国籍企業に発展したオラスコム・テレコム社の系列だが、市場の飽和しかかったエジプトでの事業には関心を薄れさせているようで、国際資本への売却の予測が頻繁に報じられている。世界の長者番付にも顔を出す同社会長ナギーブ・サウィーリスは、混乱した危険な市場に先行して展開し、市場が成熟すると新たな危険地帯に移るというビジネスモデルを得意とするようである。フセイン政権崩壊直後のイラクに進出した時は、爆発とその犠牲者の映像を矢継ぎ早に流した上で「それでも毎日、われわれは操業している——オラスコム・テレコム」という衝撃的なコマーシャルをCNNテレビなどで流した。現在はパキスタンに力を集中しているとされるが、北朝鮮での実質上初の一般向け携帯電話網事業の排他的認可を獲得した模様である。

ガザとの国境が綻びると……

今回のインターネットの途絶は、ガザ地区との国境をめぐってエジプトとパレスチナ・イスラエル間に緊張が高まり、中東和平の焦点としてエジプトの動向に注目が集まっていた時期だった。一月二三日未明、ガザとエジプトの国境壁がハマース関連の武装集団によって破壊され、約二週間、数十万人のガザ市民がエジプトのシナイ半島内に殺到し、物資を補給した。イスラエルのガザ封鎖による人道的危機を非難する立場にあるエジプトが、ハマースとの対決の矢面に立たされ、国家安全保障の基本である国境線維持を部分的にも行ない得なくなっているという事態は、大統領の高齢化・多選批判によって威信の低下が著しいムバーラク体制の体面を大きく傷つけた。

エジプトがガザとの国境を完全に維持できない理由には、イスラエルとの七九年の和平条約で規定された条件によって、シナイ半島に大規模な軍部隊を展開できないという制約がある。ハマースはエジプトの国境警備部隊に装備でも士気でも勝る民兵を動員して威圧し、パレスチナ市民を前面に出してエジプト部隊の銃口の前に立たせる。それによってガザ封鎖をエジプト国境で綻《ほころ》びさせると共に、エジプトの和平路線そのものに揺さぶりをかけている。エジプトとガザ地区の国境線は一二キロ。ガザを掌握したハマースとイスラエルの対決が行き場を失った現在、もっとも脆弱なガザ・エジプト間の国境線に高い圧力がかかっている。

ハマースの伸張はエジプト最大の反体制勢力ムスリム同胞団の伸張に連動する。ガザ・エジプト国境が決定的に破れ混乱がシナイ半島からスエズ運河を越えてエジプト本土に波及すれば、エジプトの体制と治安の変動に直結する。それが地域全体や他の地域にまで不安定化をもたらすことは、アレクサンドリアの二本のケーブルの切断によって生じた世界的な影響が示したとおりである。

2008・3・10

「八年前」を繰り返すごとき中東紛争

［カイロ発］ エジプトのアレクサンドリアと首都カイロを電車で往復しながらすごしている。二〇〇七年一二月に始めたアレクサンドリアでの在外研究も〇八年三月末で切り上げて日本に戻らなければならない。年末から一月は東地中海一帯に冷たい雨が続き、エルサレムの大雪やカイロの長雨といった異常気象が続いたが、二月半ばからは毎年恒例のハムシーンと呼ばれる砂嵐がやってきて、大気は乾燥し、暑くなってきた。

滞在中にたまった新聞を見直して、ここ数カ月の出来事を思い返しているうちに、時代が一回りしたという気分になった。一月一八日の完全封鎖で緊迫を高めていたパレスチナのガザ情勢は、二月二九日にはイスラエル軍による大規模侵攻が開始され、多数の死者を出している。この状況は「一昔」前を思い起こさせる。

「遺産形成」を目指した挙句

中東の「一昔」は八年で区切るといいかもしれない。八年前の二〇〇〇年といえば、米大統領選挙でブッシュとゴアが最後まで接戦を繰り広げた。筆者自身も長引く米大統領選挙開票のニュースを衛星放送で横目に見ながらカイロで調査に励んでいたことを記憶する。

きわどい勝利を収めたブッシュが翌年に大統領に就任し、その後半年ばかり後の九月一一日の米同時多発テロ事件によって、中東への深い関与に彩られたブッシュ政権の八年が決定づけられた。そのブッシュ時代が終わりに近づいているいま、中東政治のさまざまなところで「一回り」「一区切り」がめぐってくるのも当然なのかもしれない。

八年前も、二期目を終えようとする米国大統領が、遺産形成を目指して中東和平の実現を掲げるという意味で、やはり現在と同じだった。自らの選挙を意識しなくていい「フリーハンド」を得た米大統領が、中東和平に向けての働きかけを強めることで状況の変化に刺激を与えると同時に、「レイムダック」と化して押さえがきかなくなる、という事が繰り返されている。

クリントン大統領は二〇〇〇年七月、当時のイスラエルのバラク首相とパレスチナのアラファト自治政府議長をキャンプデービッド山荘に招き、延々二週間にわたる首脳同士の交渉を仲介した。クリントンは通常の公務そっちのけという様子で、ほとんど付きっ切りでこの会議に梃子入れしたが、エルサレムの帰属問題などで合意が得られず決裂した。

この時も筆者はカイロにいたが、アラブ・メディアには「アラファトがエルサレムを譲り渡してしまう」という危機感が充満しており、アラファトへの世論の圧力はすさまじかった。クリントンの回顧録などにも見られるように、一般的にはアラファトが好条件の取引を蹴ったという見方が通っているが、アラブ諸国の世論には、もしアラファトが妥協による和平を呑んだ場合、強い批判を受けて暗殺といった末路を迎えかねない騒然とした雰囲気があった。

和平交渉決裂の失望の余韻醒《さ》めやらぬ同年九月二八日、エルサレムの神殿丘上部の、アクサー・モスクと岩のドームを擁するイスラーム教の聖域（ハラム・シャリーフ）を、イスラエルのリクード党首だったシャロンが強行訪問した。それに対する抗議が「アクサー・インティファーダ」と呼ばれる第二次インティファーダ（民衆蜂起）に発展し、対立の激化と事態の流動化を促進した。

現在の状況は当時と非常に似通っている。ブッシュ大統領も二〇〇九年一月までの「任期中」に中東和平を実現することを目標に掲げており、二〇〇七年一一月の米アナポリスでの和平会合の招集を出発点に、イスラエル・パレスチナ両首脳の交渉を熱意を持って仲介していく姿勢を相次いで表明してきた。しかしガザ封鎖による人道危機はアラブ世論を昂《たかぶ》らせ、イスラーム原理主義組織ハマースによるロケット弾攻撃は激化してイスラエルの態度をかたくなにさせ、イスラエルによるガザ侵攻の強硬策が国民に支持される結果となっている。

イスラエル・パレスチナ図

八年前には悪魔的に描写される積年の敵シャロンのイメージが憎悪と敵対感情を刺激し、「踏みにじられたアクサー・モスク」がシンボルとなった。また、衝突勃発直後の九月三〇日に銃撃戦に巻き込まれて死亡したムハンマド・ドゥッラ少年の映像がメディアを駆け巡り、アクサー・インティファーダを象徴するイメージとして広く流通した。

現在はガザの地形自体がシンボルとなっている。「パレスチナ民衆の手に残されたほんのわずかな小さな一片の土地に過ぎないガザが締め上げられ血を流している」というイラストがメディア上で頻繁に用いられ、アラブ諸国民とイスラーム教との連帯を訴えるのに用いられる。それとあわせて「血を流す身寄りなき子供たち」「嘆き悲しむ母親」の映像が繰り返し喚起される。

また、イスラエルの国防副大臣マタン・ヴィルナイがイスラエル軍放送のインタビューに答えた発言の中で「ホロコースト」の語を用いたことは、事態が流動化する過程でひとつのきっかけを提供した。ヴィルナイ副大臣は「(ハマースが)カッサーム・ロケットを撃てば撃つほど、距離が伸びれば伸びるほど、彼らは自らの上にさらなるショアーを呼び込んでいる。われわれは自衛のためにもっと大きな力を行使するからだ」と発言したが、ショアーとはヘブライ語でホロコーストを指す語である。

「シオニズムこそ現代のナチズムであり、イスラエルこそがホロコーストを行なったナチス体制の再現なのだ」という議論はアラブ諸国の反イスラエル言説の主要な要素だが、それを裏打ちしてしまうような不用意な発言である。後に副大臣は「ショアー」は「大災害一般」を表すのにも用いられると弁解したが、イスラエルはパレスチナ住民全体の抹殺政策を遂行しているのだ、と決めつけるアラブ世論には通用しない。

イスラエル側の危機意識は高まっている。ガザ地区からはハマースによるロケット弾の射程が伸び、確度や激しさも増して生活の平穏が維持されなくなるだけでなく、北側のレバノンではイスラエルの消滅を訴えるヒズブッラーの政治力が伸長してイランの影響力が公然のものとなっており、イスラエル国家の存亡の危機を感じる事態である。このような時には国際世論のイスラエル批判も逆効果で、かたくなにいっそうの強硬策が支持される。

ただし現在の状況の悪化はイスラエル自身の失策の重なりに由来する部分が大きい。転機は〇六年夏のレバノンでの対ヒズブッラー作戦の失敗である。疑惑を受け威信を低下させて脆弱化する政権が、強硬策に打って出て裏目に出るという悪循環である。政権が末期的症状なのだが、それを変えることができないという意味で、体制そのものに行き詰まりがあるのだろう。ガザを封鎖してハマースを締め上げようとしたものの、脆弱なエジプトとの国境を破られることを予想していなかった。ガザ・エジプト国境の混乱に乗じて武器弾薬が大量に流入したとみられ、ハマースの戦力増強と、激しいロケット弾攻撃を可能にした。

現在の情勢が八年前を繰り返すかのようであれば、二〇〇一年の九・一一事件に相当する「次」の急展開は起こるのだろうか。

気になるのが二月一二日にヒズブッラーの著名なテロリスト、イマード・ムグニーヤがシリアのダマスカスで暗殺された事件である。イスラエルは関与を否定しているが、報復はどこにどのような形で向かうのか。政治的に決定的な意味を持つテロが起こった場合、それをきっかけにレバノンやパレスチナやイランの膠着状態を新たな方向で打開しようとする動きが生じ、全体構図が変わっていく可能性がある。

二月末には米海軍が駆逐艦コール（二〇〇〇年にイエメンのアデン港でテロ組織アル＝カーイダの自爆攻撃を受けた駆逐艦）をレバノン沖に派遣した。ヒズブッラーの威信上昇で膠着するレバノン情勢と、そこへのイランの影響力増大をにらんで、緩みかけた箍《たが》を締め直そうという試みだろう。

しかしこれに対抗するかのように三月二日、イランのアフマディネジャード大統領は一九七九年の革命以来イラン大統領として初めてイラクを訪問した。アメリカのイラク戦争の勝者はイランである、という痛烈なメッセージを送ることによって、積年の敵国に屈辱を与え、中東地域に威信を誇示した。米国が大統領選挙と新政権発足で手薄になったと見られるころに、新たな動きがあるのかもしれない。

2008・4・13

東南アジアの「穏健な」イスラームの可能性と限界

三カ月のエジプト滞在を終えて帰国早々、今度はインドネシアのバリ島に赴いた。二億人という世界最大のイスラーム教人口を抱えるインドネシアの中に取り残されたヒンドゥー教徒の島である。空港からウブドに向かう間の車上で、木々のみずみずしい緑色が目に飛び込み、あらゆるところから神々や動物の石像が顔を覗かせる。中東の乾ききった大地の、「偶像」が排された世界から離れて、より馴染み深い土地に帰ってきたことを実感する。

しかし、バリ島はイスラーム過激派ジェマ・イスラミヤによるとみられるテロが二〇〇二年一〇月、〇五年一〇月に起きていることからもわかるように、イスラーム世界と異教徒世界の「前線」としてイスラーム主義者から認知される場所でもある。

バリ島ではニューヨークのアジア協会が主催するウィリアムズバーグ会議に出席した。今年は「東アジア・東南アジアのイスラーム」が筆頭の課題として挙げられていたためである。アジア協会の議長でこの会合での議論を主導するリチャード・ホルブルック元米国連大使や、アン＝マリー・スローター米プリンストン大学ウッドローウィルソン公共国際問題大学院院長といった、民主党政権が実現すれば影響力を持ちそうな面々が、このテーマでいったい何をどのように議論するのか、もっぱら観察していた。

イラク、イラン、レバノン、パレスチナ、と米国の中東政策が決定力を欠き、そのいずれにもイスラーム教の規範理念や社会的動員力が介在してくる状況で、イスラーム世界の一員でありながら米国との協調的関係を保ち、対決的言辞を弄せず温和に対応する東南アジア諸国との関係に、イスラーム世界との良好な関係の糸口として期待が寄せられるのは自然な流れである。

東南アジアへのイスラーム教の布教は、中東のように征服を通じてではなく、通商・交易と共に伝来し、神秘主義教団の影響が強かった。イスラーム法の細かな施行を重視するのではなく、内面の浄化による神への接近や、土着の信仰も完全には排除しない緩やかな信仰のあり方が定着した。米国だけでなく、日本もインドネシアやマレーシアといった東南アジアのイスラーム諸国の穏やかな信仰形態の所在を確かめ、その意義を評価していくことには、対中東・イスラーム世界への政策の足がかりとなりうる可能性がある。

一つには、日本が中東のイスラーム諸国とのみ向き合うと、一方では原油を輸入しているという弱みがあり、米国のように安全保障を提供しているわけでもないため関係が対称的にならず、もっぱら要求され続けることになる。価値規範の面からいえばあまりに遠すぎ、話の接ぎ穂がない。密接な関係を保ってきた東南アジア諸国を日本の中東との関係の中に巻き込むことは、中東諸国との限定的で非対称的な関係にバランスを持たせる効果が望まれる。

第二に、東南アジア諸国にとっても、アメリカや日本を巻き込んだ形でのイスラーム教をめぐる議論を行なうことには好都合な側面がある。

東南アジアの国は、イスラーム諸国会議機構のような場では中東、特にアラブ諸国の発言を拝聴する立場に置かれる。「東南アジアの独自の解釈」を主張することはまずなく、一致団結して欧米や非イスラーム世界に対決するという立場に賛同せざるを得ない。イスラーム教信仰の純粋さに難があるように見られ低く評価されがちな周辺部の国の方が、より強硬な立場を表向きはとることも多い。湾岸産油国からの投資などは魅惑的だが、政治・安全保障上は中東諸国は東南アジア諸国にとって頼れる相手ではない。しかもサウジアラビアやパキスタンからの強硬なイスラーム解釈や政治的過激主義の流入は各国の治安を脅かし、長期的にも穏健な宗教解釈を排して中東型の厳格な解釈を広めて固有文化を圧迫していく可能性がある。

従って、積極的に東南アジアのイスラーム教信仰を評価し、固有の伝統的解釈を支援し近代化を支えていくことによって、イスラーム世界の中東・アラブ諸国を中心とした一元化を回避する効果が想定できる。

中東では〝格下〟扱い

ただし、東南アジア的「穏健な」イスラーム解釈の影響力に期待しすぎるのは禁物である。実態としては、中東に東南アジア的なイスラーム解釈が伝わってくることはほとんどない。西洋近代が経験した「神の死」を経ていないイスラーム世界において、啓示がアラビア語で下された、という「事実」は依然としてあまりに強い。イスラーム教の解釈はアラビア語によるものが規範として優越し、知識の伝播《でんぱ》は基本的には中東から周辺地域へと一方通行になる。「知の帝国主義」「文化的植民地主義」といった概念は、通常は西洋近代の知識や制度についていわれるものだが、イスラーム世界にはアラビア語による解釈の優越性という厳然とした秩序がありあり序列がある。

その序列において東南アジアはほとんど最下位に置かれており、その独自の解釈や実践は、中東の主流派の解釈では改められるべきものとしか理解されないことが多い。インドネシア語でなされる独自の解釈や判断は、ローカルな解釈として許容されることはあっても、中心地の中東に影響を与えることはなく、アラビア語に訳されることもない。会議の場でも、中東へどのような影響を与えることができるか、という問いには答えを避ける傾向が顕著だった。

近年は東南アジアにも、サウジアラビアやパキスタンからの、イスラーム法の施行を強調し、異教徒世界との政治的・軍事的な対抗関係を明確にする思想が流入する。衛星放送やインターネットを通じて、あるいはマドラサ（神学校）を通じてのそれらの影響は、英語学校に通い留学機会を与えられ、家系・人脈によって若いうちから要職についてきたエリートの目には単に「遅れたもの」に映り、過小評価されやすい。また、ことの深刻さを認識していても、米国の有力者を相手に、いかに自分の国が開明的であるかを主張したい場面では、言及を避けようとする。

宗教の「本質」にかかわる問題は、アメリカの「アジア通」のリベラル知識人や、アジアの欧米化したエリートの間の議論ではどうにも場所がない。モダンな解釈を超えて、ポストモダン的な解釈、つまり「イスラーム教への回帰はアイデンティティの再確認であり、女性にとってはエンパワーメント（力の付与）の象徴でもある」といった多民族社会としてのアメリカになぞらえた議論、フェミニズムに合致するように行なった説明であれば、民主党リベラル派には実に好評であるようだ。それが東南アジアの現地のイスラーム教信仰をどれだけ正確に反映したものなのかは定かでなく、その危うさがアメリカのエリートにどれだけ伝わっているかは心もとない。

会議での議論では、東南アジア諸国からの出席者がもっぱらアメリカ留学経験者で対米関係を中心にした学者兼実務家が主体であったためだろう、アメリカン・ジョークをある種の共通言語として会話が進む。そもそも国際関係上の「アジア」という枠組みそのものが、アメリカで「アジア系アメリカ人」という存在が意識されることによって成立しているところがある。「アジア」諸国の社会のある部分については確かに米国の影響が深く刻まれている。しかしそうでない部分を等閑視していいか、筆者は東南アジアの専門家ではないので判断しがたい。

中東の場合は、米国と結びついたエリート層のごく一部とつながることが政策の実効性を著しく弱めてしまうことは、イラク統治の失敗を見ても明白である。米国にとって英語が通じて、米国の政治的意思決定のしくみの中で巧みに語る術を持つエリート層を各国に見つけられることは強みだが、それらの現地エリートがどれだけ地域の住民を代表し得ているかが検証されないまま、米国の政策に反映されてしまうというのが、往々にして弱みとなる。

日本が強みを持つとすれば、米国での政治的思惑を込めたアジア認識を網羅して比較検討し、アジア各国の現実について独自に集めた情報とつき合わせ、より妥当な認識を常に形成しておくことによってだろう。

米国に集まってくる情報の量は圧倒的だが、そこから中立的で妥当な結論を導き出して広く合意に達し政策にまで反映させることは容易ではない。米国の擁する学術・研究機関に集う専門家の蓄えた分厚い知識と、政治的駆け引きと議論を経て政策に還元される知識の量の間には、著しい乖離がある。その乖離を見据えて、要所で的確な判断を下せる態勢を整えておくことによって、日本の対外政策の強みとするべきだろう。

2008・5・11

レバノン市街戦で蘇る内戦の危機

レバノン情勢の摩擦が高まり、火花を散らしている。二〇〇八年五月七日から首都ベイルートや北部のトリポリなど各地で市街戦が行なわれており、五月一二日までに各地の戦闘で五三名の死者が確認されている。局地的には一九七五年から九〇年にかけて吹き荒れたレバノン内戦を髣《ほう》髴《ふつ》とさせるような光景が現れている。全面的な内戦には当面は至らないだろうという見通しが大半だが、近い将来に混乱が収束する兆しもない。

直接の発端は、五月三日にシニオラ政権に参画するワリード・ジュンブラート急進社会主義党党首が口火を切ったヒズブッラー非難である。ヒズブッラーがベイルート国際空港に監視カメラを設置し、レバノン各宗派・党派の要人の動きを監視しているというのである。また独自の電話網を敷設しており、いずれにもイランの支援が入っているというのである。

ヒズブッラーは監視カメラについて否定しているが、いかにもありそうな話である。むしろヒズブッラーがそのような情報収集をしていないほうが不思議なくらいだ。ベイルート空港はベイルート南の郊外に位置する。レバノン南部のシーア派が多い地域から都市周辺に移住してくる低所得層が集まる区画であり、ヒズブッラーはここに強固な勢力地盤を築いた。国際貿易と金融・情報産業を基礎とするレバノンのほとんど唯一の世界への窓口は、ヒズブッラーの支持基盤の只中に位置していることになる。独自の電話網敷設をヒズブッラーは否定していないが、それは「イスラエルに対する抵抗運動のために必要」であると主張しており、悪びれる様子はない。

これに応じて五日から六日にかけての紛糾した閣議の結果、ベイルート空港の監視カメラ問題を調査することが合意され、ベイルート空港の警備を担当する司令官をヒズブッラーへの近さを理由に罷免するとされた。またヒズブッラーが独自に張り巡らせた電話網は違法であり、その閉鎖を命じるとも決定した。

内戦よりもひどい状況も

国際空港の管理が中央政府の思うようにならず、許可なく広範囲の電話網が敷かれているというのは通常の国家ではありえない。しかし、これこそがレバノンの常態である。ヒズブッラーの支配領域と民兵組織に政府は手をつけないというのがレバノン政治の暗黙の了解であり、それを侵犯する動きとしてヒズブッラーは即座に強く反発した。ヒズブッラーの指導者ハサン・ナスラッラーは政府の動きを「宣戦布告」に等しいと非難した。街頭での示威行動を動員し、高い戦闘能力を誇る民兵によって西ベイルートなど首都の主要地域を占拠した。

これに呼応して親ヒズブッラー勢力は元首相の息子サアドッディーン・ハリーリー傘下のメディア産業複合体「ムスタクバル（未来）」の社屋を焼き討ちした。ジュンブラート党首の拠点も包囲されレバノン国軍の保護を仰いでいる様子である。

ヒズブッラーはベイルート空港へ至る道路を封鎖したため、九日からすべてのフライトがキャンセルされ、レバノンは世界から孤立状態におかれた。一〇日には、ヒズブッラーは制圧した西ベイルート地区をレバノン国軍に明け渡すと発表したが、この日には衝突は東ベイルートにも飛び火するとともに、トリポリのような地方都市でも衝突が激化しており、早期に沈静化に向かうかどうかは予断を許さない。

一九九〇年の内戦終結後、各民兵組織は解体されレバノン国軍の増強が進められたが、シリア軍の駐留は米国を始め国際社会からも黙認され、レバノン各勢力も忍従あるいは協力するしかなく、属国のような地位におかれてきた。シリアとイランの支援を受けたヒズブッラーの民兵組織だけは対イスラエルへの抑止力としての意義も認められ、レバノン国内の各勢力もその存在を黙認してきた。

事態が大きく動いたのは二〇〇五年二月のラフィーク・ハリーリー元首相暗殺事件である。それをきっかけに盛り上がった反シリアの市民運動により、シリア軍と諜報機関の撤退がなされた。この年行なわれた選挙によって、親欧米でシリアやヒズブッラーとは敵対する勢力が多数派となった。ただし、レバノンの議会政治は宗派間のバランスと各勢力のコンセンサスを原則としており、選挙でも一定の地歩を築いたヒズブッラー系の閣僚の協力を得なければ円滑な運営ができない。

ヒズブッラーが二〇〇六年七月から翌月にかけてのイスラエルとの交戦で成果を挙げて、流れは大きく変わった。国内政治上の劣勢を一気に挽回し内外での威信を高めた勢いで、ヒズブッラーは同年一一月には閣僚を引き揚げて倒閣運動に傾斜した。それをシニオラ政権が持ちこたえるものの対立の解消には程遠く、膠着状態の中あらゆる重要な決定が棚上げにされてきた。

議会は〇七年一一月に任期切れとなった大統領の後任を選出できず、大統領が不在の中、多くの閣僚が離脱したシニオラ内閣が続行している。レバノン国軍最高司令官ミシェル・スレイマーンが政権側と野党側が共通して承認する大統領候補として浮かび上がっているが、首相の任命と組閣をめぐる対立が解消されず、正統的な国家元首や内閣が存在しない状態に陥っている。

対立の焦点は、ヒズブッラーを中心とする野党側が重要な決定をめぐる拒否権を得るかどうかである。現行のレバノン憲法では、閣僚の三分の一を確保すれば事実上の拒否権が得られるため、ヒズブッラーは勢いのある今、この数を確保しておきたい。一度確保してしまえば、その後は二度と不利な制度設計を押し付けられることはなくなる。それだけに政権側もこれを与えようとはしない。結局、大統領任命と組閣のための議会招集は〇七年一一月以来一九回も延期され、終わりの見えない対立が続いている。

双方のレトリックは苛烈で、武器も拡散しており、内戦再発が危惧されるが、急激な情勢悪化は避けられるとの見方が主流ではある。

というのも、あくまでも各勢力は依然として共通のルールの上で争っているからだ。レバノン国家の「統一」を最低限の守るべきラインとし、各宗派・党派の「コンセンサス」を重視する。ただし、レバノン政治の「コンセンサス」は、あらゆる勢力が物事の解決を先送りするための拒否権を持ち得るが、解決策がまとまることは阻害するという性質を持っている。いずれの勢力をも完全に排除して進めば、阻害された勢力は内戦に至る「宗派紛争のカード」を切る。それが抑止力となって、各勢力が不満ながら妥協と取り込みを選ぶというところに、レバノンの統治機構の基本原理がある。

また、シニオラ政権に全国民を代表する政府としての正統性が乏しい現状で、国軍が中立な仲介者としての地位を高めていることも今後の展開の中で重要となる。

国軍はベイルート空港を管轄する司令官の罷免やヒズブッラーの電話網の閉鎖といった、ヒズブッラーの武装解除への一歩を意図したシニオラ政権の決定を履行せず、かつジュンブラートなど反ヒズブッラー勢力の安全も保障するというバランスの取れた立場を維持している。ヒズブッラーもレバノン国軍の威信は認める姿勢を示している。ただし各地での衝突が続く場合、レバノン国軍が全国を掌握し治安を回復できるかどうかは未知数である。

議会での決定を可能にする三分の二の議席を確保する勢力がいないというところに起因する膠着状態は、〇九年の五月から六月に行なわれると暫定的に予定されている議会選挙まで解消されようがない。それまでにどのような選挙法を定めるかが今後の議論の重要な課題となるはずだが、議論は深まっていない。各地での銃撃戦・市街戦は、各地域や宗派間あるいは宗派内部でのローカルな対立が「反ヒズブッラー」「親ヒズブッラー」の旗印を隠れ蓑に暴発している可能性があり、統制の取れた内戦よりもいっそう収拾の困難な、全般的な治安の悪化に結びつきかねない。

ナスラッラーやジュンブラートといった政治指導者による、対決を煽り身内を鼓舞する発言の意図を超えて、各地で小規模の民兵集団同士が独自の目的と理由から戦闘を行ない、これが全般的な秩序の悪化に結びつくという可能性がある。

その場合、レバノン情勢は膠着状態や流動化といったこれまでの状態を超えて「液状化」とでも形容すべき事態に陥りかねない。数週間の間にレバノン情勢のさらなる動揺を抑える流れが出てくるか注目しておきたい。それはヒズブッラーを通じてレバノンに影響力を強めるイランの威信がさらに高まるか、一定の抑制がかかるかの分かれ道でもある。

（補足）二〇〇八年五月一六―二一日にカタールのドーハで行なわれたレバノン各派の交渉で、ヒズブッラー側に三分の一以上の閣僚ポストを割り振り事実上の拒否権を与える形で合意が成立した。これに基づき五月二五日にスレイマーン大統領が選出され、七月一一日に新たにシニオラ内閣が発足した。

2008・6・16

「オバマ大統領」誕生が道徳上の力となる可能性

米国民主党の大統領選挙候補者予備選挙で、バラク・オバマ上院議員がようやく勝利したようだ。もしオバマが本選挙も勝ち抜いた場合、米国の中東政策はどう変わるのだろうか。選挙戦略としての発言と、実際に大統領として実施しうる政策には隔たりがあるだろうから、現時点で有意義な予想はできない。

ここでは一部で議論になっていた「イスラーム教徒としてのオバマ」という問題について考えてみたい。選挙戦を通じて、共和党系・保守派の陣営からは、オバマの父親がムスリムであったという点が言及されてきた。インターネット上で、チェーンメールなどにより、「オバマは実は熱心なイスラーム教信者である」という噂が巡った。多くの保守的なアメリカ市民にとってはイスラーム教からはテロリズムがもっぱら連想されるという点を突いた中傷だろう。

道理としてはオバマがムスリムだったとしてもなんら問題はないはずで、「オバマがムスリムである」と噂することが「中傷」となってはならないはずだが、米国の文脈ではキリスト教徒以外が、そしてムスリムが大統領に当選することなど論外、というのが実態だろう。

オバマのフルネームは「バラク・フセイン・オバマ」である。オバマが二歳の時に妻と息子の元を去ったケニア人の実父が「バラク・フセイン・オバマ」という名で、それを受け継いだのだという。ミドルネームの「フセイン」を執拗に強調する嫌がらせを受けたことがあったが、そもそもファーストネームの「バラク」にしても、アラビア語のbarak（「神の祝福」を意味する）を起源とする。Barackと綴っているのはケニアで使われるスワヒリ語を介したからだろう。エジプトの大統領「ムバーラク」（「神に祝福された者」の意味）も同じ語根からくる名前である。

オバマは少年時代に、母親の再婚相手であるインドネシア人の継父の元でジャカルタの公立小学校に通ったこともある。確かにイスラーム世界との関係が異例に濃い米大統領候補である。そのことは米国のリベラルな論者には、グローバル化がもたらすハイブリッド性（異種混交性）の極致として、米国の先進性を示すものとして賞賛されてきた。端的にオバマの大統領選出によってイスラーム世界での米国イメージが改善するという議論も一部にはある。

同時にオバマ支持派は、多くの保守的な米国市民の躊躇や疑念を打ち消すために、オバマとイスラーム教の関係を強く否定する必要にも迫られてきた。オバマ＝ムスリム説に対抗するためにオバマ支持者側はインターネット上に「バラクはムスリムか？」というホームページを開設した（http://isbarackobamamuslim.com/）。このサイトを開くとまず冒頭に大きく「NO」と大書されている。そしてCNNテレビや保守的なFOXニュースなどがオバマのキリスト教教会での活動をレポートしたホームページを示した上で、オバマ陣営の二〇〇七年一一月の声明「オバマはムスリムだったことはない。熱心なキリスト教徒である」にリンクしている。

オバマがイスラーム教を自覚的に信仰している、という説はほとんど根も葉もなく、米国社会のイスラーム教忌避の感情に訴えようとした悪質なデマであることは明白である。疑念を払拭しようとイスラーム教に否定的な発言を行なえば今度はイスラーム諸国からの反発を呼び覚ます、という苦しい状況にオバマを追い込もうという作戦でもあるだろう。オバマ本人はイスラーム教信仰を直接的に否定も肯定もせず、スマートにこの罠から逃れてきた。

ただしイスラーム教を少しでも知るものからすると、オバマが「イスラーム教徒だったことはない」という声明は、本人の意識はともかくとして、「客観的」には錯誤・矛盾と感じざるを得ないことも事実である。

この痛いところを突いたのが、保守派論客のエドワード・ルトワークで、五月一二日付の米『ニューヨーク・タイムズ』紙に寄稿した「背教者の大統領？」という刺激的なタイトルを付したコラムで、「オバマ大統領が誕生すればムスリム世界から歓迎されるだろう、というよくある期待」に噛み付いている。

ルトワークは「オバマが当選すればアフリカでの対米評価が上がる」という議論についてはある程度同意してみせるが、それがイスラーム諸国にも当てはまるという印象を否定しようとする。彼が思い出させようとするのは「全ての唯一神教と同様に、イスラーム教は排他的な信仰である」という点である。イスラーム教の場合、同時期に二つの宗教を信仰することが認められないだけでなく、イスラーム教から他の宗教に移ることも許されない。「半分アフリカ人」ということは可能だが「半分ムスリム」ということはありえないのだ、と指摘する。

曰く、「オバマ上院議員はムスリムの父親を持つ以上、ムスリムの法の全世界でおしなべて認められる解釈の下で、ムスリムとして生まれた」。「彼の改宗は、ムスリムの目には犯罪と映る。アラビア語の『イルティダード』あるいは『リッダ』であり、通常『背教』と訳されるが、『反逆』や『裏切り』の意味も兼ね備える。これこそ、ムスリムが犯しうる最悪の犯罪であり、殺人より罪が重いとされる（殺人であれば被害者の家族は許すことを選択してもよい）。ごくわずかな例外を除いて、スンナ派でもシーア派でも全ての法学者が、強迫の下でなされた場合を除いて、信仰を捨てた成人は死刑と処断する」。

これを根拠にルトワークは、オバマはイスラーム教を捨てた「背教者」とみなされるがゆえに、そのような者を大統領に戴けば米国とイスラーム世界との関係は改善されるどころかいっそう悪化する、と主張する。

政府としての判断は別問題

ルトワークの議論の半分はイスラーム法上の重要な論点を踏まえていて正論だが、残り半分は政治的な「為にする」議論だろう。確かに、イスラーム教から改宗することは認められておらず、片親がムスリムであればその子は自動的にムスリムとされ、改宗は認められない。

ただし、宗教的判断と、外交的に国家がどう判断するかは別問題だ。オバマのように、父親がイスラーム世界の中で辺境のケニア出身で、米国に移民して故地の宗教規範から切り離された生活を送った場合、そして裕福な白人のおそらく無神論に近いコスモポリタンな母親に育てられて米国社会の中でキリスト教徒として地位を築いた結果、絶大な権力を手にした場合、イスラーム国といえども、その子の「背教」を問題にすることは、現実にはないだろう。

イスラーム諸国、特に中東や南アジアに生まれ育ったムスリムが公然と改宗を表明した場合、親族間関係を含めた社会的な地位を失い、身体・生命の安全まで不確かになりかねないことは事実である。しかし米国の大統領がイスラーム法上ムスリムとして生まれたからといって、その改宗を非難・攻撃して、超大国や全世界からの批判と報復を招くという選択は、おそらくほとんどのイスラーム諸国の政府が採用しないものだろう。イスラーム諸国の政府はイスラーム法上のオバマの地位を判断するよう求められれば（これはイスラーム主義者から求められる可能性がある）、おそらくは「オバマの父がすでにイスラーム教信仰を失っていた」といった解釈を行ない、オバマ自身がムスリムであったことは実質上はない、といった理屈付けをして容認する事になるだろう。また「イスラーム教では宗教は強制されることはない」といった形でイスラーム教の寛容性も主張してむしろ倫理的優位性を主張する場とする、という巧妙な戦略をとるはずである。

これが米国ではなくイスラーム諸国の、それも存立が風前の灯の小国の指導者であった場合、特にアラブ産油国の援助に頼るといった状況にある場合、話は変わってくる。また、米国の一般市民でイスラーム教からの背教を公言した場合も、自発的に危害を加えるものが出てくる可能性はある。イスラーム教の規範が施行されるか否かは、個々の事例に存在する権力関係に大きく依存する。

イスラーム法上の原則からは、オバマがもし米国大統領に就任した場合、「改宗者（背教者）」

が超大国の指導者となるのは確かである。これが直接に米国のイスラーム世界での立場を改善することも悪化させることもないだろうが、長期的には米国の理念をイスラーム世界に示す機会となりうる。「改宗」を否定する教義そのものの問題性をあからさまに批判するのではなく、多様性を包摂する米国の優位性を緩やかに、しかし如実に示す一例として、「黒人でマイノリティのイスラーム教徒として生まれた者ですらも米国では大統領になれるのだ」というメッセージをイスラーム諸国に発することができれば、長期的にはイスラーム教が宗教的・政治的自由を受容していく過程での、米国のソフトパワーとなりうるだろう。

2008・7・14

次期政権を見据えて進む米「知的インフラ」の再編成

米国の共和・民主両党の大統領候補者が出揃い、中東をめぐる多くの課題は次期政権に持ち越される模様だ。両候補の中東政策はまだはっきりしないが、今注目すべきは、今後の米国の対中東関与の政策形成と意思決定が、どのような判断基準の下で、どういった情報源に基づいてなされるのか、という問題をめぐって議論が盛んになっている点である。いわば「中東をめぐる知的インフラ」の再編成が、次期政権を見据えて、活発化している。中東での突発事態も、米政界の浮き沈みも予測がつかない部分があるが、中東をとらえる知的インフラの大きな方向性を見ておけば、米新政権における対中東政策の、少なくともぼんやりとした相貌は描ける。

最大の変化は、「対テロ戦争」という、ブッシュ政権が掲げ、多くの課題をそこに絡めることによって米国民の多数を説得できていた概念が、ついに広範な支持を失ったことだ。「戦争」という概念を用いることによってテロ対策は優先課題とされ、多大な資金が投じられた。「戦争」とされたからこそ総力の結集が可能だったが、テロ対策専門家、特にイスラーム主義のテロリズムを深く見てきた者には、「対テロ戦争」という概念は実は評判が悪かった。

結局のところ、原則として法執行の枠内で対策を推し進めていくほうが得策である。そもそも根本的な「法」概念が異なっているのだから法執行そのものが困難なのだが、イスラーム主義者が多くの同胞信者の目に正統性をもって映っている以上、「戦争」として位置づけることはかえって問題を大きくする。しかし、その指摘は米国内で最近まで、強固な反ブッシュの立場を取る者以外からは耳を貸されることがなかった。しかし二〇〇七年から徐々に、そして大統領選挙の過程ではっきりと、「対テロ戦争」がもはや米国民の多数を常に説得できる概念ではなくなったことが明らかになってきた。

その過程で、イスラーム主義の国際テロリズムを見る議論も、アル＝カーイダという「中枢」を諸悪の根源と見定め、そこから指揮命令系統のヒエラルキーでつながる組織・集団を敵と想定するタイプのものから、指導部も指揮命令系統も一貫せず、共通の理念や感情に自発的に各地で結集しネットワークで共鳴していく運動として見ていくものが有力になってきている。後者の場合、「戦争」として対処することが本来的に困難である、ということを含意する。

ここから、前者の立場をとる代表的なテロリズム研究者ブルース・ホフマンと、後者の立場のマーク・セージマンが激しい論争をすることになった（「テロリズムをめぐる単なる私闘とも言えない争い」『ニューヨーク・タイムズ』紙六月八日付）。新著『指導者なきジハード』を著したセージマンが、専門家からのみならず、広く支持される状況になってきている。少なくとも「対テロ戦争」の枠組みに合致しないテロ研究が有力学説として広く紹介されるだけでも大きな変化である（Marc Sageman, *Leaderless Jihad: Terror Networks in the Twenty-First Century*, Philadelphia,

University of Pennsylvania Press, 2008)。

国際テロリズムやイスラーム思想、中東情勢を見る米国の論調の大きな変化は、ロバート・ゲーツ国防長官が四月一四日にアメリカ大学協会で行なった演説にも明らかだ。ここでゲーツは「近年、わが国の政府と軍が、対処する国々や文化を理解せず、あるいは理解しようとすらしなかったことによって、あまりに多くの過ちが犯された」と率直に反省の弁を述べる。その反省に基づき、ゲーツは複数の大学と軍が連携する「ミネルヴァ・コンソーシアム」の立ち上げを提案した。(「国防総省が安全保障に関して大学人に助言を求める」『ニューヨーク・タイムズ』紙六月一八日付)

アメリカ大学協会は、トップクラスの大学の集まりである。元来アメリカの軍は大学との関係が深い。しかし理工系の成果を軍事技術に応用したり、一部の戦略研究の拠点との関係を持つほかは、リクルートの場とするというのが通常である。しかしゲーツの演説は、有力大学の人文・社会諸学の英知こそ二一世紀の脅威に対抗するのに必要な専門知識と位置づけ、具体的に協力の領域や方法を示したところから注目を集めた。

ゲーツは、敵が単一だった冷戦期とは異なり、二一世紀には「ジハード過激派、民族紛争、疫病、貧困、気候変動、失敗国家、勃興する大国」といった多様な脅威が散在すると指摘する。ただし国防長官として重点をおくのはやはり「ジハード過激派」「民族紛争」「失敗国家」「勃興する大国」のようである。それらに立ち向かうために、大学の研究者の知見を活用したいというのだ。

ゲーツは重点を置く分野の例を四つ挙げる。第一は中国の軍事と技術に関するものだが、第二と第三には中東とイスラーム思想関係がくる。一つは「イラクとテロリストの視点」であり、九・一一以後の米国の戦争、掃討作戦によって得られた一次資料を用いて、テロリズムや独裁国家の論理を内側から解析してはどうか、という提案である。「イラクの政府公式文書やテロリスト・ネットワークの動きに関係する膨大な文書」が押収されたが、それらの大部分を公開し、アカデミックな研究者にとって「独裁的な第三世界の政権の仕組みへの前例のない視野」が得られる資料とする、と誘う。

もう一つの中東をめぐる重点分野は「宗教とイデオロギーの研究」とされる。「ジハード過激派との紛争の最終的な成否は、個々の軍事作戦の結果よりも、イスラームの世界全体のイデオロギー環境にかかっていることに疑いの余地はほとんどない。この環境がいかに進展するかを理解すること、その進展にどの要因が影響を与えるかを――要因には米国の行動も含まれる――理解することは、われわれの直面する最も重要な知的挑戦なのである」と論じる。

ゲーツは四つ目に、冷戦がゲーム理論やソ連共産党研究《クレムリノロジー》を発展させたのと同様に、二一世紀の脅威に対する新たな学問を立ち上げることを期待する。そのために有望な学問領域として、「歴史学、人類学、社会学」といったオーソドックスな領域に期待する。加えて「進化心理学」を特に挙げているのも興味深い。

侮れない超大国の知的パワー

きわめて筋の通った論で、人文・社会系の研究者から往々にして出がちな、意固地なあるいはイデオロギー的に頑なな反応を迂回し、シンプルに問題の本質に迫っている。

第一に挙げた「中国軍事・技術研究」にしても、焦点が絞られ手順も具体的である。中国政府からは軍事・技術発展に関する夥《おびただ》しい情報が公開されるが、多くの米国人研究者はそれにアクセスがない。海軍大学などが一部の分野で収集に着手しているが、今後は関心を持つ大学がそれぞれの得意分野を分担して組織的に収集し解析しようという提案である。

予算を出すだけでなく、資料を公開し、アカデミックな方法論での分析を求め、その成果発表の場も提供する、という議論は、国防長官就任前にテキサスA&M大学学長を務めていたゲーツならではである。ラムズフェルド前長官の露骨に組織のリストラを主張するある種の経営者感覚との落差は激しい。

軍に大学が取り込まれることに関しては、特に人文・社会系の研究者団体からは警戒や反発の声が上がる。しかし学界のほうでも、硬直したイデオロギー対立で研究の幅が狭まり、過度な「政治的正しさ」で自縄自縛となっている現実がある。たしかに、ゲーツが演説で挙げたような、テロリストのジハード思想をイスラーム思想全体の展開の中に位置づけるといったごく当然の研究が、アカデミックな場ではほとんど行なわれていないのも事実である。

政治的な思惑から、「テロリストに共感するイスラーム教徒はほとんどいない」「ジハードはイスラーム思想の中ではほとんど重要性がない」「ジハードは平和的な宣教である」といった、学術的には到底正当化されない議論が学界で声高に論じられ、それに反する者をただ排斥することで、研究の進展は阻害されてきた。学界の頑なな態度は、結果として、最低限必要な知見すら国防政策策定の中枢に上がらず、中東出身とおぼしき怪しい仲介者が跋扈《ばっこ》したり、善意で情報・知見を提供しようとする者を孤立させる結果となった。ゲーツの「ミネルヴァ・コンソーシア」構想は、政府と学界の和解と協調を模索するだけでなく、「対テロ戦争」をめぐってとげとげしい対立を繰り返してきた米政界、そして社会の亀裂への架橋を目指す多くの動きの一つともいうべきだろう。

ブッシュ政権末期の今、米国は中東政策でほとんど新たに打つ手がないように見える。だが水面下では反省を土台に中庸の意見が大勢を占めるようになり、長期的な政策インフラの再構築を目指す動きが進む。

ブッシュ政権を揶揄することは簡単である。しかしアメリカをすべて一緒くたにして侮ることは、超大国の知的なパワーの懐の深さを見失う。ブッシュ政権の果敢な中東介入の時代にアメリカは多くの傷を負った。しかしそれによって多くの者が中東に接し、真剣に歴史を繙《ひもと》いた。暴論も見当はずれの政策も数多く採用された。しかしそれらの失敗が現実の試練によって明らかになることで、アメリカの指導的階層の中東への認識は徐々に深まっている。大統領選挙の砂塵が収まり、新政権の下で米国の中東政策の足腰は格段に強まっていくかもしれない。

2008・8・10

北京五輪が露呈させた「帝国中国」

北京オリンピックが幕を開けた。張芸謀《チャンイーモウ》監督の演出による開幕式典のページェントは、中華文明の人類史への貢献を謳《うた》いあげた。活版印刷や羅針盤といった発明と共に、先進文物が「下った」通商交易路を現出させるのも見せ場だった。洛陽からシリアに至るシルクロードと、一五世紀初めに鄭和の艦隊が行なった南海遠征、いわば「海のシルクロード」への航海が絵巻のように描き出された。

「西域」を横断するシルクロードは、奈良時代の日本にとっては「仏教伝来」の道だったが、その後の中国にとっては「イスラーム伝来」の道となった。鄭和も雲南省生まれのイスラーム教徒である。七次にわたる遠征では、イスラーム教徒が支配的だった東南アジア・南アジアの交易路を辿り、インドのカリカットや、ペルシア湾のホルムズ海峡、アラビア半島のアデンにまで達した。

開幕式典の舞踏には、中国のさまざまな少数民族の衣装をまとった踊り手たちが入り乱れるシーンもあった。しかし聖火リレーが暴力沙汰と厳戒態勢の中で進んだことを考えればいかにも

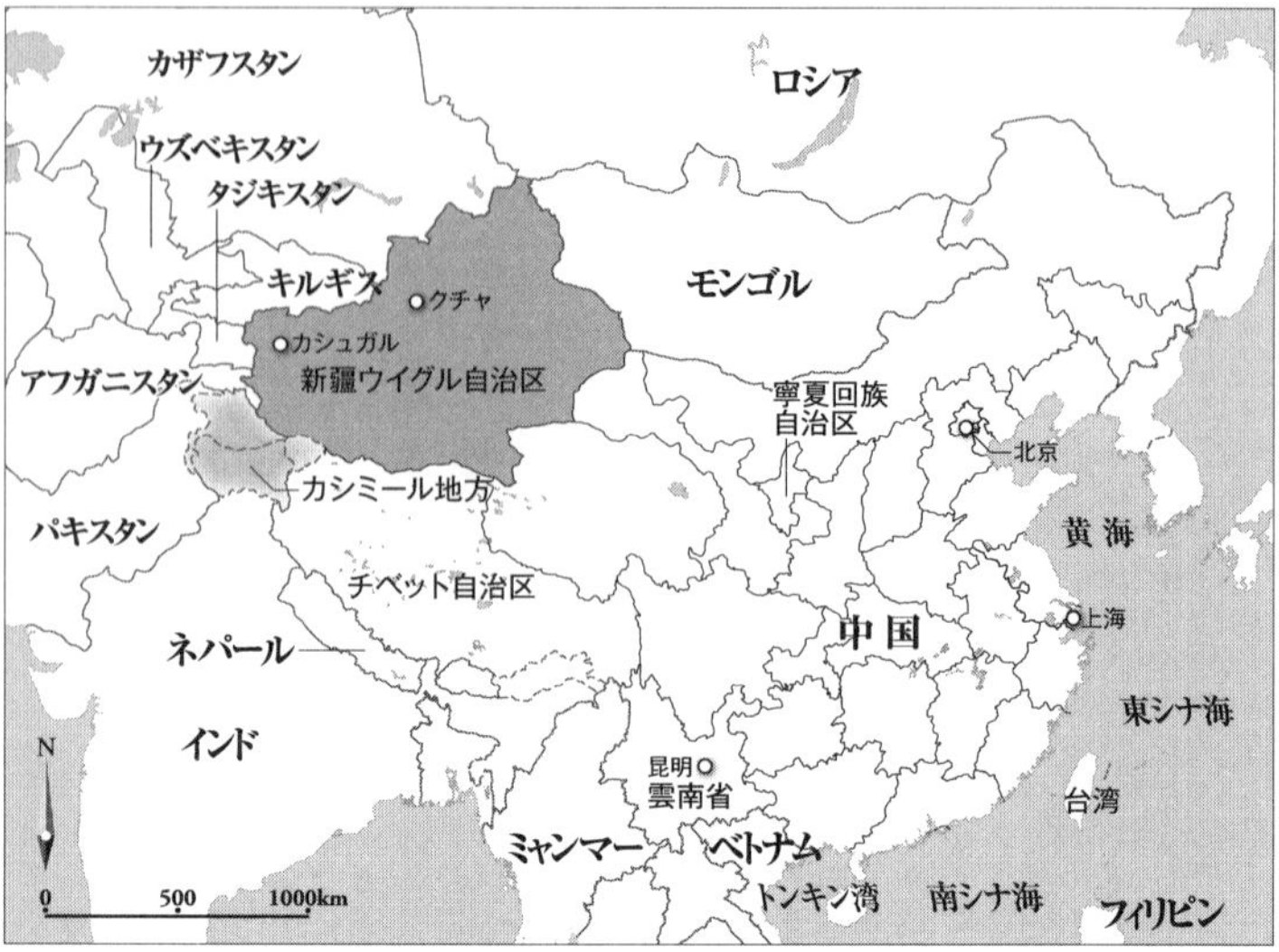

中国のムスリム集住地域と中央アジア国境地帯

空々しい。

北京オリンピックは中国が大国として国際社会に復帰したことを宣言する機会であり、帝国の栄光を取り戻した瞬間となるはずのものだった。しかし異民族・異教徒の統治に苦しむ帝国としての困難を露呈する機会にもなってしまった。チベットについては国際的批判に応えて対話の姿勢を見せもした。しかし「テロリスト」と認定して、苛烈な弾圧で封じ込めてきた新疆ウイグル自治区を中心にしたイスラーム主義勢力の活発化が、厳しい報道管制の下でさえも伝わってくる。

七月二一日には雲南省の昆明でバス連続爆破事件が発生、トルキスタン・イスラーム党を名乗り、犯行声明と共に北京五輪の阻止を扇動するビデオが出回った。八月四日には新疆ウイグル自治区のカシュガルで武装警察部隊への襲撃があり、警察官一六名が死亡、一六名が負傷した。同じくトルキスタン・イスラーム党の名前で、八月一日作成とされる、テロ予告のビデオも流されていたことがわかった。八月一〇日には同自治区のクチャで警察署が爆破・銃撃され、警察官を殺害するとともに犯人の一部は自爆したとみられる。

トルキスタン・イスラーム党は、中国政府が「東トルキスタン独立運動」と呼びテロ組織に認定している集団と同定されるが、事件と犯行声明とのつながりは明確ではない。しかしウイグル人の民族主義運動をジハード（聖戦）として定義して扇動する動きがあることは確かである。昆明の事件ではウイグルのイスラーム勢力によるテロとの見方を否定した中国政府も、カシュガルの事件の後はウイグルのイスラーム過激派による北京五輪妨害テロと公に認定して対決姿勢を改めて明確にしている。

新疆ウイグル自治区は中国政府からの呼び名で、中央アジアのチュルク系諸民族の分布の上では「東トルキスタン」と呼ばれる。新疆ウイグル自治区の安定支配は、中国の安全保障上、きわめて神経を使う課題である。東トルキスタンは清末の一八六〇—七〇年代にヤークーブ・ベクの乱で蜂起し、中華民国期には一九三三年と四四年に短命ながら独立を宣言した時期があり、ウイグル人を中心に民族独立運動がくすぶってきた（なお、偶然かもしれないが、七月にテロが起きた雲南省もイスラーム教徒の少数民族を抱え、一八五六年から七二年にかけて杜文秀の率いる回民蜂起「パンゼーの乱」では昆明をたびたび包囲した）。

また、新疆ウイグル自治区は地政学上も枢要な地である。インドとパキスタンが領有を争うカシミール地方に隣接し、中国自身もカシミール地方の国境未画定地域の一部を実効支配した形である。アフガニスタンともつながっている。アフガニスタン東部から突き出したワハーン回廊がわずかに中国に接することで、かつて帝政ロシアの勢力圏とインド・パキスタンが隔てられていた。すなわち、ここがロシアの南下政策とイギリスの旧インド植民地を隔てる緩衝地帯となっていた。またソ連邦崩壊によって独立した中央アジア諸国（西トルキスタン）のうちカザフスタン、キルギス、タジキスタンと接しており、民族主義運動の連動や、イスラーム主義運動の越境も容易に想定できる。

しかも新疆ウイグル自治区はタリム、ジュンガル、トゥハといった大規模油田を抱え、中国の石油・天然ガスの三割前後を産出する。資源戦略からいっても不可欠の領土である。

二〇〇一年六月に結成された上海協力機構は、ロシア、中国と中央アジアの四カ国（カザフスタン、ウズベキスタン、タジキスタン、キルギス）という、本来であれば摩擦を起こしがちな諸国が、〇一年九月一一日の米同時多発テロ事件を受け、中央アジア域内を横断的に活動するイスラーム主義勢力に対処するという共通の戦略的利益を見出すことで強化された。

中国政府はウイグルの各種民族主義運動を一絡げに「アル＝カーイダと関係するイスラーム過激派テロリズム」と規定し、国連のアル＝カーイダ・国際テロ監視リストにも掲載させ「対テロ戦争」のお墨付きを得て、大規模な拘束や処刑などを用いた過酷な弾圧を推し進めてきた。

新疆ウイグル自治区は沿海部の産業発展地域との格差が著しい地域であり、中国政府の推し進める「西部大開発」の重点地域である。しかし漢族によって石油開発が独占され、利益がもっぱら中央に吸い上げられているという不満は強い。

中国がイスラーム対策に鈍感なわけではない。オリンピック開会式でも取り上げられた鄭和の大航海は、近年中国政府が大々的に文化外交で用いてきたものだ。「ポルトガルよりも先に大航海に踏み出した」と称揚するだけでなく「イスラーム教徒である鄭和を重用し、アラビア半島と交易を結んだ」として、イスラーム諸国向けの国家宣伝としての意味も明らかに持たせていた。

民族融和の建前とは裏腹に

天安門広場の南にある正陽門（前門）から南西に向かうと、宣武区のイスラーム教徒の多い地域に入る。その中心、牛街の清真寺は遼代の九九六年に遡る北京最古のモスク（イスラーム教寺院）である。

二〇〇八年四月に訪問してみたが、モスクが壮麗に維持管理されているだけでなく、近接の庭園も五輪に向けて（と張り紙してあった）改装中だった。近辺には大規模なイスラーム学院もある。そして清真寺一帯を西域風の意匠を凝らした建物に順次建て替えて、新疆物産の土産物店や小綺麗なエスニック・レストランが軒を連ねる観光地と転じる再開発が進行中だった。牛街清真寺の真向かいの壁面は、少数民族がそれぞれの民族衣装で一堂に会す長大な壁画で覆われている。

しかし民族融和のスローガンは建前で、あくまでも漢族の多数と優位を全土で確保していくことが中国政府の政策であることは疑いようもない。特にウイグルに関しては、一九五四年に「新疆生産建設兵団」を設立して屯田させるなど、漢民族の大量移住政策を推し進めた。五五年の新疆ウイグル自治区設置時には一〇％にも満たなかった漢族が、今やウイグル人と拮抗するまでに急増している。

オリンピックは、中国が国際社会の中で占める立場の変化を明確にした。「欧米列強」に翻弄される「被害者」として振舞うことはもうできず、むしろ異民族・異教徒を支配する帝国としての実態が明らかにされた。「南北問題」の南に位置して先進工業国から所得移転を求めてきた立場から、「西部大開発」で実質上の植民地主義経営を行なう立場となった。

北京五輪の華やかな舞台の裏で、中国が中央アジア領土（新疆）を強烈に締め付け、開会式のその当日にコーカサスでロシアとグルジアが南オセチアをめぐって戦争状態に入ったように、国際社会は感傷的・観念的な倫理とは無縁の、グレートゲームや南下政策といったエゴイズムが剝きだしの帝国主義時代の概念に再帰したかのようである。洗練された多国間主義外交などといったものも、急速に単なる勢力均衡外交に回帰するかもしれない。

2008・9・15

フィリピン政治で解決不能なミンダナオ和平

フィリピン・マニラ中心部の「黄金モスク」を訪れた。モスク訪問時の応対や、モスクのおかれた環境や雰囲気で、その国でイスラーム教徒がおかれた状況のおおよそを感じ取ることができる。

ムスリムが多数派の国では、モスクにわざわざ外国人が訪ねてくるというのは、イスラーム教徒にとって自らの信仰の優越性を感じ、誇りに思う場面である。余裕を持って応対し、できるだけ良いところを見せたいと気を配る。善意から改宗の誘いも次々とかけてみる。モスク内部は各国の都市のもっとも清潔な場所である。

しかしイスラーム教徒が少数派で、苦しい立場に置かれている国では、対応は猜疑心に満ち、門を閉ざそうとする。

マニラのモスクは各国首都の筆頭モスクとして、最も殺伐としたモスクの部類に入るだろう。建築は壮麗だが、構内はゴミが散乱する。モスクの位置する街区の治安もよくない。カソリックが支配的で優越的な価値観として厳然と存在するフィリピンで、包囲され監視されているという意識の下に被害者意識と警戒心を募らせる様子が伝わってくる。

イマーム（モスクの指導者）だけは若干のアラビア語を話すが、他にはほとんど教学に興味を示す者はいない。正式な喜捨箱があるにもかかわらず、それとは別に寄付を寄越せとしつこくせびる者がいる。もちろん自分の懐に入れてしまうに違いないのだが、どうやら彼だけはそのモスクで金をせびるなんらかの利権を持つらしい。

あいまいな境界領域の危険

フィリピンの人口に占めるムスリムは五％程度。しかし元来はフィリピンもイスラーム世界の一部であった。一二世紀から本格化したフィリピンへの布教で、一時はルソン島の南半分までがイスラーム教徒のスルタン（王）たちの支配下にあった。

スペインやアメリカの植民地統治やマルコス政権の開発独裁の時期を通じて、カソリックの布教と植民活動が続き、ムスリムの勢力範囲は南部に押しやられ、少数派の地位に転落した。しかしミンダナオ島を中心にさまざまな少数言語を用いる住民が「モロ」という民族への帰属意識を高め、自治や独立を要求している。

地図を見れば明瞭だが、フィリピン南部のミンダナオ島とスールー諸島は、ボルネオ（カリマンタン）島やスラウェシ島を伝ってマレーシアやインドネシアを中心としたマレー文化圏との連続性が強い。六州からなるムスリム・ミンダナオ自治地域（ＡＲＭＭ）が設定され、知事や地域議会も選出されている。

フィリピンは、中東から発信され続けるイスラーム教の影響力が及ぶ世界の最縁辺部であり、それがゆえの緊張をはらんだ場所なのである。

イスラーム教の世界観には「ダール・アル・イスラーム（イスラームの家）」と「ダール・アル・ハルブ（戦争の家）」という二分法がある。イスラーム教徒の支配者が統治し、イスラーム法が施行される地域がダール・アル・イスラームである。イスラーム支配に「まだ」服していない地域がダール・アル・ハルブで、神の下した正しい法と正義の秩序の恩恵を受けていない「不自然」な状態であり、原則としては、イスラーム教徒側はダール・アル・ハルブをダール・アル・イスラームの支配下に組み込むべく、軍事から宣教までのあらゆる手段を講じなければならない。

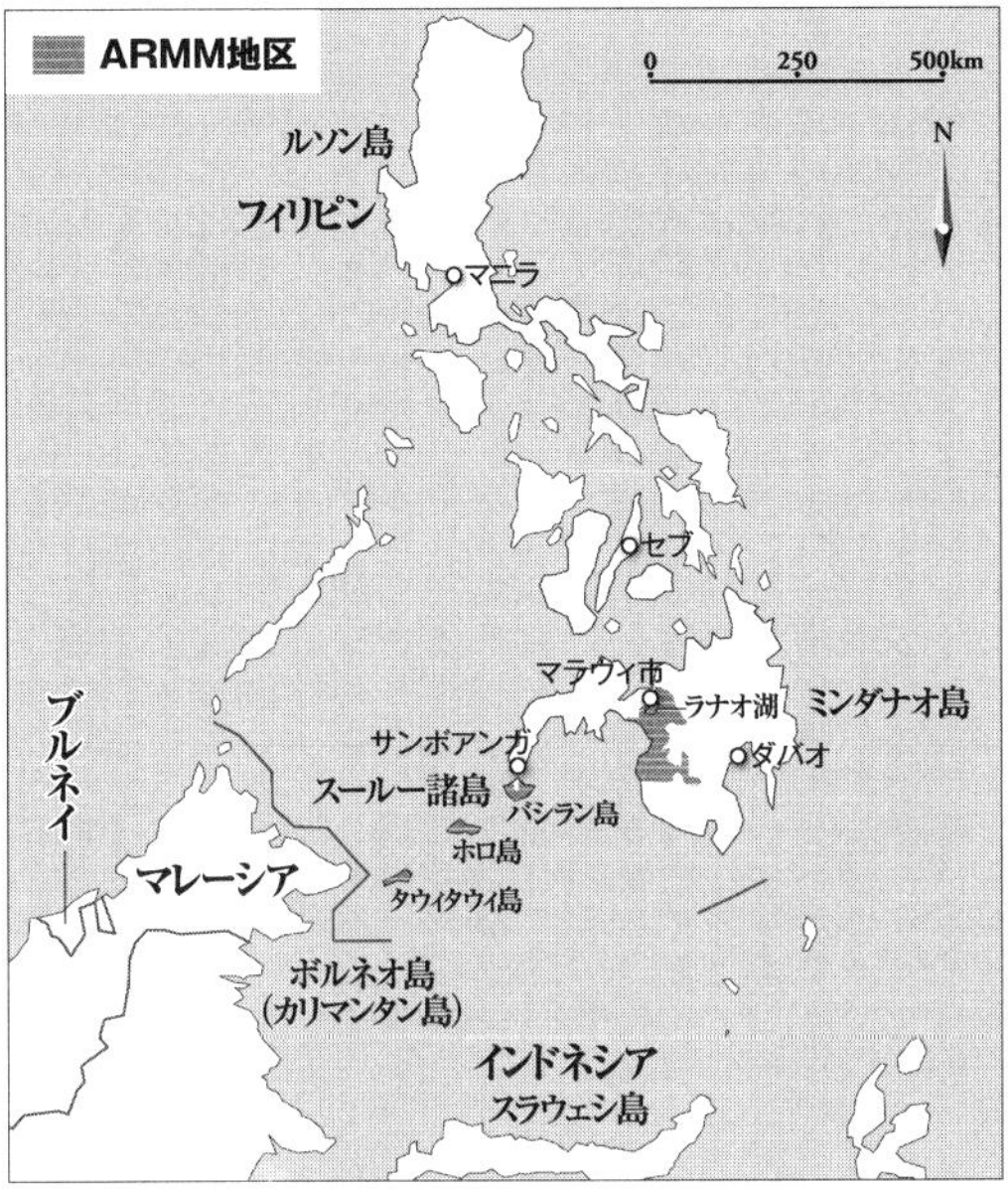

フィリピン南部とARMM地域

むろん、この二分法ですべて割り切れるほど現実世界は単純ではない。やがて「ダール・アル・スルフ（条約の家）」というあいまいな中間領域をイスラーム法学で設定するようになる。

これはイスラーム教徒側が権力を握り支配していなくても、条約を結ぶことで本来は続けなければならない宣教・戦争を棚上げにすることを可能にする概念である。これによって国際社会での異教徒との共存を合法化する法的擬制が整えられていった。

ただし「条約の家」はあくまでも擬制で、対立の意識が高まると「ダール・アル・イスラーム」の防衛と拡大」を目指す運動が活発化する。フィリピンなどの縁辺部は、このあいまいな境界領域であり、歴史的にイスラーム世界と異教徒の世界が拮抗してきた地域である。情勢の進展によってはイスラーム世界全体にとっての重大な関心事に転じ、対立の焦点ともなりかねない。

手が届くかに見えた和平合意が

四〇年にわたって続き、一二万人以上が犠牲になったミンダナオ紛争の解決が、また遠のいた。政府とＭＩＬＦ（モロ・イスラーム解放戦線）の交渉ではＡＲＭＭに隣接する諸州への自治拡大が中心の議題となっている。七〇〇を超える村を新たに自治領域に組み込むことを目指す「合意覚書」の文面がまとまり、二〇〇八年八月五日にマレーシアで調印がなされる予定だった。調印式にはイスラーム諸国会議機構の大使や、米国、日本、オーストラリアの駐フィリピン大使も列席するはずだった。

和平合意が頓挫した直接の契機はフィリピン最高裁による、調印の一時差し止め命令だった。自治拡大によって影響を受けるミンダナオの諸州の知事や市長が提訴し、調印前日に認められた。国会でも和平交渉を進めるアロヨ大統領への激しい攻撃が続く。八月半ばからＭＩＬＦの各地の前線部隊と政府軍の間で衝突が再燃し、三〇万人を超える国内避難民が出て、あと少しで手の届くところに見えていた和平合意は急速に遠ざかった。

フィリピン政府は九月三日にMILFとの和平交渉団を解散し、調印寸前だった和平の合意覚書は実質上反故になった。少なくとも二〇一〇年までのアロヨ大統領の任期中には、解決される見通しは立たない。強硬策に出がちだったエストラーダ前大統領と比べ、アロヨ大統領は交渉妥結に乗り気で、在任中の最大の業績とすることを狙っていたようだ。

しかしフィリピン政治の現状の枠組みの中では、ミンダナオのムスリムに広範な自治を与える形での和平合意は実現困難と見られる。当面は現状の限定的な自治が継続されつつ、散発的な武力衝突が続きそうである。

自治拡大を法的に可能にするためには憲法改正が必要だが、政治的な既得権益を手放したがらない現地指導者の抵抗は中央政界の政争を惹起した。

違憲判決を受けて、アロヨ大統領は連邦制に切り替える憲法改正をめざすと表明したが、国会議員から一斉の反発を受けた。反対の理由は「憲法改正によって大統領が一〇年の任期切れ以降の続投を狙っている」というものだ。一九八六年の反マルコス革命に始まる民主化で成立した現憲法は、大統領の再選を認めていない。大統領と議会の間の政争にミンダナオ和平が人質にとられたという構図だ。

この再選禁止条項に限らず、現憲法には問題が目立ち改正が必要という議論自体は高まっており、議会からも超党派で改正案が提案されていた。しかし大統領がこれに乗ってくるとなると議員たちはこぞって反対に回り、アロヨ大統領の在任中には憲法改正を許さない、という立場が多数になっている。

政府軍がＭＩＬＦを掃討しきれないことは明らかであり、半永久的にゲリラ闘争が続きかねない。ＭＩＬＦは資源開発や外交安全保障に一定の権限を付与される、実質上の独立に等しい条項が得られなければ調印はしないだろう。

しかしＭＩＬＦの側でも内部の統制の乱れや路線闘争が顕在化しており、交渉主体としてけっして一枚岩ではない。政府軍とその支配領域への攻撃も、和平交渉の遅れへの不満の表明と、和平交渉妨害の両方の思惑が入り乱れている。

ＭＩＬＦは二〇〇一年九月一一日の米同時多発テロ事件以来、アブ・サヤフやジェマ・イスラミヤといった、東南アジア諸国を横断して活動するイスラーム過激派のテロリストとは一線を画す方針を明らかにしてきた。しかし、このまま和平への展望が開けないと、ＭＩＬＦの統制が弛緩して一部勢力の過激化を招き、インドネシア、マレーシア、さらにはパキスタンや中東アラブ諸国からの過激派組織の侵入を許す可能性がある。しかしフィリピンの民主的政治メカニズムからは、和平への強力なイニシアティブは生まれそうにない。

2008・10・12

世界金融危機で湾岸ドバイが岐路に立つ

米国発の金融危機は、西欧や日本だけでなく、ロシア、インド、中国といった新興市場にも急速に波及している。それでは中東にはどのように影響を及ぼしているのだろうか。特に関心を引くのが、湾岸協力会議（GCC）諸国、つまりペルシア湾岸産油国の新興市場である。特にアラブ首長国連邦（UAE）、その中でも先行して発展するドバイへの影響が注目される。

ドバイ市場についての見通しは、「投資情報」として高い関心を集めるが、ここではそのような情報提供は意図していない。将来の中東政治の姿をどのようにとらえるか、という問題が筆者の主要な関心事である。中東政治の今後の展開の中で、ドバイに象徴される経済発展モデルが持続しうるか、中東地域全体にどのような影響を及ぼしていくのか。ドバイを中心とした湾岸諸国の開発ブームによって、中東の重心が、湾岸地域に決定的に移ったとする見方が広がるが、この見方はどの程度妥当性をもつのか、注視しておきたい。

開発ブームに沸く湾岸産油国を、試みに「新しい中東」と呼んでみよう。対比して、エジプト、イラク、シリア、レバノン、パレスチナ、ヨルダンといったこれまでの中東政治の中心は、「古

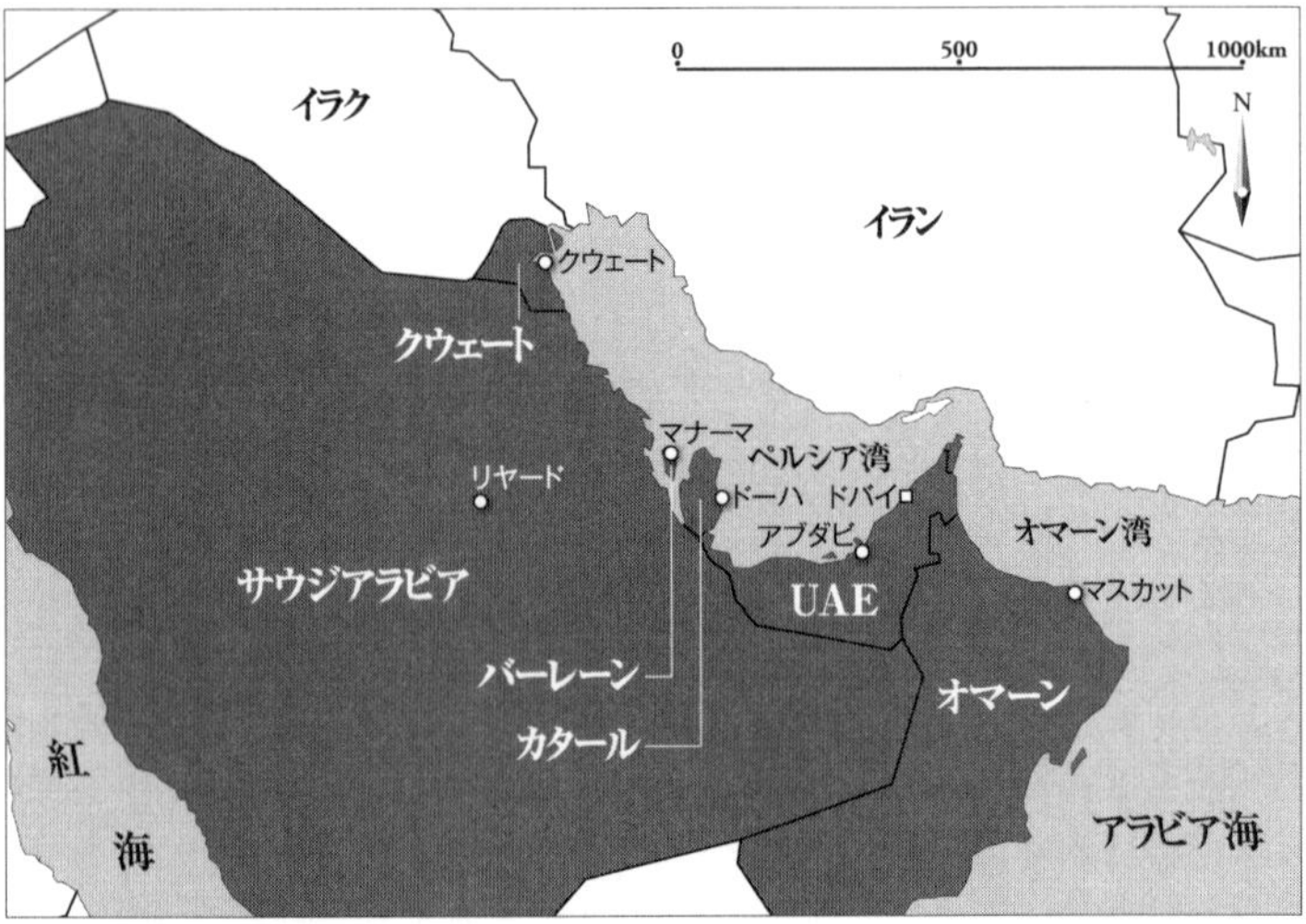

湾岸協力会議（GCC）諸国

い中東」ということになる。こちらは一九世紀末から二〇世紀を通じて、産業化による経済発展と国民国家建設を目指してきた。人口が多く、文化や歴史の厚みを持ち、古くは古代文明や世界宗教を、近代においては民族主義やイスラーム主義をはじめとしたイデオロギーを生み出してきた知的発信源である。イラクを除けば産油国・資源産出国とは言えず、教育と労働による近代化の努力を試みてきた。

アラブ世界の中で、こういったいわば「実体」のある諸国が経済発展に伸び悩む一方で、産業化を通じた近代化に苦闘する時代を経てない湾岸産油国が、オイルマネーの力で金融資本主義の先頭集団に不意に合流した、というのが近年の中東の姿である。では、金融資本主義の中心が躓《つまず》いた今、その一面を増幅して繁栄してきた湾岸産油国の経済はどう動くのか。

ドバイ金融市場（DFM）の総合指標は二〇

〇八年一〇月五日から八日にかけて、合わせて二五%以上値を下げた。UAEの盟主アブダビや、サウジアラビア、バーレーン、クウェート、カタール、オマーンといった他の湾岸産油国の市場も同様に下落している。

気になるのが、ドバイのイーマールやアブダビのアルダールといった不動産開発会社の株の値下がりである。「世界のクレーンの二五%がドバイにある」といわれる建設ラッシュこそが「新しい中東」を象徴する光景であり、混乱が不動産市場に及べば中東像を大きく変えかねない。

湾岸産油国の不動産開発会社の多くは、国営か首長家に連なる企業家による実質上の国営企業で、原油輸出収入を原資とした国家プロジェクトの遂行主体であり、株式の時価には左右されず事業を推進することは可能だろう。そのため、株価の動向がすぐにそのまま実体経済に影響するとは考えにくい。しかし、株式市場での下落が、不動産市場での下落に結びつき、投機資金の引き揚げに至った時、多大な問題が発生する。

根本には、湾岸諸国での住宅・オフィスの実際の需要が不確かなことがある。現在、湾岸の都市開発プロジェクトによって供給されようとしている物件には多くの買い手があり高騰している。しかし買い手の多くは投機目的であり、物件が完成する前から転売していく。すでに完成し「完売」したビルも、買い手の八割は転売目的か「セカンドハウス」であって、住居やオフィスとして実際に利用されていないことが多い。

ドバイだけで一〇〇〇以上といわれる開発プロジェクトが発表され投資を呼び込んでいるが、多くは工事が進んでおらず、きらびやかな完成予想図が期待をかき立てるのみである。それらが完成した暁に、実際に使用する需要が存在するかも疑わしい。

ドバイの不動産市場がバブルであるという指摘、それが近い将来に「調整」あるいはバブル崩壊をもたらさずにはいないだろう、という予測は、二〇〇五年夏ごろから何度もなされてきた。皮肉なことに、建築資材と人件費の高騰により、多くの物件が完成を延期され続けることによって、供給が需要を上回る地点になかなか到達せず、当面の供給不足から家賃が上昇し、それがまた不動産価格を押し上げるというサイクルがある。そしてバブル崩壊の予測が数年続けて外れることで、強気なブーム永続論に力を与え、さらなる過熱をもたらしてきた。

しかしいつまでも完成しないプロジェクトに、借金をして投資を続けることができないのは自明の理である。原油価格の異常な高騰が続いている間は、だぶついたオイルマネーが供給されることで、あるいはそれを期待する投機筋の呼応により資金が流入し、根本的な矛盾が覆い隠されてきた。しかし原油価格が常識の範囲に戻ろうとしている現在、ブームを演出してきた条件の一部が失われつつある。

観光資源は「お金の匂い」

ドバイの繁栄は、単に原油輸出収入によるものではない、という擁護論もある。確かに原油埋蔵量は多くなく、経済の多角化の努力によって、直接に原油輸出に依存しなくなっている。豊富な原油埋蔵量を持つアブダビによる資金援助も、UAEを構成する他の首長国とは異なり、ドバイは必要としなくなっている。ドバイ首長の指揮の下、経済特区や電子政府といった斬新で機動的な政策を打ち出して、地域のメディアと金融の中心、貿易の中継地点としての地位を築いてきたことに関する評価は一般に高い。

しかしそのことは、現在のようなペースでの経済発展が実体を伴って持続するということを保証しない。ドバイの強みが生まれてくるのは、GCCの産油国への入り口としての条件を活用したものであり、石油依存の根本は変わっていない。原油の異常な高騰が収まり、過大な投機資本の流入が収まれば、調整局面が生じてくるはずである。

また、ドバイへの資金流入は正常な経済発展の結果というよりは、中東地域の不安定な政治情勢に起因するものが多い。ペルシア湾岸の対岸の両大国、イランとイラクが政治の不安定や孤立により十全な経済活動を行ない得ない環境にあり、そこからドバイを拠点にする動きが出てくる。倫理的規制や制限の多いサウジアラビアもドバイを便利に用いている。アラブ世界のメディアと金融の中心地であったレバノンは宗派・党派間対立で不安定であり、ドバイにそれらの機能が移る結果を招いた。加えて、イギリスやロシアからの資金が流入する。しかしこれらもまた、実需ではなく投機目的だろう。

ドバイの魅力は、オイルマネーの恩恵に浴し、短期間に濡れ手で粟の利益を得られるという期待と、中東でありながら飲酒や売春が可能であるといった、不確かで後ろ暗い要因に支えられている。その不動産市場はバブルの要素を含んでおり、一部にはネズミ講に近い部分が存在しているといわざるを得ない。

そもそも湾岸諸国の国民が自分の国に住みたがらず、一年のうち多くの日々をエジプトやレバノンなどで「避暑」をして過ごす。酷暑の湾岸諸国は、住宅・オフィスの立地条件として本来は最も不利な場所である。

喧伝される観光開発にしても、ひたすら巨大なショッピングモールを建てる以外には、屋内スキー場や、RV（レジャー用多目的）車での砂漠ドライブ・ツアーといった、日本のバブル時代を彷彿とさせる若干のアトラクションがあるだけだ。辛うじて「アラブ文化」の香りを漂わせるベリーダンスでも、踊っているのは東欧からの出稼ぎ者であったりする（湾岸人が関与するところでは、ベリーダンスは売春と直結するようだ）。ドバイの本当の観光資源は、実際には「お金の匂い」といって良いかもしれない。

しかし、そもそも足場の市場をどれだけ確保しているのか定かではない。ドバイへの投資を奨励する立場からは「一〇億人の市場」といった表現が飛び出すが、これはインド市場があたかもドバイの後背地であるかのような表現である。実際には、ドバイを湾岸産油国への足掛かりとするためにインド・パキスタン企業が拠点をおく。ドバイを拠点にしてインド市場への足掛かりとするというのは、実態とは逆方向である。

ドバイブームの発火点となったのは、二〇〇二年に外国人の不動産取得を認めたことだったが、最近になって判明しているのが、不動産を取得しても永住権が得られない可能性だ。ドバイでの永住権を欲する層は、ドバイの不動産市場を押し上げる新しい需要のうち、「実需」の核となるはずの層であり、イラク、イラン、パキスタン、アフガニスタンや、ソマリア、スーダンなどの富裕層が、祖国の政治不安を背景にドバイに拠点を置こうとしてきた。永住権の獲得困難という、最も底堅い実需を脅かす実態が明らかになれば、ドバイの魅力は半減する。

ドバイはグローバルな中継貿易の拠点となるのか、金融資本主義の過熱と原油価格暴騰の徒花と終わるのか、数年の展開に注目したい。

2008・11・8
オバマにのしかかる中東の「高すぎる期待」

米大統領選挙でのバラク・オバマ上院議員の当選に中東はどう反応しているのか。「市井の声」でいえば、選挙期間中、中東諸国ではアメリカ内政の詳細への知識はほとんどないままオバマに対する期待が圧倒的だった。オバマが政権に就けば米国の中東政策の大部分が変わるかのような印象が充満していた。勝利宣言を受けたペルシア湾岸諸国の街の声を報じるサウジアラビアの日刊紙『リヤード』は「オバマの勝利を歓迎する湾岸諸国民　『われわれはアメリカ政治の八〇％が変わると期待する！』」といった見出しを打った。

なによりも「人種差別を超えた」というところが評価されているのに加え、「父親がムスリム」というのも一般的には親近感を与えているようだ。選挙期間中、対抗陣営から「イスラーム教徒である」というささやき作戦をかけられた際に、オバマは冷静に対応し、「自分はキリスト教徒である」という言い回しを用いて「疑惑」を退けるのみだった。アメリカの膨大なキリスト教保守層を意識して過剰にイスラーム教の価値観を否定してみせたりはせず、各国のムスリムの自尊心を傷つける発言を極力避けていたようである。

現在のところ、アラビア語各紙の論調は、オバマ当選を歓迎するとともに、それを現ブッシュ政権への審判とみて、批判の攻勢を強める形となっている。アラブ側のブッシュ批判を「米国民も認めざるを得なかった」と納得するのである。

中東諸国の国民一般の歓迎姿勢を受けて、これまで肩身の狭かった親西洋・リベラル派の論客は、オバマを当選させるアメリカこそが、その真の姿であると論じ、その姿を目の当たりにすることでウサーマ・ビン・ラーディンなど過激派の描くアメリカ像と反米思想がアラブ諸国で支持を失っていくと期待する。また、アメリカの民主主義と多元主義による変革の力に注意を促し、中東諸国の民主化や改革の機運へ結び付けようとする（ガッサーン・ショルバル「ビン・ラーディンとオバマの『聖戦』」ロンドンの汎アラブ紙『ハヤート』一一月六日付）。

首席補佐官人事で早速に波紋

しかし中東メディアの多くは、むしろ過剰な期待を戒める方向に向かう。レバノンの親シリア派に好意的な日刊紙『サフィール』（一一月六日付）はオバマの勝利を「美しく、驚異的で、アメリカに希望をもたらした」と称賛しつつ、「ブッシュ政権が残した負のイメージをぬぐい去るなどのようなことをオバマができるのか？」と懐疑的だ。同日のサウジアラビア『リヤード』紙も、「人種差別の文化を打ち破って大統領の座をつかんだ」ことを評価しつつも、「オバマはモスクでお祈りの絨毯を広げるわけでもなく、イスラーム教に改宗しイスラエルの敵となるわけでもない。イラクやアフガニスタンから軍を引き揚げるわけでもない」と水を差す。

さらに、オバマ政権の大統領首席補佐官にユダヤ系のラーム・エマニュエル下院議員の任命が決まったことにより、早速に警戒心が高まっている。エジプトの独立系日刊紙『マスリー・アル・ヨウム』（一一月七日付）は「オバマが新政権の立ち上げを始める　イスラエル系ユダヤ人を大統領首席補佐官に任命」と、一面の見出しでも「イスラエル」と「ユダヤ」に重点を置く。

　エマニュエル議員の父親は、エルサレム生まれでイスラエル建国前に民兵組織イルグンで活動した筋金入り。本人も湾岸戦争の時に志願してイスラエルの軍事基地で勤務した。イスラエル・ロビー団体ＡＩＰＡＣ（アメリカ・イスラエル公共問題委員会）の米議会への橋渡し役でもある。オバマが親パレスチナの立場に立って和平仲介を行なうのではないか、と神経をとがらせていたイスラエルの論調も一気に軟化し、特に右派の各紙は「われわれの仲間がホワイトハウスに」と大喜びである。

　イスラエルの隣国ヨルダンでは、日刊紙『ラアイ』（一一月七日付）一面が、そういったイスラエルの論調を横目にしつつオバマ政権設立準備の開始を一面で伝える。「ラーム・エマニュエルは一九九一年と九七年にイスラエル軍に仕えた　父親の発言『息子はアラブ人じゃないよ　床拭きをするわけじゃない』」

　本文によると、エマニュエルの父はイスラエルの右派系日刊紙『マアーリブ』に「もちろん、ラームはイスラエルのために、大統領に影響を与えてくれる。そうしないわけないだろう？　あいつはアラブ人じゃないだろ？　ホワイトハウスの床拭きなんかしないよ」と語ったそうであり、苦々しい思いが伝わってくる。

オバマ政権は中東でどのような課題に向き合うことになるのか。(1) イラクからの出口戦略、(2) イランの核開発疑惑への対応、(3) イスラエル・パレスチナの和平交渉再開への仲介、(4) イラクからの越境作戦によって再び冷え込む米シリア関係、といった難題が山積であり、隣接する南アジアではアフガニスタンとパキスタンでのアル＝カーイダの伸長に対処しなければならない。

オバマと民主党は選挙戦中、外交政策の議論でブッシュ政権・共和党との明確な差を出そうとしていた。そこで生まれたのが「イラク戦争＝不必要な戦争」「アフガニスタン戦争＝正しく必要な戦争」という対比論である。これは対イラク開戦にオバマが反対していたという点を最大限に利用して、外交経験豊富なマケインに対抗しようとしたものであるが、より困難な状況に自らを追い込む危険もはらんでいる。「イラク戦争は不必要な戦争だった」として共和党を追い込みつつ、弱腰・宥和派と呼ばれないためにアフガニスタンについてはかなり勇ましいことも言う、という構図だが、選挙を意識したレトリックから逆算して政策が規定されているきらいがある。興味深いことに、この対比の構図であれば本来なら「イラク戦争＝不正で不必要な戦争」としなければならないはずだが、米兵とその家族への配慮か、あるいはそもそも民主党の議員多数が議会で開戦に賛成したからか、誰もそうは言わない。

選挙期間中のオバマの議論を聞く限りは、アフガニスタンに地上軍を大幅増派してアル＝カーイダ掃討作戦を行ないかねない雰囲気である。同時にオバマは外交・対話重視も打ち出しており、ペトレアス米中央軍司令官らが模索するターリバーンを取り込む交渉も引き継ぎそうだ。だが、ターリバーンとアル＝カーイダを明確に切り分けて攻撃することは難しく、増派と取り込みを両立させるのは大変な作業である。

イラクからの「一六カ月以内の撤退」というオバマの当初の公約は、イラク政府とのブッシュ政権の交渉を一層困難にし、駐留条件での妥協を迫られていくことになるだろう。イスラエル・パレスチナの和平については、中東歴訪中のライス国務長官が、ブッシュ大統領の目指していた年内での大きな前進が困難と認めざるを得ない状況であり、すべてオバマ政権にもちこされる。エマニュエル首席補佐官の任命は国内外の親イスラエル勢力からの批判を予防するには最適だが、中立的な仲介者としての信頼性には疑問符がつく。

イランについても、直接の外交交渉の用意があるという発言が波紋を呼んだが、交渉を行なえばイラン側の「中東から手を引け」「イスラエル支援をやめよ」といった硬直した原則論を「前提」「入口」にした議論に直面することになり、早々に「武力行使以外の選択肢がない」ということを露呈してしまうかもしれない。オバマの中東問題に関する助言者にはデニス・ロス元中東特使などがいるが、「アメと鞭」を使い分けると称する一見精緻な「対話と圧力」併用の対イラン交渉論の実効性には疑問符がつく。

一方で、オバマという存在自体が一定期間はある種の切り札となりうる。西洋・白人・キリスト教への強烈な愛憎感情を持ち、米国大統領が他国に及ぼす強大な権力を実感してきた中東諸国民にとって、オバマが黒人の大統領として現地に赴き、真摯に語りかける姿勢を見せれば、中東諸国の世論に及ぼす影響は大きいだろう。ただし「親しみやすい」相手が来れば交渉がうまくいくということにはならない。「話がわかる」相手に対しては、「イラクからの即時完全撤退」「イスラエル支援の停止」といった強硬論が次々とぶつけられ、議論が一歩も進まなくなる可能性がある。オバマの「外交重視」の心意気は好感をもたれるだろうが、早々に膠着状態に陥る可能性もある。

中東諸国の対米感情は「ブッシュが悪い」の一言に収斂していたがゆえに、米国そのもののイメージの低下を食い止めていたという側面もある。ブッシュの「失敗」を嘲笑して溜飲を下げるのは、中東諸国民の不満のガス抜きにもなっていた。「親しみやすい」オバマが親イスラエルを堅持し、対イラン圧力を強め、アフガニスタンで掃討作戦を進めれば、ことはブッシュ個人の問題ではなく、アメリカという存在そのものである、という認識を迫ることになる。当初の好感を超えて、より一層の不満が溜まることにもなりかねない。米国と中東との関係の正念場はこれからである。

2008・12・15
ソマリア沖海賊問題へのアラブ諸国の複雑な感情

ソマリアとイエメンの沖合中心に活発化した海賊が、国際政治の焦点となっている。二〇〇八年六月の国連安保理決議一八一六に基づきインド、ロシア、南アフリカ共和国、アメリカ、NATO（北大西洋条約機構）などの艦船が派遣され、アデン湾やソマリア沖での警戒活動に当たる。EUも、初の海軍共同作戦を開始した。

では、中東諸国はどのように対応しているのだろうか。中東諸国にとっても、この問題は重大な関心事のはずである。スエズ運河の通航料はエジプトの主要な外貨獲得源である。紅海の出口が海賊の多発地帯となっており、危険を避けて南アの喜望峰回りにルート変更する動きは国家財政への打撃となる。

一一月一五日にサウジアラビアのタンカー「シリウス・スター」が海賊に乗っ取られ、二五〇〇万ドルの身代金を要求されたように、ペルシア湾岸産油国にとっては原油輸送路を寸断される危機である。しかし対応に本腰を入れているようには見えない。なぜなのだろうか。

タンカーの乗っ取りなど大規模な事件が相次ぎ、各国の艦船派遣などが進む中で、ようやく一一月二〇日にエジプトのカイロで紅海沿岸諸国の会議が開催された。エジプトとイエメンが共同議長となり、サウジアラビア、ヨルダン、スーダン、エリトリア、ジブチ、ソマリア暫定政権の代表が出席した。共同宣言では海賊問題の原因を「ソマリアの政治・治安・人道的な混乱」と認め、国際的な共同行動を呼びかけた。

アラブ諸国でまとまった規模の海軍を擁するのはエジプトとサウジアラビアだけで、『世界年鑑』によればそれぞれ兵員は一万八五〇〇人と一万五五〇〇人だが、現在のところほとんど有意義な貢献を行なっていない。背景には内政・軍事・外交上のさまざまな障害がある。

エジプトでは二七年に及ぶ長期政権への倦怠感が極まり、八〇歳と高齢のムバーラク大統領の職務遂行能力には疑問符も付く。地域的・国際的な指導力の発揮は望めない。一一月二〇日の会議当日に報じられた大統領の発言も、「海賊はスエズ運河とエジプトの主権を脅かしているだけでなく、国際社会全体を脅かしている」と国際社会に下駄を預け、「商船が自ら重武装すればいい」と他人事のように提案するなど、問題の深刻さを認識しているとは言い難いものだった(国営『グムフーリーヤ』紙)。

アラブ諸国の軍が国際的な共同行動に馴染まないことも一因である。各国は程度の差はあれ軍事政権の性質を持ち、アラブ諸国同士であっても軍の内情が知れるような共同作戦を行なうという発想が、そもそもない(アラブ諸国相互が潜在的な脅威なのである)。

アラブ諸国相互の牽制と不干渉の相場からは、エジプトやサウジアラビアにとっては紅海までが勢力範囲となり、紅海の出口バーブ・アル・マンデブ海峡からアデン湾・アラビア海にかけて

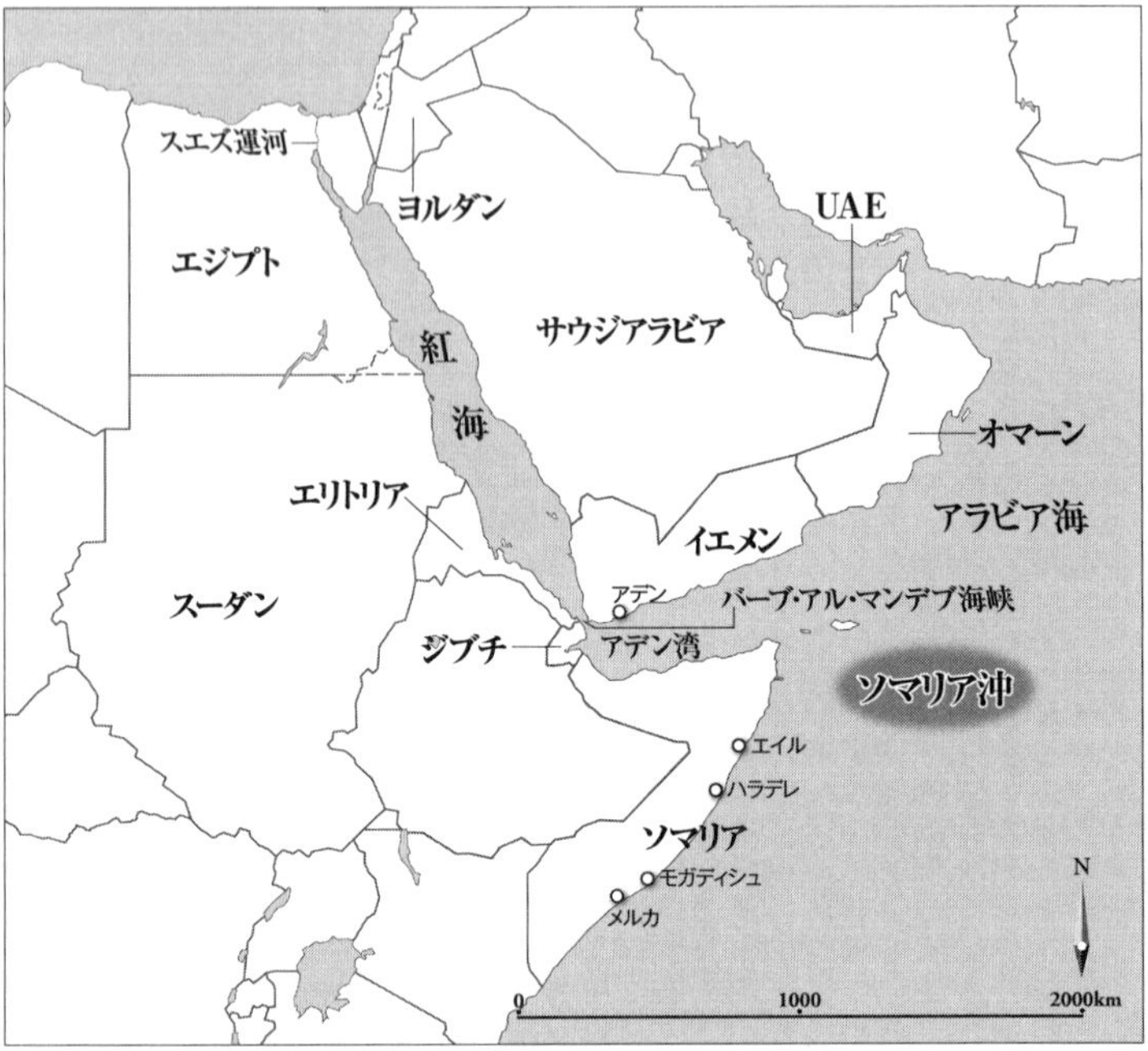

ソマリア沖海賊問題関連地図

はイエメンやソマリアの担当ということになる。この二つの国の地方統治が弛緩し、あるいはまったく崩壊しているがゆえに海賊問題が立ち現れている。

地域内部の論理からは、海賊対策の必要性を訴える声と、外部からの介入を警戒する声が交錯する。インドやロシア、アメリカ、ＥＵなどが、アラブ諸国との協力を介さずに直接艦船を派遣して警戒活動を強めていることへの警戒と反発の声が上がる。言い換えれば、海賊対策を理由とした各国海軍のこの地域への集結こそが、国家安全保障を脅かす、という議論である。

カイロの会議ではイエメンに海

賊監視センターを設立してアラブ諸国が支援することを提案した。外部からの直接介入を排して、共同行動の受け皿を作ろうという動きだが、アラブ諸国の海軍・沿岸警備隊の規模・実力からしても脆弱で、結局は欧米諸国からの援助に頼るしかない。調整には手間がかかり、能力育成の時間も必要なことから、成果はなかなかでないだろう。

根本的には、海賊対策は海上作戦では貫徹しきれない。そして国際的な海賊対策は、やがては内陸部への介入につながりかねない。そこへの警戒感が、海賊対策そのものに懐疑的なアラブ諸国の対応につながっているとみられる。

海賊船に拠点・補給基地を提供する港の取り締まりができなければならないが、ソマリア北東部のエイルやハラデレでは「海賊御殿」が並び、海賊のもたらす収入を歓迎する社会が出来上がっている。ここに実効支配を及ぼすことのできる中央政権の成立は、近い将来には期待できない。

誰もが望まない事態とは

そのような中、イスラーム過激派組織「シャバーブ（al-Shabāb＝若者）」が勢いを増している。シャバーブは、二〇〇六年に一時ソマリアの首都モガディシュを制圧しながら、エチオピアの介入で支配勢力の座から追われたイスラーム法廷連合の分派に、イスラーム原理主義者の急進派が加わって過激化を進めた集団だが、一一月一二日にはモガディシュの南方九〇キロにある都市メルカを攻略した。

シャバーブは、崩壊した治安を回復するだけならば、ある意味、もっとも適任かもしれない。

イスラーム法の刑法を単純に解釈して厳格に適用すれば、強盗や誘拐、海賊などは取り締まれる。しかし、異教徒に対する聖戦を掲げる内外の勢力の解放区となってしまう危険性が高い。アフガニスタンのターリバーン政権と似た性質がある。

シャバーブはサウジアラビアのタンカーの乗っ取りに対しては「イスラーム教徒の船を襲った」ことを非難し、海賊を掃討する、と表明しており、イスラーム教の独自の観点から、実効支配を担《にな》いうる当事者としての能力を主張した形だ。しかしアメリカはシャバーブを国際テロ組織に認定しており、シャバーブが支配領土を広げていけば対応に苦慮することになる。

そもそもシャバーブなどのイスラーム過激派集団も海賊から資金を得ているという説があるが、イスラーム過激派が海賊行為を行なっている、あるいは海賊の収入でイスラーム過激派勢力が成り立っている、といった短絡的な理解は妥当ではない。石油収入であれ海賊収入であれ、この地域で潤っているところからは、イスラーム過激派勢力に対し、心から賛同する支援金としてであれ、身の安全を守る代償としてであれ、何らかの資金の流れはある。海賊に参加している一族から、シャバーブに参加している者もいた、というケースもあるだろう。海賊の跋扈《ばっこ》とシャバーブなどイスラーム過激派の勢力伸長は、ひとまず別の問題としてとらえた方がいい。

しかし、海賊の跋扈が続けば結果的にイスラーム過激派に流れる資金も増えるだろう。そしてイスラーム過激派以外に海賊を統制できる勢力がいなくなる、という事態にも陥りかねない。

海賊対策に決め手を欠く現在、長期的には、国際的に地上部隊を派遣することで海賊の拠点を掃討するという、誰もが望まない事態に追い込まれるかもしれない。そして、アラブ諸国の世論はその最悪の事態を先取りして想定し、あらゆる対策に懐疑的な目を向けているというのが現状である。

要するに現在海賊が「問題化」されているのは、欧米諸国がソマリア介入の口実としようとしているからだ、という穿《うが》った見方である。

アラブ諸国の世論の本音では、イスラーム法廷連合やシャバーブは好意的に見られている。「イスラーム法を施行する」と主張する集団が政権を取ることを肯定的に受け止める世論は根強い。

ソマリアに住む人々の意思や生活の実態とは乖離して、アラブ諸国のイスラーム教徒の社会には、イスラーム法の「真理」を掲げる勢力への支持が根強く、イスラーム主義勢力の伸長を阻む国際政治を悪とみなす世論がある。そのため、「米国は海賊を意図的に放置して、イスラーム主義勢力を攻撃する口実にしようとしている」という陰謀論が出てくる。

ソマリアが破綻国家であることが海賊問題の直接の原因ではあるが、中東諸国の政権と社会が、この地域の秩序を自ら築いていく当事者能力を欠いていることが、根本的な問題だろう。

それを「民主化」で一気に解決しようと構想した米国ブッシュ大統領は近く去る。オバマ次期大統領は、中東地域諸国民の何重にも入り組んだ複雑な心性に、どこまで根気よく付き合っていられるだろうか。

2009・1・12

イスラエルのガザ攻撃「国際世論は味方せず」

イスラエルのガザ・ハマース攻撃は、中東と国際政治に権力の空白が重なった時期に勃発した。イスラエルではオルメルト首相が二〇〇八年九月に辞任を表明しながら、新政権設立が進んでいない。オルメルトはそもそもシャロン元首相の代役だった。二〇〇五年に新党カディーマを設立したシャロンが〇六年一月に脳梗塞で倒れて職務遂行不能となったため、イスラエル政治では例外的に、職業軍人のキャリアを背景としないオルメルトが首相となった。しかし〇六年夏にレバノンのヒズブッラーへの軍事作戦の挫折で力を失い、汚職疑惑で責めたてられて辞任表明を余儀なくされた。

カディーマ党の後継党首に選ばれたリブニ外相は、少数政党が乱立するイスラエル国会で多数派形成に失敗し組閣できず、オルメルト政権が暫定的に続いている。〇九年二月に予定される総選挙の結果、新たな議会多数派が形成されてはじめてイスラエル政治の空白が埋まるが、野党リクードとその党首ネタニヤフ元首相の支持率が上昇してリブニをしのぐようになっていた。今回のガザ攻撃決断の背景には、政権与党とリブニの野心があるというのが大方の推測である。

一方、〇五年一月にパレスチナ自治政府大統領に当選したアッバースの任期は、厳密には〇九年一月九日に切れたはずである。選挙法改正で一〇年一月まで任期が続くというのがイスラエルと和平を進める主流派閥ファタハの苦しい説明だ。〇六年一月の総選挙で過半数を獲得し、〇七年六月にファタハとの市街戦を経てガザの支配権を掌握、イスラエルに軍事的に対峙するハマースは、自分たちこそがパレスチナ民族を正統に代表するという自信を深めている。

ハマースが〇八年六月にエジプトの仲介で発効した半年間の停戦の延長を拒否し、ロケット弾攻撃を再開して衝突の道を選んだのは、軍事オプションを捨て過去の和平プロセスでの合意に縛られるファタハとの差を際立たせる狙いもある。さらに、退任するブッシュ米大統領に追い打ちをかけ体面を失わせることになったのは、反ブッシュで結束するイスラーム世界への宣伝効果が大きく、ハマースにとってこの上ない政治的成果である。

オバマ米次期政権の中東政策は未知数で、イランとの対話を再開し、場合によってはハマースとも接触してイスラエルに厳しい対応をするという予測もあり、イスラエルとしてはブッシュ政権中にハマースの軍事能力を削いでおきたかった。

そもそも米国の政権末期には中東情勢が流動化しやすい。二〇〇〇年夏には、政権末期のクリントン大統領が和平仲介を推し進めて挫折し、直後に第二次インティファーダ（民衆蜂起）が勃発した。以来、現在に至る激しい対立が続いている。

イスラエルとハマースの双方が、〇六年夏のレバノンでのイスラエル・ヒズブッラー間の戦闘を念頭に置いている。ハマースから見れば、イスラエルとの戦闘を耐え抜いてその後レバノン政治での地位を高めたヒズブッラーに続きたい。わずかでもイスラエル側に打撃を与えられれば「戦果」として誇示できる一方、どれだけ大きな犠牲をハマースと一般市民が受けても、イスラエルの邪悪さの証明として宣伝できる。全面対決はハマースにとって政治的に最適の選択である。逆に、停戦を続ければ、イスラエルによるガザ封鎖で社会経済を崩壊させるばかりで、何ら情勢改善がなかった、という非難を受ける可能性があった。

イスラエルとしては、対ヒズブッラー作戦の二の舞にはならない、という点を強く強調している。国際非難を避けるため報道陣の立ち入りを拒み、通信も制限し、空爆だけでなく地上部隊も導入してハマースの拠点を一つ一つ潰していく作戦を遂行している模様だ。しかし地上部隊の派遣がガザの長期的再占領につながることこそが、イスラエル世論が最も忌避する選択であり、エジプトにガザを再占領させる、といったおよそありえない選択肢までリークして世論の動揺を避けようとしている。

オルメルトとリブニにとっては、ガザからのロケット弾の発射を一時的にでもほとんどゼロにすることが内政上の不可欠の課題である。ガザ・エジプト国境のトンネルを介したハマースへの武器供給が止まるという説明を国民にできるような枠組みを国際社会が用意するまでは停戦を引き延ばすだろう。

短期的にハマースの軍事力を大幅に削ぐことは可能だが、同時にハマースのパレスチナ内部やアラブ世界での政治的な威信はさらに増大する結果を伴うとみられ、中・長期的にはより深刻な問題に直面することになるかもしれない。もしハマースを根絶することができたとしても、多大な人道的被害を伴い、ハマース不在の空白にさらに過激な勢力が拠点を築くことになりかねない。

攻撃が始まって二週間が経過した段階では、リブニ外相の強硬姿勢は国内での支持率向上につながっている。ハマースはイスラエルの存在の権利を認めていないが、イスラエル世論もハマースの存在を認めえない心理状態である。ただし政治的野心が見え見えのリブニよりも、政治的に過去の人とみなされてきたバラク国防相の人気の方がさらに上昇しているのは皮肉である。

ハマースとしては、イスラエルを明白な「侵略者」として内外に印象付け、「犠牲者」の「抵抗」の正統な主体・代表者としての自らの存在を改めて示すことができたことで、すでに政治的に大きな利を得た。

しかし、シリアに匿《かくま》われた政治局中枢と、現場のガザの前線組織とは齟齬もみられる。シリアやレバノンへの戦線拡大は、シリアのアサド政権やヒズブッラーを含むレバノン各勢力も望んでいない。ガザでの多大な犠牲がハマースの政治的宣伝にしかつながらないのであれば、衝突の沈静化後に現地住民の反発も生まれる。ハマースの軍事力は、ハマース自身にとっても文字通り「諸刃の剣」である。

調停役のエジプトにも「悪夢」が

イスラエルにとって、ブッシュ政権末期にガザ攻撃を行なったことは、国際世論の風圧を避けるためには不利な選択だった。政権移行期のブッシュ政権はイスラエル擁護にも強い指導力を発揮し得ず、国際世論においてイスラエルに著しく不利な状況が生まれた。

また、西欧主要国の近年の対イスラーム過激派対策の進展の中で、イスラーム世論の過激化を避けるためには、パレスチナ和平を進展させることが最大の象徴的効果を持つという認識が共有されてきた。西欧諸国はムスリム移民を多く抱え、内政問題としてもムスリムの過激化に神経をとがらせている。彼らに西欧近代の規範受け入れを求める一方で、西欧社会としてもいっそう人権理念の遵守を明確にすることが必要となっており、子供や女性の犠牲者の映像が繰り返し報じられる中、西欧諸都市でムスリム移民を中心としたパレスチナ支援デモが発生する状況は、英仏独など主要国に本腰の対応を迫った。

そこから、米国に過度のイスラエル擁護を改めさせる圧力が高まった。国連安全保障理事会での議論では、通常なら米国が拒否権をちらつかせることで、イスラエルに十分な作戦展開の余裕を与える。しかし今回はガザ攻撃開始から二週間足らずの一月八日に、米国が早々と棄権に切り替え、即時停戦を要求する決議一八六〇が採択された。ライス米国務長官は内容には同意していると強調する発言まで行なっている。オバマ政権への移行を念頭においた調整がなされたのかもしれない。

ブッシュ政権の中東民主化構想の頓挫の後に、多極化と、地域の論理を優先する動きが定着しかけている。フランスがエジプトによるハマースとイスラエルの停戦調停を後押しし、安保理決議の文面にも入れさせたのはその一例である。近年地域大国としての地位の低下がみられていたエジプトは、経済危機で勢いを失った湾岸産油国を尻目に発言力を取り戻そうと試みている。それは体制の切実な危機感に基づいている。

紛争が長期化・激化すれば、ガザ・エジプト国境の崩壊と、数十万人の難民流入もありうる。イスラエルがガザ制圧に失敗し、エジプトに「下駄を預けてくる」のは悪夢のシナリオである。イスラーム主義運動のハマースが地歩を固めたガザを抱え込むことは、国内でムスリム同胞団を最大の敵とするムバーラク政権としてはなんとしても最も避けたい。

今回のガザ攻撃に際して国際的に共有されるようになった認識は、軍事的な対応はハマースなど対象となる勢力を政治的にかえって強めるだけでなく、世界的に過激派を活性化させるがゆえに避けるべきだ、というものである。国際協調の場に出ず、当座の自分たちの上に降るロケット弾を減らしたいというイスラエルの姿勢は徐々に受け入れられにくくなっている。

一方でイスラーム世界の世論には「ウォール街の崩壊」と「靴を投げつけられるブッシュ」をもって「アメリカ支配の終わり」との印象が広がり、「やはり正義はわれわれのもとにあった」という自己肯定意識が高まっている。

中東に歩み寄るオバマを待つ困難な決断

2009・2・16

オバマ米政権は発足直後に、中東和平担当にミッチェル特使を、アフガニスタン・パキスタン問題にはホルブルック特使を任命し、イスラエルのオルメルト首相、パレスチナ自治政府のアッバース大統領に電話をかけ、キューバ・グアンタナモ基地の「敵性戦闘員」の収容施設を一年以内に閉鎖するよう命じる大統領令に署名するなど、中東政策の変化を示す象徴的な施策を次々に行なった。就任演説では「ムスリム世界には、互いの利益と互いへの尊敬にもとづいた新しい道を求める」と呼びかけた。「尊敬」こそがブッシュ前政権時代に中東に対して欠けていたものだ。

オバマ大統領として最初の単独テレビ会見は、サウジアラビア資本のアラビア語国際ニュース局「アラビーヤ」に対して行なった。アラビア語国際ニュース局で最も影響力のある「ジャジーラ」が民族主義・反米感情的な報道姿勢で人気を集めるのに対して、「アラビーヤ」は国際協調・リベラル路線を打ち出して対抗軸となろうとしている。オバマ政権が中東の現実に関する適切な判断能力を持つスタッフに支えられていることを示す的確な選択だろう。

もちろん、各国の多くの論評が指摘しているように、中東問題に関するオバマ大統領の「言葉」の適切さは評価できるものの、本当に必要なのは「行動」であり、近い将来に困難な情勢を見極めた決断が迫られてくる。オバマ政権を待ち構える中東情勢を概観してみよう。

二〇〇九年は中東の「選挙の年」といえる。イラク地方議会選挙（一月）、イスラエル国会議員選挙（二月）、イラン大統領選挙（六月）、レバノン国民議会選挙（六月）と、重要な意味を持つ選挙が続く。イラクの国民議会選挙も、早ければ年末にも行なわれる。

まず一月三一日にはイラクで地方議会選挙の投票が行なわれた。本来二〇〇八年一〇月に予定されていたが、自律的な「クルド地域」への編入統合が要求されているキルクーク（タアミーム）県での選挙手続きをめぐる対立が解消されず、延期されていた。結局、今回はキルクーク県で選挙を行なわず、もともとイラク選挙法の枠外にあるクルド地域三県と合わせた四県を除いた、イラク全一八県のうち一四の県で投票が行なわれた。

前回〇五年の選挙と比べて大幅に治安が改善し、全般に円滑に投票が行なわれたこと、前回ボイコットしたスンナ派諸勢力が参加したこと、マーリキー首相のダアワ党を中核とする連合がバグダードやバスラなどで第一党となり、現政権への一応の支持が広がったと見られることから、イラク安定化への一つの画期となると期待されている。

フセイン政権崩壊後のイラクで支配的影響力を行使してきたイラク・イスラーム最高評議会（ＳＩＩＣ＝二〇〇七年五月にイラク・イスラーム革命最高評議会〔ＳＣＩＲＩ〕が改称）が振わなかったことも、ＳＩＩＣを通じたイランの影響力増大への反発が作用したと見られ、イラクの国民意識の醸成の結果と評価されている。キルクーク問題が先送りされ、クルド問題が深刻化しかねないのが不安要因だが、イラクが統合と安定へ前進していると評価できよう。

二月一〇日に投票が行なわれたイスラエル総選挙では、現政権与党でリブニ外相が党首のカディーマが一二〇議席中二八議席を得て辛うじて第一党を確保したものの、中道・リベラル政党による連立で過半数を占めることは不可能な情勢である。二七議席で第二党となったネタニヤフ元首相が率いる右派政党リクードの勝利といえる。右派諸政党は合わせて六五議席程度を確保している。イスラエル国籍を持つパレスチナ人の国家への忠誠心に疑いをかけるといった、危険なポピュリズム的手法で人気を急上昇させたリーバーマン党首が率いる極右政党「イスラエル我が家」は一五議席と躍進した。

イスラエル政治の究極の関心は、イランとの来たるべき対決に集中している。イランの核兵器開発は自明のものとされ、どの政党も競って対イラン強硬路線を唱導する。対パレスチナに関しては、ハマースには圧倒的な軍事力で臨むほかなく、一方アッバースのパレスチナ自治政府は弱体で腐敗し当事者能力がない、すなわち「交渉する相手がいない」ということで大多数が一致してしまっている。この認識に現実に根ざした一定の根拠があるのは事実だが、そのような状況を作り出した責任の、一端でもイスラエル側が担《にな》っているという冷静な自省の念が、イスラエル政治から欠けてしまっている。

ネタニヤフ政権が誕生すれば、対パレスチナ和平の進展はほとんど望めない、という悲観論が大勢だが、必ずしもそうとは限らない。むしろ右派・強硬派の方が、強硬派の支持層に対する抑えが利き、和平のための大胆な妥協が可能になるという見方もある。そして、イスラエルの国家安全保障を脅かす真の脅威はイランであるという認識がイスラエルの政治指導層と国民の両方に行き渡ることにより、イラン問題をめぐってオバマ政権との亀裂が生じかねなくなった場合、取引材料として対パレスチナでは大幅な妥協を行なうのもあり得ないわけではない。

イスラエルの対米関係は曲がり角にある。ブッシュ政権時代のような全面的イスラエル支持は望めず、米国に大きな「貸し」を作る必要に迫られるかもしれない。

そのような中、イランもオバマ政権に秋波を送る。オバマ大統領が二月九日に「数カ月以内にイランとの外交関係の再開の可能性がある」と言明すると、翌日、イランのアフマディネジャード大統領は「米国の政策の根本的な変化」を条件に「米国との対話の準備はできている」と好意的に反応してみせた。

サウジアラビアの異例の「警告」

一方、米国の中東における橋頭堡であり、同盟者であり続けてきたサウジアラビアも、オバマ政権を惹きつけようと強いメッセージを投じた。こちらは逆に異例の強い警告を発して、である。情報機関を長年統括した後、駐米大使や駐英大使を歴任し、サウード・ファイサル外相の弟でもあるトルキー・ファイサル王子は、一月二三日付の英『フィナンシャル・タイムズ』紙に、「サウジアラビアの忍耐は尽きかけている」と題した論説を寄稿した。そこで「パレスチナ人のさらなる苦しみと殺戮を食い止める強い手立てを新しい米政権が講じない限り、米サウジ関係と中東地域の安定は危機に瀕する」と警告した。そして二〇〇二年にサウジアラビアのアブドッラー皇太子（現国王）が提示したアラブ和平提案への支持を明確にせよと迫った。

　この論説にトルキー王子は意味ありげなエピソードを盛り込む。サウジアラビアは反イランでは米国やイスラエルと一致するとされてきたが、イラン陣営に寝返ることさえありうると仄《ほの》めかすのだ。「先週、イランのアフマディネジャード大統領はアブドッラー国王に親書を送ってきた。そこでイランはサウジアラビアをアラブおよびムスリム世界の指導者と認めた上で、ガザをめぐってもっと対決的な姿勢を取るよう要請した」という。

　トルキー王子は「対イスラエルのジハードを指導せよというアフマディネジャード氏の呼びかけに、サウジアラビアがもし応えれば、前例のない混乱と流血をもたらすであろう」と脅す。「今のところ、サウジアラビアはこの呼びかけに抗している」としつつ、「しかし、この自制は日々、困難になってきている」というのである。締めくくりには父でサウジの元国王ファイサルの言葉を引用し、本心ではサウジ国民はイスラエルへのジハードを欲しているのだと明かす。米国との親密な関係を外交の軸としてきたサウジとしては、異例の表現である。

　イスラエルだけでなくサウジアラビアにとってもイランの影響力伸長は脅威である。国内や中東域内でのシーア派マイノリティを勢いづかせるだけでなく、スンナ派も含む現状秩序への不満勢力の不穏な動きを惹起するからだ。イランの核兵器保有は、サウジの国家安全保障上の決定的不利を意味し、地域大国としての地位の著しい地盤沈下をもたらす。

　しかしイランを恐れるからといって、イスラエルの強硬な対パレスチナ政策や、米国によるイスラエル支持を容認するわけではない、というのがトルキー王子の論説の趣旨である。まずパレスチナ和平を大きく前進させ、それによってサウジなど親米派諸国の威信と発言力を高め、そこからイランに圧力をかけていくのが、実際に可能で適切な手順だ、というのがサウジ側の主張だろう。

「サウジがイラン陣営に寝返る」というのはもちろん実際にはありそうもない。サウジの政府系メディアによる対イラン非難は激しさを増している。二月三日にはサウジ当局が八五人の逃亡中のテロリストのリストを発表したが、そのうち四割がイランか、イランからアフガニスタン・パキスタンにかけての地域に潜伏している、と二月七日付『シャルクル・アウサト』紙は非難する。

オバマ政権の中東政策の出方を探りながらの綱引きが続く。

2009・3・15

ドバイとサウジアラビアの「補完関係」

三月の初頭に駆け足でアラブ首長国連邦（UAE）のドバイを経由してサウジアラビアの首都リヤードを訪れた。まず経由地のドバイの現状と将来を考えてみたい。

二〇〇八年一〇月の分析（本書三〇三頁）では、金融危機のドバイへの波及可能性について検討した。そこで焦点は、証券市場の下落がバブル化したドバイの不動産市場に波及するか否かにあると指摘しておいた。

湾岸ウォッチャーが息をひそめて見つめる中、決定的な衝撃を与えたのは、二〇〇八年一〇月二四日にインターネットで配信された『MEED』誌の報道である。椰子の木型の人工島パーム・ジュメイラで知られる政府系不動産開発会社ナヒールが、第二の人工島パーム・ダーイラの浚渫《しゅんせつ》工事を停止したというのだ。不動産需要の落ち込みと価格の下落は著しく、買い手がつかない物件が続出して市場が定まらない状態である。急激な信用収縮により、ドバイ企業は資金調達に困難をきたしている。

ナヒールは、二〇〇八年夏に欧米の著名人を集めたパーティーで派手にお披露目したトランプ・インターナショナル・ホテルの建設も停止。高さ一キロを超すビルの建設計画も凍結された。現在世界で最も高いブルジュ・ドバイを建設中のイーマールの株価は八五％も下落。〇九年から一二年の間に完成を予定されていた住宅・商業用途の開発案件の五〇％が、資金難や需要の低下により、凍結か中止される見込みである。〇八年九月一七日に4367だったドバイ証券市場の指標は、〇九年二月二二日には1532まで下がった。

二月二二日にはUAEの盟主アブダビが、一〇〇億ドルのドバイ政府新規発行債券をUAE中央銀行が買い取るという形でドバイ救済策を発表し、ドバイ政府の債務不履行への危惧はやや収まった。これをきっかけに、株価はいったん下げ止まった。

しかし政府直轄事業や政府系企業のプロジェクトについては救済されるにしても、形式上は株式を公開して民間会社となっている企業の、ドバイ発展のシンボルであった諸事業がどうなるか、先行き不透明なことに変わりはない。救済の見返りに、ドバイがアブダビに水面下でどれだけのものを差し出しているのかも噂を呼ぶ。アブダビが政治的にドバイを従属させたことは確かだ。

しかし、ペルシア湾岸地域の政治経済環境を考えれば、ドバイの機能が全く失われることもありえない。イラクやイラン、パキスタンやアフガニスタンやソマリアなどの政情不安を背景に、資本や拠点機能の逃避先としてドバイは必要とされてきた。実際に競争力を持つ部門はある。どの部門がバブル崩壊で失われ、どの部門が残るかは、今後の湾岸地域の展開を見る上で検討しておくべきだろう。

ドバイの経済開発は、三つの層からなる。第一は一九八五年設立のジェベル・アリー・フリーゾーンに代表される経済特区への企業誘致である。第二は経済特区にまつわるインフラを利用して、観光客を呼び込み、医療施設や教育機関、メディアなどを誘致する各種の産業創出である。第三は、そのような経済活動の活発化によってオフィスや別荘の需要が高まるという予想を前提に過熱した不動産開発であり投機である。

バブル崩壊で剝がれ落ちたのは第三の層で、第二の観光開発の可能性にも一部疑問符がついた。しかし依然として中東地域の流通の拠点としての機能が発展する余地は十分にある。大規模で最新鋭の港湾施設は地域で他の追随を許さず、拡張されたドバイ国際空港に加えて、巨大なジェベル・アリー国際空港の建設も予定されている。ドバイのエミレーツ航空は機体の新しさやサービスの良さで評判がいいが、西欧とアジアの中間という地の利を生かした新たな路線を開発している。日本を深夜にエミレーツ航空で出発すると、現地の早朝にドバイにつく。そこから中東も南アジアも二時間程度、ヨーロッパ諸都市でも昼から仕事ができる。南米からドバイ経由で日本に来るというルートも定着した。

アラビア半島の内気な大国

ドバイからリヤードに向かった。今回のリヤード訪問は日本国際問題研究所がサウジ外務省外交研究所・情報研究センターとの共催で開いた「日本サウジアラビア・ラウンドテーブル」に参加するためだった。

湾岸協力会議（GCC）を構成するペルシア湾岸のアラブ産油国の中で、サウジアラビアは特にアクセスが難しく、真意を読みかねる存在である。サウジ側参加者の発言や挙措、人柄や相互関係を観察していると、書き記されたものを読み込んで長期的な潮流を考えるという作業とはまた違った刺激がある。

金融危機がドバイに大打撃を与えた現在、サウジアラビアは自信を深めている。顕著なのが、近頃サウジアラビア通貨庁（中央銀行に当たる）の総裁に昇格したムハンマド・ジャースィル氏の「われわれが正しかったと証明された」という発言だろう（『アラブニュース』紙二月九日付）。サウジ政府の規制と指導により、金融や不動産の過度に投機的な取引から距離を置いていたサウジの銀行が、世界金融危機によって受けた傷は浅い、というのである。

ドバイをはじめとした小規模の湾岸産油国が近年行なってきた金融・資本の自由化に対比され、サウジの保守的な政策は、あたかも指導者と国民の創造性のなさの現れであるかのように欧米から低い評価を受けることがあった。そもそも九・一一同時多発テロ事件で実行犯の多数がサウジ人であり、首謀者のウサーマ・ビン・ラーディンがサウジの代表的財閥の出身だったことから、サウジは米国から「説教」され続けていた。溜まっていたフラストレーションが解放されたような状態だ。

しかし、多少鬱憤を晴らしたところで、サウジとしても危機打開の妙案はない。

サウジはバランスの悪い国家である。原油輸出国としてはまちがいなく超大国である。しかし経済社会の発展上は厳然とした開発途上国であり、技術や教育を外部に全面的に依存する。ただしその際に頭を下げて援助を求めるのではなく、原油輸出の当然の代償として要求する。宗教上、イスラーム教の聖地メッカとメディナを擁するサウジの威信は高いが、国家安全保障を高める道義的力にはならず、米国に依存する。イランの脅威に神経をとがらせるが、その解決に指導力を発揮するどころか、安保理の五常任理事国とドイツが行なっている対イラン交渉に参加することもできない。米国の頭越しの対イラン接近を警戒する。

それでもサウジアラビアは全体としては、心地よい立場を維持している。圧倒的な原油産出量に加え、アラビア半島の産油国の中では二八〇〇万と群を抜いて人口が多く、若年層が厚い。ドバイの近年の発展は多くが投機需要であったのに対し、サウジは膨大なインフラ需要が見込まれる。石油価格の低迷期には、サウジの人口は重荷であり、無為な若年層の存在はテロリストの供給源ともなる。しかし見方を変えれば、サウジの若年人口はインフラ需要・消費市場の大きさを意味し、投資先としての価値を高めている。ドバイの過熱が去った現在、底堅いサウジの市場に関心が移ることは確かだろう。

一日五回の礼拝時には店舗がすべて客を閉め出して店を閉じ、女性は厳しく行動を制限される。ビザの取得は困難であり、外国企業駐在員はコンパウンドと呼ばれる塀の中の住宅地に隔離されて暮らす。こうしたサウジの社会障壁はそう簡単になくなりそうにもない。

その意味でドバイとサウジの関係は、ドバイがサウジ向けの「ショーウィンドー」の機能を持ち、一方、サウジにとってはドバイが外部からの直接の影響・浸透を和らげる「出島」のような役割を果たしている。まずドバイで試して、うまく行ったものをサウジやアブダビやカタールが導入していく、という形で、当面の間はドバイが湾岸政治経済の結節点であり続けるだろう。

GCC六カ国は形式的には〇八年から共通市場を発足させているが実質が伴っていない。湾岸通貨同盟の構想も提案されているが実施が進まない。障壁を残した上でドバイを緩衝材のように使う現在の仕組みは、特にサウジにとって外界との過度な政治・社会的関係を防ぐためにも有益である。

世界の経済危機が一層深化して、湾岸諸国が政治経済、そして安全保障上も一体にならない限り生き延びられないという認識を迫られない限り、急速に地域統合が進むことは考えにくい。しかしそのような非常事態に至れば、ペルシア湾対岸の両大国イランとイラクを排除したGCCという枠組みそのものがどれほど有効であるのか、疑問である。

滞在の最終日、リヤードは記録的な砂嵐に見舞われた。建物から出た瞬間、オレンジ色の砂塵に包まれ、視界は二〇メートルほどに限られた。それは外界との接触を避け、帳《とばり》の向こうに身を隠すアラビア半島の内気な大国の姿そのものであった。

2009・4・12

中東・イスラームに向けられた「オバマの言葉」

米国新政権の最初の一区切りとして用いられる「就任後一〇〇日」が四月末に近づいた。この段階でオバマ政権の対中東および対イスラーム世界への政策がどのような形を取ってきているか検討してみたい。もちろん中東全体に対して、あるいは中東の諸問題に対して具体的な政策が出揃ったわけではなく、大統領の発言から方向性を推測するしかない。

ただし米国と中東の関係の課題は多分にイメージや感情に由来している。米政権の政策そのものの実態と成否だけでなく、「米国イメージ」や「反米感情」が対中東外交の障害となり、中東諸国の政治そのものにも深く影響を与えてしまう。そしてオバマがこの方面で持つ最大の「コンテンツ」はまさにオバマ自身のイメージであり言葉であるだけに、「オバマの言葉」の読みどころを知っておくのは有益だろう。

米大統領選挙戦でのオバマの演説は作り込まれた一連のショーのようだったが、就任後の演説も趣向を凝らし、考え抜かれたものである。

就任後、四月半ばまでに中東とイスラーム世界に向けられたオバマの主要な発言・演説は、①

就任直後、アラビア語衛星テレビ「アラビーヤ」に与えた最初の単独インタビュー（一月二七日放映）、②イラン暦新年「ノウルーズ」に合わせたビデオ・メッセージ（三月二〇日）、③アフガニスタン・パキスタン政策を発表する演説（三月二七日）、④トルコ議会での演説（四月六日）だ。

アラビーヤとのインタビューは、アラブ世界全体に向けられたものといえる。主に取り上げられたのはパレスチナ問題だったが、アラビーヤの主要なスポンサーであるサウジアラビア向けのメッセージも組み込まれている。それは「アブドッラー国王による提案」に直接言及したことである。これは二〇〇二年三月二八日にベイルートで行なわれたアラブ連盟首脳会議で採択されたため「ベイルート宣言」と呼ばれる和平提案で、当時皇太子だったサウジのアブドッラー国王の提案に基づく。イスラエルが一九六七年の第三次中東戦争で得た占領地すべてから撤退し、国連安全保障理事会決議二四二と三三八を履行するなどと引き換えに、アラブ諸国はイスラエルとの和平合意締結に進み正常な関係を取り結ぶ、というのが提案の骨子である。

オバマ政権はこのベイルート宣言を、〇三年の「ロードマップ」や〇七年の「アナポリス合意」のような米国主導の和平案と並べて、和平の指針として示している。「アラブの指導国家」としてのサウジの地位を確認すると共に、米国が命令や押しつけではなく地域の意見を聞く、という姿勢の代表例としようとしている様子である。

ただしパレスチナ問題に関して新しい提案をしているわけではない。前任者のように放置はしませんよ、というだけの内容である。

イラン向けのビデオ・メッセージは短いものであるが、イラン暦新年にぴったり配信するという、象徴的・演劇的効果を凝らしている。イランへの働きかけで難しいのは、「誰に話しかけるか」である。ハタミ前大統領のような親西欧派は「話しやすい」。しかし彼らと話していてもイランの意思決定の中枢を動かせないばかりでなく、かえって親西欧派を国内で孤立させかねない。また、「仲介者」を介した間接的対話はかえって事態を混乱させ緊迫させてしまう。かといってイラン政府中枢との「談合」は歴代米政権の立場を全否定して米外交の一貫性を損なうだけでなく、人材と財力のある亡命イラン系アメリカ人コミュニティの反発や、イラン内の民主化勢力の失望を招きかねない。

オバマは周到に「指導者」と「人々」に並行して「直接」話しかける、という形式を取った。イランの歴史や文化を讃え、共通の「人間性」を確認したが、指導者に対しては、これまでと大きく異なる政治的な妥協は何も含まれていない。ただし、「イラン・イスラーム共和国」と呼びかけたこと自体が、正常な外交関係のない米・イラン関係の文脈では画期的といえるだろう。

対イラン関係の現状認識としては「われわれには深刻な相違があり、時を経て拡大してきた」と認め、双方の責任は棚上げにする。そして今後の希望として、「米国とイランと国際社会の間に、建設的な紐帯を結びたい」と宣言する。

そして「あなた方には、選択肢がある。米国はイラン・イスラーム共和国が諸国民の共同体において正当な位置を占めることを望む。あなた方には権利がある。しかしそれは真の責任を伴うものだ」。プライドをくすぐり、心情的には歩み寄った上で、選べ、と迫るのである。

トルコでの演説でもイランに触れ、「この地域の平和は、もしイランが核兵器への野望を一切放棄すれば、前進する」「イランの指導者たちは兵器を築くか、人々のためにより良い未来を築くか、選ばなければならない」と語ったことには注目を要する。もし兵器転用が全くなされないという保証が得られれば「ウラン濃縮」は容認する、という姿勢を示したものとも読み取れるからだ。

③のアフガニスタン・パキスタンへの新戦略についての演説は、現地向けというよりは、追加増派と、文民による支援の上乗せへの支持を求める、米国内向けとも言える。

オバマはこの地域での目標を「アル＝カーイダを混乱させ、解体し、打ち負かす」ことに絞る。この面ではブッシュ政権の対テロ施策を受け継いでいるのだが、敵を極度に限定するところが対照的である。敵は「アル＝カーイダ」に絞り込み、「ターリバーン」ではないのである。

一連の演説の中で、イスラーム世界全体への認識と姿勢がもっとも明確になったのが、トルコ議会での演説だろう。トルコの役割を西欧とイスラーム世界の中でどう位置づけるか、トルコの価値をいかに評価するかは、オバマ政権のイスラーム諸国に対する「言説の政治」の能力を測る試金石のような性質がある。

ここでオバマは、近代トルコ共和国の建国の父ケマル・アタチュルクの廟への訪問から語り起こす。そして「アタチュルクの最大の遺産は、トルコの強固で世俗的な民主主義である」。そして言い切る。「トルコは死活的な同盟国である。トルコはヨーロッパの重要な一部である」

トルコの帰属を「ヨーロッパ」とし、その属性を「共和国」と「世俗主義」であるところに求めるのは、トルコを不用意に「イスラーム国」とみなし、「正しい」イスラーム国なら親米でありうる、という形で「評価」しがちだったブッシュ政権とは対照的である。トルコ人の多くが近年「イスラーム教徒」としての自己意識を高めているが、前提に強い民族意識があり、民族意識は「先進的なヨーロッパ人である」という「お墨付き」を欧米から得て優越的な立場に立ってはじめて、イスラーム世界に関与する。オバマの対トルコ言説戦略はこの微妙な感情をうまくつかんでいる。

「共感外交」の成功と限界

以上のオバマの一連の演説から共通要素を特定し、そこに欠けているものを探ってみよう。

まず、すっかり定着したいくつかのフレーズがある。多用されているのが「相互の利益と、相互の尊重《リスペクト》」である。「リスペクト」は敬意とも顧慮とも訳せようが、オバマ外交のキャッチフレーズのようになりつつある。イランやトルコやサウジなど、プライドの高い中東諸国に対して、細やかに固有の政治や文化への顧慮を示して、親密度を高めようとする。トルコのアルメニア人虐殺問題に対して上から説教するのではなく、米国の黒人奴隷やネイティブ・アメリカン迫害といった例を挙げて論じるなど、正負両面での米国自身（あるいはオバマ自身）の経験と重ね合わせて、共感してみせる。オバマの外交言説を形容するなら「共感外交」といえるかもしれない。

しかし実際の政策を実行する段階になると、相互に「共感」できるものばかりでなくなってしまうのは明らかである。演説の中ですでに「予防線」が多く張られている。

一つの方法は、「指導者」と「国民」を分ける論法である。ただし指導者と国民を離反させようとしていると疑われて指導層から過剰な警戒心を呼び覚ますことも避けようとしているようである。

以上から分かるのは、オバマは「アラブ世界」「イスラーム世界」「トルコ」「イラン」といった文化的な実体を定義し米国と良好に関係づけることに関しては巧みであり、「敵」の範囲を狭く定義して多くを対話の輪に引き込もうとする。

しかしイランやパレスチナの争点をめぐっても、イラク、パキスタン、アフガニスタンといった個別の国の、米国との抜き差しならない利害関係に関しても、目立ったメッセージはない。イラクからの戦闘部隊の撤退完了、アフガニスタン・パキスタン国境地帯の紛争鎮静化といった現地での成果があって初めて、オバマの言説の政治も可能になる。その日がいつになるか、本当にやって来るのかは誰にもわからない。

むすびに

四年半にわたって記してきた分析レポートを一冊にまとめてみて、思うことは、人間の記憶がいかに不確かかということだ。書いた本人にしても、中東政治の一つ一つの展開に、どれだけ複雑な経緯があったかを忘れかけてしまい、多様な文脈のあらかたを捨象して理解してしまっている。今、自分で書いた文章を、年代記作家の記録のように読んでいる。

われわれの記憶の容量は無限ではなく、過去の一瞬一瞬における文脈と、それぞれの時点で潜在的に存在した選択肢を記憶していることは不可能である。過去を振り返るには、現在の地点で判明している帰結から遡って脈絡を見出し、筋道を立てていくしかない。歴史記述とは結局この合理化の作業だろう。

しかしそれによって、肝心なことを忘れてしまいがちである。それは、いつの時点でも、将来は分からなかった、という当たり前の事実である。歴史上のどの時点も、過去の数知れぬ経緯の上にあり、未来に無限の可能性を秘めている。すべての当事者が、どの可能性がより蓋然性が高いかを全知全能を挙げて判断し、その結果として一つの現実が生じる。あとから見れば必然的で、定まっていたように見える道筋も、その時点では誰も確かには予想できなかったのである。分からないからこそ、情勢を判断し将来を見通す営為に意味がある。その緊張感と臨場感こそ、本書で示したいことである。

これらの分析は、中東情勢についての情報を提供するためだけに書いたのではない。そもそも情勢分析とは何か、ということを問いかけるものでもあった。

情勢分析は、往々にして「山勘」の「当てもの」と誤解されているきらいがある。要するに「当たればいい」というのである。しかし情勢分析とは、間違うことがあるのが前提である。それは人間が未来を予見できないからである。ただし、間違えるには、「良い間違え方」と「悪い間違え方」がある。その時点で知りうる情報を、専門家として培った知的枠組みと経験とを駆使して最大限収集し、より分け、意味付けし、的確な論点を浮かび上がらせ、筋道を立てて情勢認識と判断に結びつける。そのプロセスを入念に踏んだ上で、結果として事態がその予想に反する方向に向かったのであれば、それは「正しい間違え方」である。そのような「間違い」は責められるいわれはなく、むしろ、より正しい情勢認識に到達するための貴重な積み重ねの一部といえよう。正しいプロセスを踏んでその時々に最善の情勢分析を明らかにしておけば、事態の新たな展開に応じて情報を集め直し、枠組みを修正し、新たにより妥当な認識を組み立てられる。この絶えざる積み重ねこそが情勢分析なのである。

一方「悪い間違え方」とは、そもそも前提や根拠が的外れであったり、情報が不確かあるいは存在しなかった場合であり、これは論外である。もちろん間違えない方がいい。ただし後になって「外れた」と批判されるのを回避することばかり意識し、どっちとも取れる保身の言説を駆使することこそが、「外す」よりもっと悪いのかもしれない。

情勢分析への評価とは、集合知を高めるためにどれだけ貢献したかで測られるべきものであり、個人の功績を競うものではない。要するに「俺が正しかった」と威張るためにあるのではない。情勢分析とは、政治共同体が公的な言説を通じて、集合的な認識を高め、より適切な政治判断を形作っていくための不可欠の過程である。「国力」というものも、情勢分析に頭を絞り、ぎりぎりまで考える人間がどれだけいるか、その層の厚さと個々の分析の深さの総体で、計れるのではないか。そして、そのようにして絞り出された価値を受け止め、評価する者がどれだけいるかも、ある国や社会の活力と成熟度を示すものだろう。

この基準からは、日本はどのような位置にあるのだろうか。決して絶望的ではない。しかし、当落線上のぎりぎりのところにあるのではないかという不安が拭えない。日本では世界に類をみないほど活発に出版活動が行われ、海外からも実に多くの情報が流れ込む。しかしそれらは消費文化に偏っており、国際政治をめぐる事実を精査して議論をするための余地は極めて限られている。英語圏での議論と日本語での議論は国際政治に関する限り、極端な質と量の差がある。そのことに関する危機感が既存のメディアに欠けているようにみえるのは心配である。

空疎な「論争」の軸を提起し、その中で巧みに「立ち位置」を取ってみせる論者をもてはやす論壇誌や、乏しい事実認識から短絡的に情緒的な主張に直結する議論があたかも「信念」であり「想像力」であるかのように取り上げる新聞が多数を占める中で、情勢分析の精度を高める営為は「単なるレポート」に過ぎないと看過されてしまう。しかし単調で痩せ細った「想像力」を振りかざす前に何よりも必要なのは、事実を知ることではないのか。そして「事実を知る」とは、そう簡単なことではないのである。主要メディアが与えてくれない「事実」を求める読者層は、潜在的には確実に存在している。新聞が読まれず、論壇誌が次々と廃刊になる現状は、日本人の学力や社会的関心が低下したなどというよりも、支配的メディアが「単なる事実」に到達するための議論を軽視し、論者の立ち回りや、独りよがりのエゴや感情の表出を野放しにしているからではないのか。「単なる事実」を求める「レポート」の価値を感じられない人は、何か大きなものへの怖れを失った人であると私は思う。

筆者は良い媒体と読者に恵まれた。『フォーサイト』は定期購読者に毎月郵送され、一定の読者にある程度継続して読んでもらえることが想定できる。一号ごとに新たな読者の関心を引く工夫を凝らす苦労はなかった。その代り、毎号の分析を、中東の現実の展開と照らし合わせて評価する、厳しい読者の目を常に感じていた。紙幅も適度で、原稿用紙にして九枚弱、三五〇〇字前後である。日本語で公刊される新聞・雑誌媒体で、この規模の紙幅を特定の分野に関する「分析」に割くことはめったにない。この紙幅を埋めるのに苦労すると思ったことは一度もなく、むしろ毎号、何倍もの量を書いてしまってから圧縮するのが至難の作業だった。一文字単位で字数を調整し、見開き二頁に収めることに知恵を絞った。しかしだからこそ、本当に必要な情報を厳選し、不要な装飾を排した過不足ない記述を心がけざるを得なかった。連載に誘っていただき、

異例の長さで続けさせてくれた堤伸輔『フォーサイト』前編集長と、今も月々の分析レポートを熱心に読んでくれている読者に感謝したい。

本書は、『フォーサイト』（二〇〇五年一月号～二〇〇九年五月号）に連載された「中東―危機の震源を読む」に加筆修正をしたものである。

地図制作　ジェイ・マップ

る計画を発表。
3・2　オバマ米大統領がロシアのメドベージェフ大統領に秘密書簡を送り、イランの長距離核ミサイル開発阻止への協力の見返りにミサイル防衛システム配備の凍結を提案したと報じられる。
3・4　国際刑事裁判所（ICC）がスーダンのバシール大統領に戦争犯罪と人道に対する罪で逮捕状を出した。
3・20　オバマ米大統領がイラン向けメッセージを発表。
3・23　トルコのギュル大統領がイラクを訪問。
3・27　オバマ米大統領が対アフガニスタン戦略を発表。
3・30　カタールのドーハでアラブ連盟首脳会議が開催、スーダンのバシール大統領を支持。
3・31　イスラエルでネタニヤフ政権が発足、外相に「イスラエル我が家」のリーバーマン党首。
4・1～2　ロンドンで第二回G20サミットが開催。
4・5　オバマ米大統領がプラハで演説、核廃絶に向けた取り組みを表明。／北朝鮮が人工衛星の打ち上げ実験と主張する弾道ミサイルを発射。
4・6　オバマ米大統領がトルコ議会で演説。
4・13　パキスタンのザルダリ大統領が北西辺境州スワート地区のターリバーン系武装組織との和平協定に合意。
4・22　パキスタンで北西辺境州スワート地区を掌握したターリバーン系武装組織が首都イスラマバードに向けて勢力を拡大。
4・26　パキスタン軍が北西辺境州下ディール地区の攻撃を開始。
5・5　パキスタン軍が北西辺境州スワート地区への攻撃を開始。
5・5　イランのアフマディネジャード大統領がシリアを訪問。
5・6　オバマ米大統領がアフガニスタンのカルザイ大統領とパキスタンのザルダリ大統領と三者会談。
5・18　オバマ米大統領とイスラエルのネタニヤフ首相が会談、二国家解決案で立場分かれる。
5・20　UAEがGCCの通貨統合計画から脱退を表明。
5・24　イランのテヘランでイラン・アフガニスタン・パキスタンの三カ国首脳会談。
5・25　北朝鮮が地下核実験。
5・28　オバマ米大統領とパレスチナ自治政府のアッバース大統領が会談、オバマ大統領がヨルダン川西岸でのユダヤ人入植地建設の中止を求める。
6・4　オバマ米大統領がエジプト・カイロを訪問し演説。
6・7　レバノンで国会議員選挙の投票。「三月一四日連合」が勝利。
6・12　イランで大統領選挙の投票。翌日、アフマディネジャードの圧勝と発表され、抗議行動が勃発。

10・18　イラクのバグダードでサドル派が大規模なデモで米国との安全保障取り決めに反対。
10・26　米軍部隊がシリア東部イラク国境付近を越境攻撃。
11・４　米国大統領選挙で民主党バラク・オバマ候補が当選。
11・11〜13　サウジアラビア国王が国連本部で宗教間対話会議を主催。
11・14　ワシントンで第一回G20サミットが開催。
11・16　イラク政府が米国の撤退期限を2011年末とする地位協定を閣議で承認。
11・26　インド・ムンバイで同時多発テロ事件発生。
12・７　パキスタンの連邦直轄部族地域のアフガニスタン国境付近カイバル峠で、アフガニスタン駐留NATO軍に物資を補給するトラックターミナルへの大規模襲撃。
12・19　イスラエルとハマースの休戦協定が失効。
12・21　テヘランでロシアの国営天然ガス企業「ガスプロム」社長とイランの石油相、カタールの産業相が会談。
12・23　モスクワでガス輸出国フォーラムが閣僚級会合、カタールのドーハに本拠を置く公式な国際機関の設置する憲章に合意。
12・24　ハマースがイスラエルのアシュケロンなどにロケット弾攻撃。
12・27　イスラエルがパレスチナ・ガザ地区への空爆を開始。

2009年
1・1　ロシアがウクライナ向けのパイプラインによる天然ガス供給を停止。
1・3　イスラエルがガザ地区で地上戦を開始／イラクのマーリキー首相がイランを訪問。
1・8　国連安保理決議1860が採択、賛成14、米国は棄権。
1・18　イスラエルとハマースがそれぞれ一方的停戦を宣言。
1・20　米国でオバマ大統領が就任。
1・22　オバマ米大統領がミッチェル中東和平担当特使、ホルブルック・パキスタン・アフガニスタン担当特使を任命。
1・27　アラビア語衛星放送局アラビーヤがオバマ大統領のインタビューを放映。
1・29　アフガニスタンの選挙管理委員会が大統領選挙を８月に延期。
1・31　イラクで地方議会議員選挙が投票。
2・3　イランが国産人工衛星「オミド（希望）」の打ち上げに成功と発表。国産ロケット「サフィール２」を使用。／パキスタンのカイバル峠で橋が爆破されアフガニスタンへの物資輸送が停止。
2・3　キルギスのバキーエフ大統領が米空軍基地の閉鎖を発表。
2・10　イスラエル総選挙が投票。リクード等の右派や宗教政党が勝利。
2・16　パキスタンの北西辺境州政府がターリバーン系武装勢力とマラカンド地区へのイスラーム法導入で合意。
2・18　クリントン米国務長官がインドネシアを訪問。
2・22　UAEアブダビがドバイの100億ドルの新規発行政府債権を買い取り、ドバイ経済を救済。
2・23　ターリバーン系武装組織が北西辺境州で戦闘停止を表明（2・24　パキスタン軍が停戦を表明）
2・27　オバマ米大統領が、2010年８月末までの18カ月でイラクから戦闘部隊を撤退させ

2・18　パキスタン国会議員選挙投票。野党パキスタン人民党（PPP）とパキスタン・ムスリム連盟ナワーズ・シャリーフ派が勝利。
3・2～3　イランのアフマディネジャード大統領がイラクを訪問。
3・12　この頃からエジプト各地で食糧暴動が頻発。
3・28～29　リヤードでアラブ連盟首脳会談。2002年のベイルート宣言を再確認。
4・24　米政府が北朝鮮によるシリアへの核拡散疑惑を指摘。
5・7～12　レバノン各地でシニオラ政権支持派とヒズブッラー支持勢力が市街戦。
5・21　カタールのドーハでアラブ連盟の仲介によりレバノン各派が合意。／パキスタン軍は北西辺境州のターリバーン系武装勢力と和平協定を締結。スワート地区でのイスラーム法施行を受け入れ。
5・25　レバノン国会がスレイマーン国軍最高司令官を大統領に選出。
6・19　イスラエルとハマースの半年間の休戦協定が発効。
7・11　レバノンでシニオラ首相の挙国一致内閣が発足。
7・12　パリでサルコジ仏大統領がアサド大統領、スレイマーン大統領と会談。
7・16　イスラエルがイスラエル兵2名の遺体と引き換えにレバノン人捕虜を解放。
7・21　中国・雲南省の昆明でバス連続爆破。
7・30　イスラエルのオルメルト首相がカディーマ党の党首選挙後の退陣を表明。
7・30　トルコ憲法裁判所が与党・公正発展党の解党を見送る。
8・4　中国・新疆ウイグル自治区カシュガルで警官らが襲撃・殺害される。
8・4　フィリピン政府とモロ・イスラーム解放戦線（MILF）の自治拡大合意覚書の調印が最高裁により一時差し止め。
8・8　ロシア軍がグルジア領南オセチア自治州に侵攻。／北京オリンピック開幕。
8・12　ヨルダンのアブドッラー国王がイラクを訪問。アラブの国家元首としてイラク戦争後初。
8・14　米国とリビアが、パンナム機爆破と米によるリビア空爆の相互賠償で合意。
8・15　パキスタン軍が、連邦直轄部族地域バジャウル地区での武装勢力掃討作戦で460名を殺害と発表。
8・18　パキスタンのムシャラフ大統領が辞任を表明。
8・26　アフガニスタン東部でNGO職員伊藤和也さんが拉致・殺害される。
8・30　ベルルスコーニ伊首相がリビアを訪問、植民地時代を謝罪、50億ドルの投資に合意。
9・1　米軍がイラク政府にアンバール県の治安維持権限を委譲。
9・4　ダマスカスでシリア、フランス、トルコ、カタールによる中東和平会議開催。
9・6　パキスタン大統領選挙でパキスタン人民党のザルダリ総裁が当選。／カイロ近郊ムカッタムの丘が崩落、人口過密地帯で数百名が生き埋めに。
9・15　米投資銀行リーマン・ブラザーズが経営破綻。
9・17　イスラエルのカディーマ党党首選挙でリブニ外相が選出される。
9・20　パキスタン・イスラマバードのマリオット・ホテルで自爆テロ、53名以上が死亡。
9・24　イラク国民議会が地方選挙法を採択。
10・10　米国とインドが原子力協定に署名。
10・11　米国が北朝鮮のテロ支援国家指定を解除。
10・15　シリアとレバノンが独立以来初めて、正式な外交関係を樹立。

1・26　ペトレウス米陸軍中将がイラク駐留多国籍軍司令官に就任。
2・3　バグダードのサドリーヤ市場で自爆テロ。130人以上が死亡。
2・26　イラク政府、石油法案を閣議決定。
3・17　パレスチナでファタハとハマースの連立政権が成立、ハニーヤ首相が再就任。
3・26　エジプトの国民投票で憲法改正法案が承認される。
4・4　ペロシ米下院議長がシリア訪問、アサド大統領と会談。
4・12　イラク国民議会の食堂内で自爆テロ。
5・3　エジプトのシャルム・エル・シェイクでイラク支援国会議が開催され、イラク・コンパクトを採択（翌日に拡大周辺支援国官僚級会議が開催）。
5・20～9・2　レバノン北部ナフルル・バーリドのパレスチナ難民キャンプで武装集団ファトフ・アル＝イスラームとレバノン軍が戦闘。
5・28　バグダードでイラク治安安定をめぐる米・イラン協議（7・24、8・6にも）
5・30　国連安保理がハリーリー元首相暗殺をめぐる特別法廷設置の決議案を採択。
6・7～15　パレスチナ・ガザ地区でハマースとファタハが武力衝突。ハマースがファタハ政権をガザから追放。
6・13　レバノンのベイルートで反シリア派国会議員エイドー氏が暗殺される。
6・14　パレスチナ自治政府のアッバース大統領がハマースのハニーヤ首相を罷免（翌日ファイヤード前蔵相を首相に任命しファタハ主導の内閣発足）。
7・11　リビアで死刑判決を受けていた外国人医師・看護師が終身刑に減刑され、釈放。
7・19　イランのアフマディネジャード大統領がシリアを訪問。
7・22　トルコでエルドアン首相率いる公正発展党が総選挙で勝利。
8・6　イラクのクルド地域政府議会が地域独自の石油・ガス法を可決。
8・28　トルコ国会がギュル外相を大統領に選出。
9・5　ライス米国務長官がリビアを訪問、カダフィ大佐と会談。
9・6　イスラエルがシリア北部の軍事拠点を空爆。
9・19　ベイルートで反シリア派国会議員ガーニム氏が自動車爆弾で暗殺される。
9・28　パレスチナ自治政府アッバース議長が国連総会で演説。
10・10　米下院外交委員会がオスマン帝国末期のアルメニア人虐殺を非難する決議を採択。
10・17　トルコ国会がクルド人労働者党（PKK）のイラク領内での掃討作戦を承認。
11・20　ヨルダン国会議員選挙で部族領袖、親政府派が勝利。イスラーム行動戦線は後退。
11・23　レバノンでラフード大統領が任期切れで退任。
12・1　トルコがイラク北部のクルド労働者党（PKK）拠点を大規模空爆。
12・16　英軍がバスラ県の治安維持権限をイラク政府に移譲。
12・24　エジプト北部アレクサンドリアでアパートが崩壊、死者35名（同様の事故相次ぐ）。
12・27　パキスタンのラワルピンディでブット元首相が暗殺される。

2008年

1・12　イラク国民議会が旧バアス党員の復職と年金受給再開に関する法案を可決。
1・17　イスラエルがガザ地区封鎖開始。
1・23　エジプトとガザ地区の国境分離壁をハマースが爆破。大量のガザ市民がエジプトに越境。

4・11　イランのアフマディネジャード大統領が濃縮ウランの生産に成功したと宣言。
4・16　イラン外相がパレスチナ自治政府に5000万ドルの財政支援を表明。
4・22　イラク国民議会がクルド愛国同盟（PUK）タラバーニー議長を大統領に選出。
4・24　エジプト・シナイ半島のダハブで連続爆破事件、23人が死亡。
5・20　イラク国民議会がマーリキー内閣を承認し、正式政府が発足（6・8に先送りになっていた国防・内務・国家安全保障担当相が指名・承認される）。
5・27　インドネシア・ジョクジャカルタ周辺で大地震が発生。5700人以上が死亡。
6・1　国連安全保障理事会の5常任理事国とドイツは、対イラン交渉の包括案で合意。ウラン濃縮停止の「見返り」と「制裁的処置」の双方を盛り込む。
6・7　イラクのバアクーバでザルカーウィーが米軍の空爆により死亡。
6・28　イスラエル軍がパレスチナ自治区ガザ地区南部ラファハに侵攻を開始。
6・30　英国グラスゴー国際空港に炎上する車が突入（前日にはロンドンで自動車爆発テロが未遂で摘発）。
7・8　多国籍軍がイラク南部ムサンナー県の治安権限をイラク政府に移譲。
7・12　ヒズブッラーがイスラエル北部のレバノンとの国境付近でイスラエル軍と戦闘、兵士2人を拉致（翌日、イスラエル軍がレバノンに侵攻）。
7・17　陸上自衛隊イラク派遣部隊の撤収が完了。
7・25　イスラエルがレバノンの国連施設を空爆。
8・10　英警察と国家保安部（MI5）が米国便航空機に対する爆破テロ計画を摘発。
8・11　国連安全保障理事会が決議1701を採択。イスラエルとヒズブッラーに「敵対行為の全面停止」を求め、国連レバノン暫定軍（UNIFIL）を1万5000人に増強することを盛り込む。
8・14　イスラエルとヒズブッラーの停戦発効。
8・25　欧州連合（EU）緊急外相理事会が、国連レバノン暫定軍（UNIFIL）に最大6900人の要員を派遣することで一致。
9・12　ローマ法王ベネディクト16世が演説でジハード思想を批判。
10・9　北朝鮮が初の地下核実験。
10・12　トルコ人作家オルハン・パムクのノーベル文学賞受賞が決定。
11・5　イラクでフセイン元大統領に死刑判決。
11・7　米国中間選挙で共和党が敗北。翌日、ラムズフェルド国防長官の辞任が発表される。
11・21　イラクとシリアが外交関係回復で合意。／レバノンでファランジスト党のジュマイエル産業相が暗殺される。
11・23　ハマースやイスラーム聖戦などパレスチナ武装勢力4派が停戦宣言。／イラクのサドル・シティで同時多発爆弾テロ。200人以上が死亡。
12・1　レバノンでヒズブッラーとアマルがシニオラ内閣倒閣運動を開始。
12・6　米議会超党派が設置したイラク調査グループが報告書を発表。
12・30　イラクでフセイン元大統領が処刑される。

2007年

1・10　ブッシュ大統領が2万人規模の米兵増派を核とする対イラク新政策を発表。
1・19　アルメニア系トルコ人の新聞記者ディンク氏が暗殺される。

7・7　ロンドンの地下鉄構内とバスで同時爆破テロ。
7・18　米印共同声明で原子力協力に基本合意。
7・21　ロンドンでふたたび同時爆破テロ。
7・23　エジプトのシャルム・エル・シェイクで同時爆破テロ。
8・1　サウジアラビアのファハド国王が死去。アブドッラー皇太子が即位。
8・8　イランがイスファハーンのウラン転換施設を再稼動させる。
8・28　イラク暫定国民議会が憲法草案を承認。
8・31　バグダードでシーア派巡礼者のパニックで約1000人が死亡。
9・7　エジプトでムバーラク大統領が5期目の当選。
9・12　イスラエル軍がガザ地区から撤退を完了。
9・18　アフガニスタン国会下院議員選挙、ボン会議で決まった復興プロセスが終了。
9・30　デンマークの『ユランズ・ポステン』紙がイスラーム教を揶揄する風刺画を掲載。
10・1　インドネシアのバリ島で同時多発爆弾テロ。
10・15　イラク憲法草案への国民投票、信任される。
11・7～12・9　エジプト人民議会選挙でムスリム同胞団が454議会中88議席を獲得。
11・9　ヨルダンのアンマンで欧米系ホテル3カ所が爆破され、ザルカーウィー率いる「イラクの聖戦アル＝カーイダ組織」が犯行声明を出す。
11・19　イラク西部アンバール県ハディーサで24人の市民が米海兵隊員により殺害。
12・12　レバノンの反シリア派議員トゥエイニー氏が自動車爆弾で暗殺される。
12・15　イラク国民議会選挙投票、シーア派政党連合の統一イラク同盟が第1党に。
12・19　アフガニスタンのカーブルで国会開幕。

2006年
1・4　ドバイのマクトゥーム首長（UAE首相）が死去。後継は弟のムハンマド皇太子／イスラエルのシャロン首相が重篤に。
1・10　小泉純一郎首相がアンカラでエルドアン・トルコ首相と会談。
1・12　サウジアラビアのメッカ近郊ミナーで巡礼者363名以上が圧死。
1・25　パレスチナ立法評議会議員選挙の投票が行われ、ハマースが132議席中76議席を獲得し圧勝。
2・4　前年9月にデンマーク紙が預言者ムハンマドの風刺画を掲載したことに対して、シリアの首都ダマスカスで群衆数千人がデンマーク大使館に抗議、建物に放火。1月から欧州を中心に新聞への転載が相次ぎ、抗議が拡大。／国際原子力機関（IAEA）の緊急理事会が、イラン核問題を国連安全保障理事会に付託することを決議。
2・14　イランがウラン濃縮を再開したと発表。
2・19　パレスチナ自治政府首相にハマースのハニーヤが選出される。
2・22　イラク・サーマッラーのシーア派聖地アスカリー・モスクが爆破される。
2・26　イランのアーガーザーデ副大統領（原子力庁長官）は、ロシアとの合弁企業でウラン濃縮を行う計画に合意と発表。
3・16　イラクで国会が招集される。
3・28　イスラエル総選挙で中道政党カディーマ党が勝利。
3・29　パレスチナ自治区でハマースの単独内閣が発足。
4・7　米国務省はパレスチナ自治政府への直接支援と社会資本整備事業を停止。

関連年表

2004年
10・9　アフガニスタン大統領選挙の投票（11・3　カルザイ移行政権大統領が当選）。
11・2　米大統領選挙の投票、ブッシュ大統領が再選。／オランダの映画監督テオ・ファン・ゴッホ氏がモロッコ系移民２世に暗殺される。
11・11　パレスチナ解放機構（PLO）アラファト議長が死去。後任はアッバース事務局長。
12・6　サウジアラビアのジェッダで米総領事館が襲撃される。
12・16　欧州連合（EU）首脳会議で、翌年10月よりトルコとの加盟交渉開始で合意。
12・26　インドネシア・スマトラ沖地震。

2005年
1・9　パレスチナ自治政府議長選でファタハのアッバースPLO議長が当選。
1・30　イラク暫定国民議会選挙の投票。シーア派の統一イラク連合が単独過半数獲得。
2・4　イタリア人女性記者が武装集団に拉致される（3・4に解放）。
2・8　エジプトのシャルム・エル・シェイクでシャロン首相とアッバース議長が停戦宣言。
2・14　レバノンのベイルートでハリーリー前首相が爆殺される。
2・21　イラクのサマーワなどからオランダ軍が撤退を開始。
2・22　オーストラリア政府がイラク南部へ豪軍450人の増派を発表。
2・25　テルアビブで自爆テロ。
2・28　イラク・ヒッラで自動車爆弾により125人以上が死亡。
3・12　シリアのアサド大統領が国連中東特使にレバノン駐留軍・情報機関の撤退を約束。
3・14　ベイルートで反シリア派が大規模集会。
3・16　イラク暫定国民議会が招集。
4・2　ローマ法王ヨハネ・パウロ２世が死去。
4・6　イラク暫定国民議会がタラバーニー・クルド愛国同盟（PUK）議長を移行政府大統領に選出。
4・7　イラクでジャアファリー暫定政府副大統領が移行政府首相に指名される。
4・19　ラッツィンガー枢機卿が第265代ローマ法王に選出される（ベネディクト16世）。
4・26　レバノンに駐留していたシリア軍が撤退完了。
4・28　イラクでジャアファリー内閣の移行政府が発足。
5・9　イラクのイスラーム過激派組織アンサール・スンナ軍が、英国の民間警備会社イラク支店に勤務する斎藤昭彦さんを拘束したとウェブサイトで犯行声明（5・28に死亡が確認される）。
5・16　クェートの国会が女性の投票権と被選挙権を認める法案を可決。
5・29〜6・19　レバノン国会議員選挙でハリーリー派「三月一四日連合」が勝利（7・19にシニオラ内閣発足）。
6・12　イラン南部の拠点都市アフワーズと首都テヘランで爆弾事件。
6・24　イラン大統領選決選投票でアフマディネジャード氏が当選。
7・6　イギリスでグレンイーグルズ・サミット開幕。

〈マ行〉

〈ヤ行〉

〈ラ行〉

〈ワ行〉

Ⅲ　その他の事項

〈カ行〉

〈サ行〉

〈タ行〉

Ⅱ　人名

索引
（各章の初出頁を掲載）

Ⅰ　国名・地名

新潮選書

中東《ちゅうとう》 危機《きき》の震源《しんげん》を読《よ》む

著　者………………池内《いけうち》 恵《さとし》

発　行………………2009年7月25日
2　刷………………2015年2月5日

発行者………………佐藤隆信
発行所………………株式会社新潮社
〒162-8711 東京都新宿区矢来町71
電話　編集部 03-3266-5411
　　　読者係 03-3266-5111
http://www.shinchosha.co.jp
印刷所………………大日本印刷株式会社
製本所………………株式会社大進堂

乱丁・落丁本は、ご面倒ですが小社読者係宛お送り下さい。送料小社負担にてお取替えいたします。
価格はカバーに表示してあります。

ISBN978-4-10-603643-9 C0331